Bernhard Olpen
Gekämpft mit Gott und Menschen

Das Leben von Heinrich Vietheer

GEKÄMPFT mit Gott und Menschen

Das Leben von
Heinrich Vietheer

LEUCHTER
EDITION

Bernhard Olpen

Copyright © 2007 Leuchter Edition GmbH, Erzhausen
Alle Rechte vorbehalten

Lektorat: Kurt-Jürgen Gleichmann, Euskirchen
Umschlaggestaltung: ILLGENDESIGN Dieter Illgen, Hannover
Gesamtherstellung: Schönbach-Druck GmbH, Erzhausen

ISBN 978-3-87482-028-8
Bestell-Nr. 547.028

Schreibweise in Zitaten u. Quellenverweisen: wie wissenschaftlich üblich
Bestätigung eines Wortlauts: sic (lat. „so!")
Anmerkungen des Autor stehen in eckigen Klammern: [ ]

Leuchter Edition GmbH
Postfach 1161
64386 Erzhausen
Deutschland
info@leuchter-edition.de
www.leuchter-edition.de

Inhaltsverzeichnis

Zum Geleit 7
Vorwort 9

1. **Kindheit, Jugend und Berufung zum geistlichen Dienst** 11
   Familienhintergrund 11
   Weg zum Glauben 13
   Berufung zum Dienst 16

2. **Dienstjahre bis zum Ersten Weltkrieg** 23

3. **Von Mülheim zur Allianz** 31
   Trennung von der (Mülheimer) Pfingstbewegung 31
   Dienste auf dem Boden der Evangelischen Allianz 36
   Gründung der Zeltmission Berlin-Lichterfelde 39

4. **Bruch mit der evangelischen Allianz** 45
   Beginnender Konflikt mit Friedrich Heitmüller 45
   Öffentliche Warnungen 52
   Reaktion der Hamburger Allianz 54
   Ins Abseits gestellt 58
   Atem schöpfen in Südamerika 63

5. **Von der Evangelischen Allianz zu den Methodisten** . . . 69

6. **Die Elim-Bewegung** 81
   Übergang zur Gründung eigener Gemeinden 81
   Aus lokalen Anfängen zur Entstehung
   einer Gemeindebewegung 86

Zeitschrift „Der Glaubensweg" 89
Ausbildung von Predigernachwuchs. 99
Überragende Gestalt der Elimbewegung 102
Vietheer und seine Missionszöglinge 117
Harte Schale, weicher Kern 127
Anlehnung an das methodistische Kirchenmodell 133
Vietheer und die Gestapo 139
Vietheer und das Dritte Reich. 143
Zweite Amerikareise 146

7. **Zusammenschluss mit den Baptisten** 155
Staatlicher Druck und Kontakt zu den Baptisten 155
Schwieriger Zusammenschluss. 160
Folgen der „Entmachtung" Vietheers. 165
Vietheers Ehekonflikt. 167

8. **Nachkriegszeit:**
Zerbrechende Einheit der Elimbewegung 173
... Gemeinden im Westen. 173
... Gemeinden im Osten. 187

9. **Weg in die Isolation** 193
Gemeindearbeit Berlin und Ostkontakte 193
Letzte Kontakte und Wirksamkeit. 195
Schritt zur Versöhnung und Tod. 202

10. **Eine Bilanz** 207

Anhang
Vietheers Nachversammlungen 211
Zeittafel. 213
Anmerkungen. 217
Abbildungsverzeichnis 229
Personenverzeichnis 231
Quellen- und Literaturverzeichnis. 235

Zum Geleit

Dieses Buch, das sich mit der Biographie von Heinrich Vietheer befasst, ist längst überfällig. Dass es gerade in dem Jahr erscheint, in dem die deutschen Pfingstgemeinden „Hundert Jahre Pfingstbewegung" feiern, sehe ich als Fügung Gottes im Sinne einer „späten" Wertschätzung des evangelistischen Wirkens von Heinrich Vietheer. Durch seine besondere, für die damalige Zeit notwendige Deutlichkeit der Verkündigung des Evangeliums von Jesus Christus haben sich in Deutschland und im Ausland viele Menschen bekehrt. Dank seiner aufopferungsvollen Einsätze in seinem Heimatland wurden in vielen Städten Ost- und Westdeutschlands Gemeinden gegründet. Es entstand ein geistlicher Aufbruch, der als „Elim-Bewegung" in die Geschichte eingegangen ist. Heute gehören die meisten Elimgemeinden dem Bund Freikirchlicher Pfingstgemeinden (BFP) an. Nach wie vor sind sie ein lebendiges Geschichtszeugnis vom einstigen Wirken Heinrich Vietheers.

Wie es aber der Zeitlauf mit sich bringt, werden die Augen- und Ohrenzeugen, die Heinrich Vietheer noch persönlich kannten, immer weniger. Pastor Bernhard Olpen hat es sich deshalb zur Aufgabe gemacht, viele noch lebende Zeitzeugen zu befragen. Außerdem betrieb er, wie einst der Evangelist Lukas, als Mann der zweiten und dritten Generation eigene Nachforschungen. Mit großer Sorgfalt und staunenswerter Akribie stöberte er in den Archiven verschiedener Denominationen, sammelte Dokumente, Aussagen, Zeugnisse und versuchte sich ein Bild von der durchaus schillernden Persönlichkeit von Heinrich Vietheer zu machen. Dabei ist es ihm gelungen, besonders in einige Bereiche Licht zu bringen.

Einmal ist das die Auseinandersetzung Vietheers mit F. Heitmüller in Hamburg. Die hier zusammengetragenen Fakten und Daten werfen einen hellen Schein auf die Kontroverse, die von Vietheers Gegnern entweder einseitig zu ihren Gunsten dargestellt oder gar verschleiert wurden.

Zum andern sind die gesammelten Aussagen in der Auseinandersetzung mit den Methodisten, besonders im Erzgebirge, sehr aufschlussreich.

Was aber Pastor Olpen besonders gelang, ist es, einmal Hintergründe und Einflüsse der sogenannten „Sündlosigkeitslehre" von Jonathan Paul auf Vietheers Ehe mit dessen Tochter zu beleuchten. Hängen Auswirkungen dieser Lehre damit zusammen, dass sie sich ihm „verweigert" hat und es so zu manch tragischem Fehltritt von Heinrich Vietheer gekommen ist? Der Leser möge sich selbst ein Bild machen. Wer die Passagen aufmerksam liest, wird barmherzig.

Dieses Buch ist allen, die die Elim-Bewegung mit ihrem Begründer Heinrich Vietheer kennen und an Geschichtsaufhellung interessiert sind, nur zu empfehlen. Pastor Bernhard Olpen gebührt Dank für seine gründliche Arbeit.

Bad Herrenalb, im Januar 2007

Dieter Hampel
Pastor u. Vizepräses i. R.

Vorwort

„Heinrich Vietheer? Von dem haben wir viel gelernt – auch, wie man's nicht macht!" Das waren die ersten Worte von Hermann Dunst, einem Elim-Mann der ersten Stunde 1926, als ich ihn auf Heinrich Vietheer ansprach. In der kurzen Aussage spiegelt sich das zwiespältige Gefühl, das viele Zeitgenossen bei diesem Mann haben und, auf ihn angesprochen, auch in ihrer Weise spontan zum Ausdruck bringen.

Zwiespältigkeit ist das eine, was einem immer wieder begegnet: Bewunderung auf der einen, Betroffenheit auf der andern Seite. Hinzu kommt aber noch das Gefühl, man berühre etwas Geheimes, Verschwiegenes, Traumatisches, das man besser ruhen lassen sollte.

Wer war dieser Mann, über den manche noch heute lieber unter vorgehaltener Hand reden?

Vietheers Leben war geprägt von außerordentlicher Begabung und Vollmacht einerseits, auch von hohen Idealen und dem Verlangen, Gott zu gefallen und ganz geweiht zu sein – gleichzeitig aber von fürchterlichen Tiefen und Abstürzen, vom Scheitern an eigenen und dann auch allgemeinen Maßstäben.

Heinrich Vietheer, ein Mann der Extreme. Mitreißend und bezwingend und doch fast im gleichen Atemzug irritierend und verwirrend. Für seine Zeitgenossen und Mitstreiter ein Übervater, aus dessen Schatten sie nur in größten inneren Kämpfen, zögernd und mit schlechtem Gewissen traten. Ein furchtloser Pionier, der gegen alle Widerstände Großes leistete und etwas aufbaute, aber auch ein unbedingter Herrscher, der alles kontrollieren wollte.

Er war es, der der freikirchlichen Pfingstbewegung Ende der 1920er und Anfang der 1930er Jahre in Deutschland eine nicht mehr weg zu diskutierende Bresche schlug. Als die Pfingstbewegung

9

nach der Berliner Erklärung 1909 ihre innere Heimat und Verwurzelung verloren hatte und über viele Jahre kein rechtes Verhältnis zu sich selbst fand, stampfte er in gerade mal zehn Jahren eine Gemeindebewegung mit rund 5.000 getauften Mitgliedern und über 40 Gemeinden aus dem Boden – die „Elim". Er war für jene schwere Zeit der richtige Mann, um das pfingstliche Anliegen in eine stabile äußere Form zu gießen.

Dann kam Hitler, und nach dem Krieg war nichts mehr wie zuvor. Vietheers Wirken und Einfluss, seine Lebensleistung und sein Anliegen aber strahlen bis in die heutige Zeit. Ohne ihn wäre die freikirchliche Pfingstbewegung nicht das, was sie heute ist.

Heinrich Vietheer ist ein Vater der Pfingstbewegung in Deutschland, wenn auch kein leichter. Sein Leben ist Ansporn und Warnung zugleich, seine Lebensleistung aber wirkt bis heute nach.

Bernhard Olpen, Bayreuth
im Juli 2007

1. Kapitel

Kindheit, Jugend und Berufung zum geistlichen Dienst

Familienhintergrund

Gegen Ende des 19. Jahrhunderts geboren zu werden[a], bedeutete für viele Kinder in Deutschland Mühe, Arbeit und einfaches Leben. Als HEINRICH VIETHEER am 27. Januar 1883 in Uetersen (Holstein) zur Welt kam, hatte die Auswanderungswelle in die USA einen neuen Höhepunkt erreicht. Die aufstrebende Industrialisierung brachte zwar neue Arbeitsplätze mit sich, aber oft auch einfachste Lebensverhältnisse für die kinderreichen Arbeiterfamilien.

Nicht so bei Vietheers. Mit zwei Brüdern und vier Schwestern gehörte Heinrich zwar nicht unbedingt zu einer kinderarmen Familie, aber er hatte das Glück, in eine intakte und am Ort fest verwurzelte Familie hineingeboren zu werden. Sein Vater war ein kräftiger, fleißiger Gerbermeister, der eine Ledergerberei im Familienbetrieb führte. Daneben war er zeitweise auch Stadtverordneter und über viele Jahre Mitglied im Kirchenvorstand der evangelisch-lutherischen Kirche. Der Gemeindepastor war ein enger Freund und verkehrte öfters im Hause Vietheer, einer Familie, die bodenständig, gutbür-

---

a   Eine tabellarische Übersicht zu Heinrich Vietheers Leben findet der Leser im Anhang.

11

gerlich und angesehen war. Bis heute ist der Familienname im Umland von Uetersen weit verbreitet.

Die Mutter, die Heinrich sehr liebte und von der er sagte, dass er durch keinen andern Menschen so gesegnet worden sei, war eine tief gläubige Frau und besuchte die „Landeskirchliche Gemeinschaft' am Ort.[b] Ihr Mann betrachtete dies trotz seines kirchlichen Engagements mit großer Skepsis und bezeichnete die Gemeinschaft als Sekte. Auch wenn die Ehe der Eltern ansonsten glücklich war und Heinrich eine unbeschwerte Jugend hatte, erlebte er hier doch von Kindesjahren an Konflikte und Kampf um des Glaubens willen.

Seine vier Schwestern fanden alle früh zum Glauben und gingen mit der Mutter in die Gemeinschaft. Besonderen Eindruck machte dabei die Entschiedenheit seiner ältesten Schwester auf ihn. Als sie 18 oder 19 Jahre war, bestand der Vater darauf, dass sie zu einem Ball mitkam:

> „‚Eine gute Bürgerstochter kann auf einen anständigen Ball gehen', sagte er. [...] Meine Schwester, die ja ein Gotteskind war, sagte zu ihrem Vater: ‚Du weißt doch, ich liebe den Heiland und bin ein Gotteskind, da kann ich nicht hingehen.' Mein Vater sagte aber zu ihr: ‚Du sollst mitgehen, ihr sollt euch nicht so absondern, sonst wird euch kein vernünftiger Mensch heiraten.' [...] Endlich lag meine Schwester auf den Knien vor meinem Vater und sagte: ‚Ich kann nicht mitgehen.' Das hat doch tiefen Eindruck auf mich gemacht."[1]

Auch wenn die Familie nicht im eigentlichen Sinne wohlhabend war, ging es den Vietheers nicht schlecht. Heinrich konnte sogar die Mittelschule besuchen, was bei sieben Kindern wegen der höheren Schulkosten nicht selbstverständlich war. Als er mit 15 Jahren die Schule beendete, erlernte er im väterlichen Betrieb mit viel Freude das Gerberhandwerk und die Lederfabrikation.

---

b Die Landeskirchlichen Gemeinschaften sind freie Werke innerhalb der Evangelischen Kirche und Ortsgruppen unterschiedlicher Gemeinschaftsbewegungen. Sie sind seit 1888 in einer Dachorganisation, dem „Gnadauer Verband" mit Sitz in Kassel, organisatorisch zusammengeschlossen.

Mit 18 Jahren meldete er sich freiwillig zum Militärdienst, was wegen der allgemeinen Wehrpflicht nicht nötig gewesen wäre, auch wenn natürlich nie alle Männer eines Jahrgangs gezogen wurden. Gedient zu haben, galt aber im Kaiserreich als wichtiger Ausweis einer patriotischen, vaterländischen Gesinnung, die auch Vietheer zeitlebens besaß. Als kräftiger, gesunder und forscher junger Mann hatte er Gefallen an den körperlichen Herausforderungen beim Heer. Bei den damals üblichen Rangeleien unter Soldaten konnte er auch mal kräftig zuschlagen und sich Respekt verschaffen. Schon damals zeichnete sich eine für ihn typische Unerschrockenheit und Unverwüstlichkeit ab.

Nach der Militärzeit ging Vietheer auf die für Handwerker typische „Walz". Dabei lernte er Land und Leute, verschiedene Temperamente und Mentalitäten kennen. Diese Zeit bezeichnete er im Nachhinein als prägend für seine volkstümliche Verkündigungsart.

Weg zum Glauben

Von herausragender Bedeutung für Vietheers Weg zu Christus war ohne Zweifel seine Mutter. Obwohl einfach und schlicht, beeindruckte sie vor allem durch ihre große Liebe zu Jesus, ihre Bereitschaft, Spott und Nachteile um des Glaubens willen in Kauf zu nehmen und ihre Hingabe im Gebet.

Lange widerstand Heinrich jedoch dem Drängen der Mutter zur Bekehrung, wenngleich sein empfängliches Herz immer wieder von Gott angesprochen wurde. Später berichtet er:

„Ich weiß noch sehr gut, als wir im Religionsunterricht [...] von unserem Lehrer die Geschichte von Golgatha hörten, da wurde mein kleines Herz tief bewegt ob der Liebe Gottes zu uns Menschen. Der Lehrer war ein gläubiger Mann, darum konnte er uns in aller Wärme die Liebe Gottes schildern. Unwillkürlich schossen mir die Tränen aus den Augen. Ich mußte bitterlich weinen. Als dann der Lehrer mich fragte, warum ich denn weine, da habe ich mich geschämt, und als dann die Schulkameraden mich fragten auf dem Nachhauseweg, warum ich geweint

habe, da habe ich mich noch mehr geschämt. Ich wollte nicht sagen, daß ich innerlich von der Liebe Gottes so bewegt worden sei."[2]

Im Alter von sechzehn Jahren wurde er durch den Tod eines seiner besten Freude aufgerüttelt. Der war zum Vergnügen auf das Zugpferd eines Wagens gesprungen und dann aus irgendeinem Grund vom Rücken des Tieres hinuntergerutscht. Er wurde vom eigenen Wagen zerquetscht.

„Dann haben wir bei seiner Beerdigung seinen Sarg getragen, die wir seine Freunde waren. Da hieß es immer in mir: Wenn dir das passiert wäre? Dein Freund ritt morgens froh in die Welt hinein und zwei Stunden später war er tot. Ich mußte mir sagen, dann wäre ich ewig verloren, denn ich ging ja auf dem breiten Weg. Da konnte ich einige Nächte nicht schlafen. Der Herr Jesus klopfte bei mir an."[3]

In diesen Jahren zog es ihn heimlich immer wieder an die angelehnte Tür, wenn seine Mutter mit den Schwestern Glaubenslieder sang. Das durfte natürlich keiner merken, aber er hörte diese Lieder so gern. Wie bewegte und ergriff ihn das innerlich! Eines Morgens war er ohne anzuklopfen in das Zimmer seiner Mutter getreten. Da wurde er durch ihr Gebet überwältigt. Er fand sie am Boden kniend, ohne dass sie ihn bemerkte. Sie betete laut für die ganze Familie und auch für ihn:

„Mache mit meinen Kindern, was Du willst, aber laß sie nicht verloren gehen, daß, wenn ich zu Dir komme, ich zu Dir sagen kann: ‚Hier bin ich und die du mir gegeben hast!' Sie nannte jedes Kind mit Namen. Dann kam ich dran [...]. Du kennst meinen Heinrich und weißt, wie er die Welt liebt und die Sünde liebt, o rette seine Seele!"[4]

Und dann fing sie an zu weinen und schrie zu Gott für ihren Sohn. Das war ein tiefergreifendes Erlebnis für ihn, wusste er jetzt doch, dass seine Mutter jeden Morgen so für ihn rang. Wahrscheinlich war es mehr ihre Liebe, die ihn so berührte, als der eigentliche Glaubensinhalt. Später hat er selbst in dieser ergreifenden Weise für Verlorene beten können.

Als Heinrich Anfang zwanzig war, musste er beruflich länger nach BERLIN. Beim Abschied trug sich wieder eine Szene zu, die ihn ins Herz traf: Seine Mutter weinte und war ganz verzweifelt.

> *„Ich fragte sie: ‚Warum weinst du denn, Mutter?' –*
> *‚O', sagte sie, „jetzt kommst du in die Großstadt, und*
> *da hat schon mancher junge Mensch Schaden ge-*
> *nommen an seiner Seele fürs ganze Leben. Ich habe*
> *solche Angst um dich, du liebst die Welt und die Sün-*
> *de!'"*[5]

Damit sie sich wieder beruhigte, versprach er ihr, den CVJM in der Wilhelmstraße 34 zu besuchen. Damals leitete Forstmeister VON ROTHKIRCH den dortigen CVJM. In seiner Zeit kamen Hunderte von jungen Männern zum Glauben.

Als Vietheer den Berliner CVJM dann tatsächlich besuchte, lief gerade eine Evangelisation. Der Saal war mit 500 jungen Männern voll besetzt. An diesem Abend geschah es, dass Gott in durchdringender Weise zu seinem Herzen redete. Während er der Predigt zuhörte, spürte er, wie es in ihm klang:

> *„Ich habe so oft bei dir angeklopft, ich habe dir eine*
> *gläubige Mutter und gläubige Schwestern gegeben,*
> *aber immer hast du dein Herz nicht auftun wollen,*
> *und heute Abend klopfe ich zum letzten Mal bei dir*
> *an. Wenn du dich heute Abend nicht bekehrst, dann*
> *wird es auf ewig zu spät sein."*[6]

Plötzlich erkannte Vietheer, dass sein Leben in der Sünde verfangen war, und Angstschweiß trat auf seine Stirn. An diesem Abend blieb er zurück und ließ mit sich beten. Gewissheit des Heils empfing er aber nicht. Abends zu Hause angekommen, griff er nach der Bibel, die seine Mutter ihm eingepackt hatte, und las darin bis zum frühen Morgen. Drei Tage und Nächte las er im Wort Gottes und betete und kam endlich zum Frieden, zur Gewissheit, zur Ruhe.

Von dem Tag an war Vietheer wie ausgewechselt. Seine Bekehrung ging tief und war radikal. Auch das war typisch für seine Persönlichkeit: ganz oder gar nicht!

„Das, was ich früher liebte, nämlich die Sünde, haßte ich jetzt. Und was ich früher haßte, das liebte ich jetzt."[7]

Seine Mutter war so ergriffen, als sie von seiner Bekehrung hörte, dass sie sich sofort in den Zug setzte und nach Berlin kam. Die Begegnung auf dem Berliner Bahnhof beschreibt Viehteer als unvergessliche Stunde. Mitten auf dem Bahnsteig lagen sie sich lange in den Armen und weinten miteinander. Die Mutter blieb 14 Tage bei ihrem Sohn. Während dieser Zeit besuchten die beiden jeden Abend Zeltversammlungen der *Deutschen Zeltmission*, und als die Mutter Heinrichs Hunger nach Gottes Wort sah, meinte sie: „Du wirst wohl noch einmal ein Prediger des Evangeliums werden!"[8]. Dieses Wort blieb Heinrich tief im Gedächtnis haften, auch wenn er im Augenblick nichts Konkretes damit anfangen konnte.

Berufung zum Dienst

Heinrich Vietheer blieb weiter in seinem Beruf als Gerber tätig und reiste ab und zu geschäftlich durch Deutschland.

So kam er 1906 auch nach MÜLHEIM/RUHR, wo er in einer Lederfabrik arbeitete.[9] Zu dieser Zeit dienten in Mülheim die beiden bekannten und vollmächtigen Männer ERNST MODERSOHN und MARTIN GIRKON. Im November 1899 waren Girkon (1860-1907) und Modersohn (1870-1948) gemeinsam als Pfarrer der Petri-Kirche eingeführt worden und hatten seither ein reges geistliches Leben in der Stadt ausgelöst. Sie standen in engem Kontakt zu führenden Männern der *Gemeinschafts- und Erweckungsbewegung*, wie General VON VIEBAHN, JONATHAN PAUL, JAKOB VETTER und anderen, die auch immer wieder gastweise in Mülheim wirkten. Die Erweckung in Wales (1904/05) hatte weitere Impulse gebracht.

So waren Girkon und Modersohn ermutigt, am Himmelfahrtstag 1905 alle Gläubigen der Stadt zu Gebetsveranstaltungen bis zum Pfingstfest aufzurufen. Bereits am ersten Abend kamen 1.000 Beter zusammen, und in den folgenden Tagen wurde jeder Raum der Stadt zu klein. Daher rief man Vetter, den Leiter der Deutschen Zeltmission, zu Hilfe, und bereits am Pfingstsamstag, den 10. Juni 1905, konnte die erste Versammlung in dessen Zelt stattfinden. Von einem Ende der Gebetsversammlungen am nächsten Tag konnte natürlich keine Rede mehr sein. Rund sechs Wochen stand das Zelt von Vetter noch in Mülheim. 2.000 und mehr Besucher pro Abend wurden gezählt. In diesen sechs Wochen kamen rund 3.000 Menschen zum Glauben an Jesus Christus, 600 davon aus Mülheim.[10] Eine lokale Erweckung, die seit langem ersehnt und erfleht worden war.

Noch im gleichen Sommer 1905 entschlossen sich die Pfarrer Girkon und Modersohn, zur Sammlung der gewonnenen Gläubigen eine Gemeinschaft zu gründen, die sogenannte „Gemeinschaft Mülheim". Rund die Hälfte der 600 frisch Bekehrten, die direkt aus Mülheim kamen, konnten für diese Gemeinschaft gewonnen werden. PAUL HUMBURG, der spätere Leiter der Gemeinschaft, berichtet sogar von anfangs 800 treuen Mitgliedern.[11] Im Verlauf des Jahres 1906 wurde dann ein großer Saal gebaut und am 9.Dezember 1906 eingeweiht. Heinrich Vietheer wohnte der Einweihung bei.[12] Festredner war Jakob Vetter.

In den gläubigen Kreisen, Gemeinschaften wie Freikirchen, war die Offenheit für das Anliegen der *Heiligungsbewegung*[c] damals auf dem Höhepunkt. Jonathan Paul, der auch zu den engen Freunden der beiden Mülheimer Pfarrer gehörte und dort kurz vor Beginn der Erweckung im März 1905 eine Versammlungsreihe gehalten hatte, war 1904 erstmals mit seiner sogenannten *„Lehre vom reinen Herzen"* an die Öffentlichkeit getreten. In seinem Monatsheft „Die Heiligung" hatte er erklärt, dass es ihm durch ein ständiges Bleiben in Jesu möglich geworden sei, ohne Sünde zu leben:

> *„Keine Befleckung, weder durch Gedanken, noch durch Hinreißen des Temperamentes [hat seither] bei mir stattgefunden; es ist weder bei Tag noch bei Nacht etwas Störendes zwischen den Herrn und mich getreten."*[13]

---

c   Die Heiligungsbewegung formierte sich auf den beiden Konferenzen in Keswick und Oxford Mitte der 70er Jahre des 19. Jahrhunderts. Hier flossen sowohl ältere Traditionen wie die des Methodismus als auch neuere Gedanken, etwa von Charles Finney, Dwight L. Moody, Dr. R.A. Torreys u.a., ein. In dem Streben nach Vollkommenheit und Heiligkeit streckten sich diese Kreise nach einer eigenständigen Gotteserfahrung jenseits der Bekehrung und Erlösung aus und entwickelten auf diesem Boden Vorstellungen zum Begriff „Geist[es]taufe". Diese verstanden sie als Feuertaufe zur vertieften Heiligung. Auf diesem Hintergrund entstand dann um die Jahrhundertwende die Pfingstbewegung, die diese Gedanken weiterführte und die Vorstellung der Geistestaufe präzisierte.

Auch wenn diese Aussage schon damals für manche Zeitgenossen missverständlich war, so traf Paul damit doch ein Kernanliegen seiner Zeit. Jedenfalls blieb er auch nach 1904 ein angesehener, führender Vertreter der Gemeinschaftsbewegung. Erst nach den Vorgängen in Kassel 1907[d], die dann 1909 zur *„Berliner Erklärung"*[e] und zur Spaltung der Gemeinschaftsbewegung führten, wurde diese Aussage zu einem Hauptanklagepunkt gegen die *Pfingstbewegung.*[f]

Vietheers Leben und Dienst, seine Theologie und sein Anliegen,

---

d   Vom 7. Juli bis 1. August fand hier im Blaukreuzheim eine Evangelisation mit Heinrich Dallmeyer statt, zu der Dallmeyer auch zwei norwegische Missionarinnen eingeladen hatte, die bereits zur eben entstandenen Pfingstbewegung gehörten. Nachdem die ersten zwei Wochen sehr geordnet verlaufen waren und selbst führende Männer wie Elias Schrenk, der die Versammlungen insgesamt eine Woche lang besuchte, einen guten Eindruck gewonnen hatten, entglitt Dallmeyer die Kontrolle in der Folge mehr und mehr. Leute fingen an, tranceartig zu stöhnen, zu zucken, laut zu rufen, oder lagen gar am Boden. Das allein hätte man noch als göttliches Feuer, das „vorläufig noch mit viel Rauch und Qualm" brennt, bezeichnen können, wie es Ernst Modersohn tat, der selbst die Versammlungen zeitweise besuchte. Als sich dann jedoch Zungenredner begannen, gegenseitig zu widersprechen, wäre energisches Eingreifen der Leitung erforderlich gewesen. Darauf drängten die norwegischen Missionarinnen auch, aber Dallmeyer weigerte sich. Daraufhin reisten die beiden ab, und der Tumult nahm immer weiter zu. Schließlich berichtete selbst die Presse über die „Ausschreitungen" in den Versammlungen. Es kam zu Volksaufläufen vor dem Blaukreuzheim, und am Ende wurden die Versammlungen polizeilich geschlossen. Ein Schock für die fromme Welt! Statt in der anschließenden Aufarbeitung seine eklatante Leitungsschwäche zuzugeben, suchte Dallmeyer sein Heil in der Verteufelung des ganzen Geschehens. Eine gute Beschreibung der Kasseler Vorgänge samt der Beurteilung durch Modersohn (s.o.) und andere findet sich bei: Giese, Ernst: Und flicken die Netze, Dokumente zur Erweckungsgeschichte des 20. Jahrhunderts, Metzingen[3] 1988.

e   Die Berliner Erklärung wurde am 15.9.1909 von 56 Vertretern der Gemeinschaftsbewegung und der Evangelischen Allianz in Berlin unterzeichnet. Darin wird der pfingstliche Aufbruch als eine Bewegung „von unten", also von ungöttlichen Mächten durchsetzt, bezeichnet, von der es sich radikal zu trennen gelte. Damit unterstellten sie der sich formierenden Pfingstbewegung einen nicht schriftgemäßen Umgang mit Stellen wie z. B. Apostelgeschichte 2 oder 1. Korinther 12/14. – Die Nachwirkungen dieser Erklärung prägten bis in die jüngste Vergangenheit das Verhältnis zwischen Evangelischer Allianz und der Pfingstbewegung in Deutschland und führte zu schroffen Fronten. Erst durch Unterzeichnung der „Kasseler Erklärung" 1996 durch den Hauptvorstand der Evangelischen Allianz und den Vorstand des Bundes Freikirchlicher Pfingstgemeinden ist eine neue und tragfähige Basis für ein gedeihliches Miteinander entstanden.

f   Man unterstellte Paul, er lehre die Möglichkeit der Sündlosigkeit, d. h. der Ausrottung der Sündennatur hier und jetzt. Genau genommen, hatte das Paul aber nie gemeint, sondern auf die *Möglichkeit* abgezielt, man könne auch in diesem Leben schon leben, ohne zu sündigen. Mit einer bekannten „Formel" gesagt: Nicht, dass man nicht mehr sündigen kann, aber dass man nicht mehr sündigen *muss.* So verzahnt es z. B. der 1. Johannesbrief. Allerdings hat J. Paul es sich und andern in Tendenzen und Formulierung nicht leicht gemacht, wofür er ja auch später um Verzeihung bat. Für diese feine Differenzierung war aber nach 1909 kein Raum mehr.

aber auch sein Leid und sein Scheitern kann man kaum verstehen, ohne um diese grundlegende theologische Prägung in der Frühzeit seines Glaubens zu wissen.

Je radikaler jemand das Heiligkeitsideal predigte, desto größeren Eindruck machte er auf Vietheer. Ähnlich radikal und schonungslos predigte er später selbst, ohne allerdings mit seinem Leben immer Schritt halten zu können.

Auch GIRKON gehörte zu den Männern, die sich nicht scheuten, offene und herausfordernde Worte zu finden, womit er einen prägenden Einfluss auf Vietheer ausübte. Während seines beruflichen Aufenthalts in Mülheim 1906/07 hörte er ihn einmal anlässlich einer Konfirmation über Offenbarung 20,12 predigen. Girkon wendete sich in dieser Predigt direkt den Konfirmanden zu und fragte sie: „Habt ihr euch zum Heiland bekehrt? Wisst ihr gewiss, dass euch die Sünden vergeben sind?" Dann sprach er die Eltern öffentlich an: „Vater, bist du ein rechter Hausvater in deinem Hause? Bist du ein Gotteskind? Hast du dein Kind zum Heiland geführt? Wenn nicht, dann bist du ein Rabenvater! Mutter, bist du ein Eigentum Jesu? Hast du dein Kind zum Heiland geführt? Wenn nicht, dann bist du eine Rabenmutter!"

Vietheer beschreibt den persönlichen Eindruck dieser Worte: „O, es war mir, als wenn die Fenster klirrten bei dieser gewaltigen Predigt ohne Schmeichelei!" und fährt fort: „Er sagte auch: ‚Ich weiß, dass meine größten Feinde unter meiner Kanzel sitzen', und zeigte dahin, wo die Kirchenältesten saßen, und redete in ernster Weise zu ihnen. Dieser gesegnete und wahre Mann Gottes hielt jeden Donnerstag eine Bibelstunde im Gemeindesaal."[14]

Es dauerte nicht mehr lange, da empfing Vietheer selbst eine felsenfeste Gewissheit, dass der Herr ihn zum vollzeitlichen Dienst berufen habe![15] Darum wollte er gern direkt bei der einige Jahre vorher von Jakob Vetter gegründeten und zusammen mit Jonathan Paul geführten *Deutschen Zeltmission* mitarbeiten. Vorher brauchte er aber die elterliche Einwilligung, was zu einer großen Krise führte.

> „‚So', sagte mein Vater, ‚das ist nun der Dank für alles, was ich an dir getan habe, und nun willst du einfach gehen?' [...] O, wie muß mein geliebter Vater darunter gelitten haben! Aber nach 14 Tagen gab er doch die Einwilligung. Später sagte er einmal: ‚Deinetwegen habe ich damals 14 Tage lang keine Nacht

*geschlafen.' Mein Vater sagte mir dann: ,Ich gebe dir
meine Einwilligung, aber du mußt nicht erwarten, daß
du auf deinem Wege, auf dem du jetzt gehen willst,
einen roten Pfennig von mir bekommst.' ,Nein', sagte
ich, ,das will ich auch nicht, ich verzichte gerne auf
mein väterliches Erbteil zugunsten meines Bruders.
Ich will nur deine Einwilligung, weiter nichts.'"*[16]

Diese Erfahrung war wiederum ein Beweis für ihn, dass wahrer Glaube mitunter einen hohen Preis erfordert.

Vietheers Einstieg bei der Zeltmission fiel in die Zeit, als sich Jakob Vetter und Jonathan Paul gerade das Arbeitsgebiet in West- und Ostdeutschland aufteilten. Die Teilung war wegen des rasanten Wachstums der Deutschen Zeltmission nötig geworden, hatte aber auch theologische Hintergründe.[g] Das erste Zelt war 1902 angeschafft worden, das zweite und größere (mit über 3.000 Sitzplätzen) dann 1905. 1907 waren schon insgesamt fünf Zelte im Einsatz.[17] Als Vietheer dann 1907 bei der Zeltmission begann, wurde er als Zeltdiakon dem Ostzelt von Jonathan Paul zugeteilt. Neben Kollektendienst und Zeltaufbau war er dort auch für den Kinderdienst zuständig und hatte oft hunderte, ja, tausende Kinder zu betreuen[18].

Im Winterhalbjahr 1907/08 unternahm Vietheer einen ersten theologischen Ausbildungsversuch im westpreußischen BRÜDERHAUS VANDSBURG, das vom dortigen Pfarrer THEOPHIL KRAWIELITZKI eingerichtet worden war.[19] Das Haus gehörte zum *Deutschen Gemeinschafts-Diakonieverband* (DGD), der seine Wurzeln in der ostpreußischen Erweckungsbewegung hatte.[20] Zunächst mag ihn die klare Positionierung des Brüderhauses angezogen haben, „nur Bekehrte zur Ausbildung und Mitwirkung zuzulassen". Aber auch das Anliegen der Vandsburger, besonders den Gemeinschaften in Ostdeutschland zu dienen, wird ein Anlass gewesen sein, zunächst dorthin zu gehen. Vietheer und Paul arbeiteten mit der Deutschen Zeltmission im Ostteil Deutschlands, vor allem in Pommern sowie in West- und Ostpreußen[21].

Die Ausbildung in Vandsburg schloss Vietheer jedoch nicht ab.

---

g   Die später so genannte „Paulsche Lehre" vom reinen Herzen hatte auch schon vor 1909 und der Berliner Erklärung zu Parteiungen innerhalb des *Gnadauer Verbandes (Gemeinschaftsbewegung)* geführt. Auch Vetter stand der Ansicht Pauls skeptisch gegenüber, wertete sie aber nicht als Trennungsgrund.

Bestärkt durch den Einfluss Pauls, streckte er sich in dieser Zeit auch intensiv nach der *Geistestaufe* aus. Durch das Lesen von CHARLES FINNEYS „Lebenserinnerungen" und dessen „22 Reden über geistliche Erweckungen" (s. u.) war in ihm die Erwartung gewachsen, dass die Geistestaufe der Schlüssel zu Erweckungen und geistlicher Vollmacht sei. So tat er sich zunächst mit einem anderen Bruder zusammen, um gemeinsam dafür zu beten. Der gab jedoch nach 14 Tagen mit den Worten auf: „Wenn der Herr uns das hätte geben wollen, dann hätte er es uns schon gegeben."[22] Für Vietheer aber war Aufgeben keine Alternative:

> *„Ich kann gar nicht sagen, welch einen Gebetsgeist Gott über mich ausgoß. Tag und Nacht hätte ich beten mögen. [...] In dieser Wartezeit zeigte mir der Herr noch dies und das, was ich bekennen mußte, auch vor Menschen. Das habe ich getan. Ich wollte um jeden Preis, daß der Herr bei mir zu seinem Rechte kam. [...] Je länger ich betete, je mehr wurde ich innerlich ohnmächtig, ich wurde ganz entleert. Aber zugleich war es mir so, als wenn der wunderbare Segen mir immer näher kam. Dann war ich mal wieder alleine in meinem Zimmer. Ich hatte gebetet, ich hatte Bibel gelesen und den Finger gelegt auf die Stelle Apostelgeschichte 2,39 und hatte zum Herrn gesagt: ‚Hier steht es doch geschrieben und du mußt doch dein Wort wahrmachen an mir!' Dann kam die Gegenwart Gottes so wunderbar über mich, daß ich nicht mehr beten und auch nicht mehr die Bibel lesen konnte. [...] Heiße Liebeswellen zogen durch meine Seele. Endlich stand ich auf, ich war noch immer nicht mit dem Heiligen Geist getauft. Als ich auf die Uhr schaute, erschrak ich. Ich dachte, es wären Minuten gewesen, die ich so vor dem Herrn gelegen hatte, und dabei waren es Stunden. Von der Zeit an wußte ich, was Ewigkeit ist. [...] Ich saß auf meinem Stuhl und schaute aus nach dem Herrn, und dann geschah es plötzlich, Apostelgeschichte 2,2. Hatte es geblitzt? Plötzlich war ich wie in einem Feuer drin, wie in einem Backofen, und ich mußte plötzlich den Herrn loben und preisen. Es war so wunderbar, daß*

*ich es nicht beschreiben kann. Als ich dann nachher
am Spiegel vorbeikam, sah ich, daß meine Augen
glühten wie Feuer. Nach dieser Erfahrung verspürte
ich die Kraft Gottes wie nie zuvor, und Menschen bekehrten sich, wenn ich mit ihnen sprach.*"[23]

Nicht viel später, in der Zeit als Zeltdiakon, traf er auch mit täuferisch
gesinnten Christen zusammen, die ihn bald von der Richtigkeit der
Glaubenstaufe überzeugen konnten. Die jedoch empfing er erst 1908
in einer täuferischen Gemeinde im deutsch-schweizerischen Grenz-
gebiet, als er nach der Sommer-Kampagne der Zeltmission für das
Winterhalbjahr 1908/09 zur *Predigerschule* nach ST. CHRISCHONA
ging. Er wurde dort, wohl wegen seiner Vorstudien im Brüderhaus
Vandsburg, direkt in die zweite Klasse aufgenommen. Im Sommer-
halbjahr 1909 war Vietheer dann wieder aktiv bei den Zelteinsätzen
dabei und kehrte erst zum Winterhalbjahr nach St. Chrischona zurück.

2. Kapitel

Dienstjahre bis
zum Ersten Weltkrieg

Nach Abschluss der dritten Klasse 1909/10 ging Vietheer nicht mehr zur Zeltmission zurück, sondern nahm den Ruf als Prediger einer Gemeinschaft in FRANKFURT A. M. an, wo er 1909 schon einige Male als Gastprediger gedient hatte. MISS PATRICK, eine schon ältere englische Dame mit großem Vermögen, hatte mitten in der Altstadt ein mildtätiges Werk an Armen und Bedürftigen begonnen, bot aber auch sonntags Versammlungen an. Innerhalb von nur einem halben Jahr quoll der Saal über von suchenden Menschen. Zunächst jedoch war der Besuch zurückgegangen, weil Vietheer Miss Patrick untersagt hatte, nach dem Sonntagsgottesdienst Hilfsgüter und Liebesgaben auszuteilen. Er wollte nicht, dass die Leute deswegen kämen. Sie sollten wegen Jesus kommen. Und das taten sie dann auch, als das Wort Gottes anfing, die Herzen zu bewegen.

Miss Patrick war so begeistert, dass sie Vietheer als Generalerben ihres Vermögens einsetzte, das damals etwa 1 Million Goldmark betrug, eine ungeheuer große Summe. Allerdings erwartete sie, dass er dafür lebenslang in Frankfurt blieb und die Arbeit fortführte. Obwohl Vietheer diese Bedingung sofort ablehnte, blieb sie bei ihrem Vorhaben. Tatsächlich wurde das Erbe nach dem Ersten Weltkrieg an Vietheer ausgezahlt. Da war es allerdings infolge der Kriegskosten und der Inflation auf wenige tausend Mark zusammengeschrumpft. In Frankfurt war es auch, wo Vietheer sein erstes Heilungswunder erlebte.

Ein krebskranker gottloser Mann lag im Krankenhaus. Die Ärzte hatten ihn aus therapeutischen Gründen am ganzen Körper mit Lehm eingehüllt, gaben ihm aber nur noch ein paar Wochen zu leben. Seine Frau, die zur Frankfurter Gemeinde gehörte, bat Vietheer um einen Besuch bei ihrem Mann: „Das Schlimmste ist nicht für mich, dass er sterben muss; aber dass er verloren gehen soll, das ertrage ich nicht. Er ist doch mein Mann!"[24] Vietheers Seelsorgemethode war frontal, als er ihn besuchte:

> *„Ich setzte mich neben ihn und las ihm aus der Bibel eine Bibelstelle nach der anderen vor, die von dem Los der Gottlosen handeln. Ich sagte zu ihm: ,Wissen Sie, dass Sie nur noch ein paar Wochen zu leben haben, dass Sie ein Gottloser sind und ewig verloren gehen?'"[25]*

HEINRICH VIETHEER
im 28. Lebensjahr

Abb. 1:
Vietheer während seiner Frankfurter Zeit um 1910

Dann erzählte er ihm seine eigene Bekehrungsgeschichte. Nach dieser eindeutigen Ansprache verwunderte es doch, dass der Mann wieder von Vietheer besucht werden wollte. Als Vietheer nach einiger Zeit ein zweites Mal zu Besuch kam, hatte der Mann seine Erlösungsbedürftigkeit voll und ganz erkannt: „Ich bin ein großer Sünder, o, ich bin verloren, helfen Sie mir!"[26] So gelang es, diesen todkranken Mann zu Jesus zu führen.

Anschließend legte Vietheer ihm die Hände auf und bat um Heilung. Dann ging er. Was dann geschah, bekam er daher nicht mit. Als die Frau des Mannes wieder ins Krankenzimmer trat, sagte ihr Mann fest und bestimmt: „Frau, bring mir meine Kleider, ich bin gesund."[27] Er stand auf, warf die Lehmschicht von seinem

Körper, wusch sich, zog sich an und verließ zusammen mit seiner Frau das Krankenhaus. Wie staunte Vietheer, als er ihn fröhlich und gesund am Sonntag neben seiner Frau im Gottesdienst sitzen sah! Er lebte noch viele Jahre, konnte wieder arbeiten und führte eine eigene Wäscherei.

Schon hier in Frankfurt zeichnete sich das übergemeindliche Profil Vietheers ab. Kaum angekommen, hatte er schon im März 1910 zu einer pfingstlichen Glaubenskonferenz eingeladen[28] und erhielt offensichtlich auch schon eine Reihe von auswärtigen Einladungen. So kam es, dass er nach nur einem knappen Jahr Dienst in Frankfurt Anfang 1911 nach ULM wechselte. Eine kleine Gemeinschaft dieser Stadt hatte ihn während seiner Frankfurter Zeit zu zwei Evangelisationen eingeladen, die so gesegnet waren, dass sie ihn dringend baten, ganz zu kommen.

In Ulm herrschte von Beginn an ein erwecklicher Geist. Im ganzen ersten Jahr von Vietheers Dienst gab es täglich jeden Morgen Gebetsveranstaltungen, die von einem starken Geisteswirken geprägt waren. Die Arbeit entwickelte sich so gut, dass nach einem Jahr gebaut werden musste. Damit war der erste „Betsaal der Pfingstgeschwister in Württemberg"[29] überhaupt entstanden. Vietheer erlebte dabei verblüffende finanzielle Wunder und eine große Gebefreudigkeit der Geschwister.

Nach dieser kurzen Zeit hatten sich auch eine Reihe entschiedener Brüder so gut entwickelt, dass er sie zu Ältesten einsetzen konnte, die dann auch sämtliche Versammlungen hielten.

So war Vietheer weitgehend freigestellt und konnte sich einem übergemeindlichen Reisedienst im Auftrag des *Mülheimer Gemeinschaftsverbandes*[h] widmen, zu dem er seit dessen Gründung 1911 gehörte.[30] Als sogenannter „Reisebruder" war er im ganzen süddeutschen Bereich tätig.

Eine Episode, die sich dabei im katholischen Bayern abspielte, ist bezeichnend für Vietheers Unerschrockenheit und Furchtlosigkeit. Der Ortspfarrer hatte öffentlich vor Vietheer gewarnt und dazu aufgefordert ihn aus dem Ort rauszuprügeln. Als er abends bei geöffnetem Fenster des Versammlungsraumes predigte, traf ihn plötzlich von hinten ein schwerer Schlag. Draußen vor dem Haus hatte sich

---

h Die Mülheimer nannten sich seit 1938 „Gemeinschaftsverband Mülheim-Ruhr", vgl. Fleisch, Paul: Die Pfingstbewegung in Deutschland, Ihr Wesen und ihre Geschichte in fünfzig Jahren, Hannover 1957, S.348.

eine aufgebrachte Menge versammelt, und einige Männer hatten Vietheer durch das Fenster hindurch einen dicken Weberbaum in den Rücken gestoßen. Geistesgegenwärtig stieß er diesen aber zurück und setzte seine Predigt beherzt fort, ohne umzufallen oder schwach zu werden. Das beeindruckte natürlich. Am Ende der Versammlung konnte keiner das Haus verlassen, weil die aufgebrachte Menge die Tür von außen verbarrikadiert hatte. Es musste also erst einer aus dem Fenster steigen, um die Tür wieder freizubekommen. Als sich Vietheer unbesorgt anschickte, in sein Quartier zu gehen, wollten ihn die Brüder zurückhalten: „Sie dürfen nicht aus dem Haus gehen, denn da draußen stehen viele Menschen mit langen Latten und Knüppeln." Das konnte Vietheer aber nicht abhalten:

> „Ich bin hierher gekommen im Namen Jesu und ich gehe in mein Quartier auch im Namen Jesu, dessen geringster Knecht ich bin!"[31]

Als er aus dem Haus trat, stand draußen tatsächlich eine wilde Meute, mit Knüppeln bewaffnet. Vietheer trat geradewegs auf die Männer zu, klopfte ihnen freundlich auf die Schulter und schritt durch sie hindurch, wobei er nicht einen einzigen Schlag abbekam.

Während der Zeit in Ulm fand er auch endlich den Mut, seiner Zuneigung zu MATHILDE PAUL, Jonathan Pauls Tochter, Taten folgen zu lassen: Er hielt bei ihrem Vater um ihre Hand an. Gleich bei seiner ersten Begegnung mit ihr, als er noch Zeltdiakon war, hatte für ihn festgestanden, dass sie die richtige Frau für ihn wäre:

> „Es kam die Zeit, wo ich zum ersten Mal Pastor Pauls Tochter sah. Da hieß es in mir: ‚Das soll deine Frau werden.' Ich wollte ja eine Gott geweihte Frau, und die Tochter von solch einem gottgeweihten Manne musste es doch sein. Jahre vergingen. [...] Dann sprach ich mit Pastor Paul über mein Herzensgeheimnis. Er machte mir Mut. Endlich erhielt ich nach langer Wartezeit die Einwilligung seiner Tochter. Pastor Paul setzte den Zeitpunkt der Verlobung fest."[32]

Neben den übergemeindlichen Diensten entfaltete Vietheer in Ulm jedoch auch ein reges Konferenzleben, das offensichtlich weit ins

Land hineinstrahlte und half, das *Anliegen der Pfingstbewegung* aus-zubreiten.[33]

Dann setzte, wahrscheinlich im Herbst 1912, eine dramatische Entwicklung ein. Während der Zeit bis zum Verlobungstermin Weihnachten 1912 geriet Vietheer in innere Gegensätze[i] zu führenden Brüdern der *Mülheimer Bewegung*, was schließlich zu seinem Austritt führte.[j] Durch die Verbindung zur Familie Paul hatte das natürlich auch ganz persönliche und private Konsequenzen. Ein doppelter Konflikt tobte in ihm:

> *„Nun kam für mich ein furchtbarer Kampf. Ich sah ganz klar, was kommen würde. Der, der mein Schwiegervater werden sollte, den mußte ich [...] nun bekämpfen. [...] Endlich sagte ich ihm eines Tages: ‚Sage deiner Tochter, daß ich alles aufgebe, denn ich muß dich ja bekämpfen in deiner nach meiner Ansicht verkehrten Stellung.'"*[34]

Vielleicht spielte diese private Zerreißprobe auch eine entscheidende Rolle, als Vietheer Ende 1912 einen Ruf nach REVAL (Estland) annahm. Er beendete seinen Dienst in Ulm nach nur zwei Jahren und ging ins Ausland. Allein! Zu diesem Zeitpunkt war die Gemeinde in Ulm bereits auf einige hundert Mitglieder angewachsen und konnte in die Hände einer stabilen Ältestenschaft übergeben werden.[35] Auch diesem Wechsel waren vorab wieder einige Dienste als Gastprediger vorausgegangen und hatten den Ruf, ganz zu wechseln, ausgelöst.

In Reval angekommen, fand Vietheer jedoch keine Ruhe über seinen Entschluss, die Verbindung zu Mathilde aufzugeben. Er konnte sie nicht vergessen und wurde daher noch einmal aktiv:

> *„Anstatt mich zu Weihnachten [1912] zu verloben, folgte ich einem Ruf nach Reval in dem damaligen*

---

i   vgl. Abschnitt: „Trennung von der (Mülheimer) Pfingstbewegung"

j   Das Zerwürfnis scheint erst im Herbst erfolgt zu sein, da er zu diesem Zeitpunkt noch in Hamburg und Schleswig-Holstein in Mülheimer Kreisen gesprochen hatte, also noch über sein süddeutsches „Einsatzgebiet" hinaus tätig und anerkannt war; vgl. Fleisch, Paul: Die Pfingstbewegung in Deutschland, S.195.

Russland und reiste 14 Tage vor Weihnachten dorthin ab. Innerlich war ich zerrissen und durcheinander, bis ich an Pastor Pauls Tochter schrieb, ich sei mir doch aufs Neue darüber klar geworden, dass sie meine Frau werden sollte. Wir verlobten uns brieflich, bis ich einige Zeit später zur öffentlichen Verlobung nach Steglitz kam."[36]

Im weiteren Verlauf des Jahres 1913 kam es dann zur Hochzeit in BERLIN. Sie fand im CVJM-Haus in der Wilhelmstrasse statt, dem Ort, wo Vietheer 1905 zum persönlichen Glauben an Christus gefunden hatte.[37]

Der Ehe wurden bald zwei Töchter geschenkt.

Auch in Reval blieb Vietheer nur kurz, gerade mal eineinhalb Jahre. Sein Abschied 1914 war jedoch nicht persönlich bedingt, sondern Folge einer Hetzkampagne religiöser Leiter (s. u.). In Reval gab es viel zu tun: Fünf Versammlungen jeden Sonntag, davon zwei für Deutschsprachige, zwei für Esten und eine für Russischsprachige. Trotz der immensen Herausforderung und des anstrengenden Dienstes entwickelte sich auch diese Arbeit wieder außergewöhnlich gut. Nach weniger als einem Jahr waren die Versammlungen so überfüllt, dass die Leute auf den Fensterbänken standen, nicht gezählt die Hunderte, die keinen Platz mehr im Saal bekamen und wieder gehen mussten. Dabei war das Wachstum zum großen Teil auf Bekehrungen zurückzuführen.

Bald kamen auch Einladungen aus anderen estnischen Orten, darunter PERNAU und WINDAU an der Ostsee sowie DORPAT. Dort evangelisierte Vietheer in der großen Kirche der Stadt, die rasch übervoll wurde. Auch im benachbarten LETTLAND evangelisierte er. In RIGA sprach er im größten Saal der Stadt, dem Gildesaal.

Im Frühjahr des Jahres 1914 bestieg Vietheer gegen 20 Uhr abends einen Zug von Reval nach Berlin, wegen einer dortigen dringenden Sitzung.[k] Die Reise geschah offenbar unter Gottes „Timing", denn am nächsten Morgen wollte die Polizei den Prediger in seinem Haus verhaften. Hinter der Aktion standen orthodoxe Geistliche, die das

---

k   Hermann Dittert schreibt 1936: „Einige Monate vor Ausbruch des Krieges reiste unser Bruder nach Berlin ..." – vgl. Dittert, Hermann: Wege und Wunder Gottes, Lauter 1936, S.11

kraftvolle evangelistische Wirken beenden wollten. Vietheer konnte nicht mehr zurückkehren, weshalb seine Frau den gesamten Hausstand auflöste und auch nach Deutschland reiste – gerade noch rechtzeitig, wie sich herausstellte: Anfang August 1914 brach der Erste Weltkrieg aus, der sofort mit einer massiven Offensive der Russen gegen Deutschland im baltisch-ostpreußischen Raum begann. Wären die Vietheers zu diesem Zeitpunkt noch in Reval gewesen, wären sie mit großer Wahrscheinlichkeit nach Sibirien verschleppt worden.[38]

Den Krieg musste Heinrich Vietheer vom ersten bis zum letzten Tag als Soldat mitmachen. In dieser Zeit war nicht an einen geistlichen Dienst zu denken.

Abb. 2:
Vietheer auf Heimaturlaub
während des Ersten Welt-
krieges, hier mit seiner Frau,
der ältesten Tochter und den
Schwiegereltern Paul

3. Kapitel

Von Mülheim zur Allianz

Trennung von der (Mülheimer) Pfingstbewegung

Nach dem Krieg versuchte Vietheer einen Neuanfang im Berliner Raum, da dort seine schon betagten Schwiegereltern wohnten, die beide Söhne im Krieg verloren hatten. Er meinte, Rücksicht auf sie nehmen zu müssen, und schlug zwei auswärtige Predigerstellen-Angebote aus.[39] Mit seiner Frau und den beiden Töchtern blieb er stattdessen im Haus seiner Schwiegereltern in BERLIN-STEGLITZ wohnen.

Doch auch im Berliner Raum dauerte es nicht lange, bis Vietheer als Prediger des Evangeliums Fuß gefasst hatte. Dabei half ihm natürlich sein Selbstverständnis, auf dem Boden der *Evangelischen Allianz* zu stehen. Zwar war bekannt, dass Jonathan Paul, der „Pfingst-Paul", sein Schwiegervater war, aber es war auch bekannt, dass sich Vietheer strukturell eindeutig von der Pfingstbewegung Mülheimer Richtung distanziert hatte. Die Entwicklung dahin ist für seinen weiteren Lebensweg von großer Bedeutung gewesen und verdient eine genauere Betrachtung.

Nach der Krise innerhalb der Gemeinschaftsbewegung infolge der *Berliner Erklärung* 1909 hatte Vietheer sich im Gespräch mit den sogenannten *Neutralen* zunächst auf Seiten der „Pfingstler" um einen Ausgleich bemüht. Zu den „Neutralen" gehörten auch Männer wie Vetter und Modersohn. In seiner Vermittlungs-Absicht nahm Vietheer sowohl an der Konferenz im Haus „Patmos" (Siegen-GEIS-WEID) im September 1910 teil als auch am letzten Einigungsversuch in

Vandsburg im Januar 1911, die Pastor Krawielitzki einberufen hatte, den er von seinem ersten Ausbildungsversuch 1908 in dessen Bruderhaus bereits kannte. Hier trafen sich Vertreter der sogenannten „Neutralen" mit Vertretern der pfingstlichen Richtung. Die dabei verabschiedete *Vandsburger Erklärung*, die den Riss der Gemeinschaftsbewegung heilen sollte und auf Seiten der Neutralen immerhin von 38 angesehenen Brüdern unterschrieben worden war, unterzeichnete Vietheer auf Seiten der Pfingstler. Als es wegen des Ultimatums der Pfingstgegner an die Neutralen dann recht bald doch zum endgültigen Bruch kam, gehörte er letztlich zur nun selbstständig werdenden Pfingstbewegung.

Die sich damit verfestigende und vertiefende Trennung der Pfingstbewegung von der Gemeinschaftsbewegung stellte für Vietheer die erste dramatische Spaltungserfahrung im Lager bibeltreuer Christen dar. Das Maß der hierbei freiwerdenden Dämonisierung von theologischen Gegnern und die damit einhergehende völlige Vergiftung der Streitkultur sollten tragischerweise für seine eigenen Auseinandersetzungen stilbildend werden.

Auf Seiten der Pfingstfreunde nahm er 1911 am sozusagen konstitutiven ersten „*Hauptbrüdertag*" der Mülheimer in BERLIN teil. Die *Pfingstbewegung* wurde somit sein nächstes geistliches Zuhause.

Doch schon Ende 1912 trat er aus dem Verband aus, was durch den zeitgleichen Umzug ins estnische Reval zunächst relativ geräuschlos möglich war. Erst nach seiner Rückkehr aus Estland Mitte 1914 machte er diesen Schritt auch öffentlich publik. Damit stand Vietheer innerhalb kurzer Zeit wieder ohne eigentliche geistliche Heimat da.

Diese erneute Trennung nach so kurzer Zeit ging nicht spurlos an Vietheer vorüber. Sie war begleitet von den „schwersten Kämpfen, die ich als junger Prediger durchmachen musste"[40]. In seiner Not und Verwirrung reiste er sogar in die SCHWEIZ, um den Rat von Pastor STOCKMAYER aus Hauptwil zu erhalten, einem weithin anerkannten Leiter der Gemeinschaftskreise. Mehr als „Lieber junger Bruder, der Herr helfe Ihnen, dass Sie da durchkommen",[41] konnte dieser ihm aber auch nicht mit auf den Weg geben.[1]

---

[1] Wie schwer die Trennung 1912 tatsächlich für Vietheer war, machte Hermann Dittert später deutlich, als er sie mit der ungewollten Trennung von der Evangelischen Allianz 1924 verglich: „Ein Kampf musste aufs Neue durchgekämpft werden, der ähnlich schwer war wie jener erste Kampf, der mit der Lösung von der Pfingstbewegung endete." Zitiert nach Dittert, H.: Wege und Wunder Gottes, Lauter 1936, S.26.

Die offizielle Bekanntgabe seiner Trennung von der Pfingstbewegung verschaffte Vietheer natürlich erweiterte Dienstmöglichkeiten auf Allianzbasis und wurde daher 1914 im bekannten Gemeinschaftsblatt „Auf der Warte" veröffentlicht. Dort gab Vietheer folgende
Gründe für seine Trennung an:

> „Meine letzten Erfahrungen zwingen mich, um der
> Wahrheit gerecht zu werden und um meines Gewis-
> sens willen, dem teuren Volk Gottes zu bekunden,
> daß ich mich endgültig von der sogenannten Pfingst-
> bewegung gelöst habe. Es ist mir zugleich Bedürfnis,
> öffentlich Buße zu tun, wo ich das Volk Gottes mit
> beschwert habe. Ich fühle es als meine Pflicht, kurz
> meine Hauptgründe anzugeben. [...]

> 1. In der Pfingstbewegung habe ich einen ausgespro-
>   chenen Lügengeist gefunden in der verschie-
>   densten Art. Nun ist meine tiefste Überzeugung
>   eben die, daß, wer voll Heiligen Geistes ist, voll
>   Wahrheit, ja, die Wahrheit ist und Lüge und hinter-
>   listiges Wesen haßt. Aber zu meinem tiefsten
>   Schmerz muß ich bekennen, daß ich die Erfahrung
>   gemacht habe, wie Menschen, die diese Bewegung
>   vertreten, mit Bewußtsein gelogen haben. [...]
> 2. Weiter ist es meine Pflicht und Erfahrung [sic], daß
>   selbst Gesichte, Offenbarungen und Weissagungen
>   auf Konferenzen, sogenannten Brüdertagen usw.
>   benutzt wurden, um die menschlichen Gedanken
>   und unlauteren Absichten durchzusetzen. [...]
> 3. Diese äußerst traurige Zerrissenheit in manchen
>   Gemeinschaftskreisen ist zum weitaus größten
>   Teil dadurch hervorgerufen, daß man unter dem
>   Vorwand, das ganze volle Evangelium und verges-
>   sene Wahrheiten dem Volke Gottes zu verkündi-
>   gen, versucht hat und noch versucht, die einfäl-
>   tigen Geschwister an sich zu reißen. So hat man
>   tatsächlich ganze Arbeitskreise, in denen man
>   selbst nichts gearbeitet hat, an sich gerissen. Eine
>   ganze Anzahl Orte könnte ich da aufzählen; er-
>   wähnen will ich nur Mülheim.

4. Daß die Pfingstbewegung sich zu einer „Christ-lichen Kolportagegesellschaft"[m] herausgestaltet hat, beweist zur Genüge den inneren Stand dersel-ben. Der mehr und mehr frei in Erscheinung tre-tende geschäftliche Zug hat in mir nach und nach der Überzeugung Raum gegeben, daß die Vertre-ter der Bewegung nicht das Reich Gottes im Auge haben, sondern andere Motive die treibende Kraft sind. [...]

Bemerken möchte ich aber auch ebenso bestimmt, daß ich nach wie vor auf dem Boden der ganzen Schrift stehe und auch mit allen wahren Gotteskin-dern an göttliche, biblische Gaben und Geistesoffen-barungen glaube. [...][42]

Hintergrund dieser überdeutlichen Trennung waren, wie später so oft, nicht im eigentlichen Sinne theologische Differenzen, sondern menschliches Zerwürfnis. So, wie er später Brüdern unterstellte, ihm Gemeinden entfremdet und sogar für einen Judaslohn verkauft zu haben[43], meinte Vietheer, ab 1912 in der Mülheimer Bewegung ein unfaires Verdrängen seines Schwiegervaters zu erkennen.

Besonders hart ins Gericht ging er dabei mit EMIL HUMBURG, dem Leiter der „Gemeinschaft Mülheim" (heute „Christus-Gemeinde Mül-heim"), die zu den Gründungsgemeinschaften des Mülheimer Ge-meinschaftsverbands gehörte.

Nach dem plötzlichen Tod (Juli 1907) von Pfarrer Martin Gir-kon, der die Gemeinschaft nach der Erweckung 1905 gegründet hat-te, wurde der ehemalige Kaufmann Humburg neuer Gemeinschafts-leiter. Er blieb dies von 1907 bis 1961 († 1965)[n] und war Gastgeber

---

m   Die Mülheimer hatten am 2. Februar 1914 als rechtlichen Rahmen für ihre Arbeit und ihren Verbund die „Christliche Kolportage Gesellschaft mit beschränkter Haf-tung zu Mülheim" gegründet. Der Name, der eher nach einer Traktatgesellschaft klingt, spiegelt die Unsicherheit in Bezug auf die Identität der jungen Pfingstbewe-gung wieder. Die Türe zu einer Versöhnung mit den Gemeinschaftskreisen sollte offen bleiben. Ein Name oder ein Rechtstitel, der als klares Bekenntnis zu einem ei-genständigen Verband hätte gedeutet werden können, sollte daher offensichtlich vermieden werden. Vgl. Schmidgall, Paul: 90 Jahre deutsche Pfingstbewegung, Erz-hausen 1991, S.93

n   Angaben der Homepage der „Christusgemeinde Mülheim" – 10. August 2006 http://www.cgmuelheim.de

der zwei wichtigen Mülheimer Konferenzen 1909. Hier wurde Ende September 1909 die sogenannte *Mülheimer Erklärung* als Antwort auf die *Berliner Erklärung* verabschiedet. Vietheer unterstellte Humburg erstens, er hätte sich die Leitung der „Gemeinschaft Mülheim" nach dem Ableben von Pfarrer Girkon auf unlautere Weise angeeignet. Und zweitens war er der festen Meinung, Humburg hätte in der weiteren Entstehungsgeschichte des Mülheimer Gemeinschaftsverbandes die Macht an sich gerissen und Jonathan Paul verdrängt. Vietheer machte Humburg dafür verantwortlich, dass in die junge Pfingstbewegung ein falscher Geist, ja, ein Lügengeist, eingezogen sei. Entsprechend heftig polemisierte er noch Jahrzehnte später:

> „Sie beraumten eine Versammlung an, der junge Geier° [sic] wurde Humburgs Prophet und er arrangierte einen Zungengesang, und Humburg sagte, er habe die Gabe der Regierung bekommen, und machte sich so zum Regierer, d. h. zum Leiter der sogenannten Pfingstbewegung."[44]

Verstärkt durch die familiäre Bindung an Paul, aber auch aufgrund der Bewunderung für seinen Schwiegervater, musste Vietheer sicher besonders darunter leiden, dass Paul kein Geschick hatte, ein Werk organisatorisch, finanziell und strukturell zu leiten. Das alles konnte der gelernte Kaufmann Humburg besser und bekam dadurch viele Gestaltungsmöglichkeiten in der werdenden Bewegung. Dies und den Einfluss weiterer Männer interpretierte Vietheer jedoch als Machtinstinkt und Diebstahl. Er hielt an Pastor Paul fest und verortete alle vermeintlichen Fehlentscheidungen in der Mülheimer Bewegung bei anderen. So behauptete er:

> „Paul wußte von den schlauen Machenschaften dieser Leute nichts. Und wenn ich es ihm sagte, glaubte er es nicht. Er gehörte nicht in die Pfingstbewegung, die Humburg, Geyer, Edel und zuletzt Voget und Schober gemacht haben. Jonathan Paul wurde gänzlich lahmgelegt."[45]

---

o   Der richtige Name ist *Geyer*. Geyer gehörte seit 1914 zum Vorstand der Mülheimer Kolportage Gesellschaft (s.o.), vgl.: Fleisch, Paul: Die Pfingstbewegung in Deutschland, S.199

Auch wenn Vietheer Pauls Lehre vom reinen Herzen als falsch und verderblich erkannte und auch so bezeichnete, hatte er doch stets den höchsten Respekt vor der geheiligten Persönlichkeit und der unantastbaren Integrität seines Schwiegervaters. Er bewunderte dessen Lebensenergie, gerade auch in den Kämpfen um seine Person, aber er verstand ihn nicht in allem. Noch an seinem Grab bekannte er öffentlich, dass er Pauls „verschwenderisches Lieben" nie begreifen konnte.[46] Gemeint war sicher auch Pauls weiche und konfliktscheue Art. Er konnte nicht verstehen, wie er alles so kampflos aus der Hand gab: erst das große Zelt der Deutschen Zeltmission, nachdem es zum Bruch mit der Gemeinschaftsbewegung gekommen war, und dann auch die faktische Leitung der Pfingstbewegung. Der in Mülheimer Kreisen nach dem Ersten Weltkrieg zeitweise herrschende *Quietismus*[p] überzeugte Vietheer dann völlig vom vermeintlich falschen Geist in der Pfingstbewegung. Weltflucht, weichliche Demut und Resignation, die er pauschal unterstellte, entsprachen so gar nicht seinem Wesen. Für einen tatkräftigen, unerschrockenen, kämpferischen Mann wie ihn blieb diese Prägung ein Rätsel, ja, unheimlich.

So entstand in ihm eine leidenschaftliche Abneigung gegen die Pfingstbewegung, die in der Verurteilung der Person Humburgs und anderer führender Männer gipfelte. Es zeigt sich, dass Vietheer kaum in der Lage war, sich in eine andere Mentalität hineinzuversetzen. Er konnte kein wirkliches Verständnis für die tiefe Enttäuschung aufbringen, für die Folgen der traumatischen Spaltung der Gemeinschaftsbewegung, die die junge Pfingstbewegung wie einen schweren Geburtsfehler mit sich herumtrug.

Dienste auf dem Boden der Evangelischen Allianz

Vietheers klare öffentliche Distanzierung von der Pfingstbewegung 1914 war sicher der Hintergrund dafür, dass man ihn rasch nach seiner Heimkehr aus dem Krieg Ende 1918 als Sprecher zu einer Allianz-Evangelisation einlud. Nach dieser Evangelisation in einer

---

p   Quietismus: Ziel ist die völlige Seelenruhe. – Vietheer zitiert Humburg mit der Aussage: „Evangelisieren brauchen wir nicht mehr." *Vietheer, Unter der guten Hand Gottes, Berlin 1962, S.151*

Schulaula in Berlin-Steglitz bekam er einen Ruf zum Prediger eines Gemeinschaftskreises in BERLIN-LICHTERFELDE. Diese gehörte zum *Gnadauer Gemeinschaftsverband*, bildete aber mit anderen Gemeinschaften im Berliner und Brandenburger Raum einen eigenen Teilverband. Der wurde vom sogenannten *Märkischen Brüderrat* geleitet, dessen Vorsitzender GRAF EDUARD VON PÜCKLER (1853-1924) war. Nach einer vierwöchigen Probezeit, die Vietheer selber vorgeschlagen hatte,[47] wurde er am 18.5.1919 vom Märkischen Brüderrat ins Amt eines Evangelisten eingeführt. Zuvor hatte Vietheer noch eine aufschlussreiche Forderung erhoben:

> *„Die einzige Bedingung, die ich stelle, ist, daß ich die unbedingte Leitung habe."*[48]

Die Bezeichnung *Evangelist* machte klar, dass Vietheer auch in dieser Stelle wieder über die Grenzen der lokalen Gemeinschaft hinaus arbeiten würde. Graf Pückler, der 1909 die „Berliner Erklärung" mit unterschrieben hatte, was er aber wohl später bereute,[49] war ein führender Vertreter der Gemeinschaftsbewegung.[q] Er lud Vietheer mehrmals zu sich auf sein schönes Landgut ein, das links und rechts der Oder über einen berühmten, großen Park mit seltenen Bäumen und Pflanzen verfügte.[r] Vietheer war jedoch so beschäftigt mit Evangelisationen und erstmals auch mit Freiversammlungen, dass er nie dazu kam.

Nach einer Freiversammlung der *St.-Michaels-Gemeinschaft* und des CVJM, zu der er als Sprecher eingeladen war, erhielt er auch eine Einladung zu einer CVJM-Jugendevangelisation. Nun konnte er dort das Evangelium verkünden, wo er selbst vor vielen Jahren zum Glauben gefunden hatte, im CVJM-Haus in der Wilhelmstraße 34!

Die Freiversammlungen sollten für Vietheers weiteren Dienst noch von großer Bedeutung werden. Durch seine unerschrockene,

---

q   Er hatte die einflussreiche „Christliche Gemeinschaft St. Michael" in Berlin gegründet und war bis zu seinem Tod ihr Leiter. Pückler war 1883 auch Mitbegründer des ersten Berliner CVJM gewesen sowie Mitinitiator der ersten Gnadauer Konferenz 1888. 1895 war er Mitbegründer der Deutschen Christlichen Studentenvereinigung und von 1897 bis 1906 Vorsitzender des Gnadauer Verbandes; vgl. Ohlemacher, J. in: Evangelisches Lexikon für Theologe und Gemeinde, Bd. 3, Wuppertal 1992, S.1635

r   Vgl. die Beschreibung in: Alexander Fürst zu Dohna-Schlobitten: Erinnerungen eines alten Ostpreußen, Rautenberg Verlag 2006.

furchtlose, aber auch volkstümliche Art war er den erschwerten Bedingungen bei öffentlichen Veranstaltungen auf Strassen oder Plätzen besonders gewachsen. Schon hier, kurz nach dem Krieg in Berlin, bewies er eine erstaunliche Schlagfertigkeit im Umgang mit Zwischenrufern, Störern und Kritikern. Wo andere ausgelacht und angepöbelt wurden, vermochte er es, sich Respekt und Aufmerksamkeit zu verschaffen.

Die Erfolge bei der Straßenmission führten dazu, dass ihm sogar vom Leiter der landeskirchlichen Inneren Mission das Angebot unterbreitet wurde, alle Freiversammlungen in Groß-Berlin zu übernehmen, allerdings in Verbindung mit der Kirche. Das musste er jedoch ablehnen, da er nicht bereit war, mit „unbekehrten" Pastoren zusammenzuarbeiten.

In nur kurzer Zeit hatte sich Vietheer einen guten Ruf als Evangelist erworben und stand mit seinem Dienst auf breiter Grundlage der Evangelischen Allianz, was ihm viele Türen öffnete. Evangelistisches Arbeiten auf dieser Basis war genau der Hintergrund, den Vietheer brauchte und liebte. Ständig ergaben sich neue Einsatzfelder und Anfragen, bei denen er sich auf seine evangelistische Gabe konzentrieren konnte. Er wurde vom Weißen Kreuz eingeladen, von Pfarrern evangelischer Kirchen, vom CVJM und von verschiedenen Gemeinschaften. Mitunter kamen 150 Personen nach einem einzigen Abend in die Nachversammlung, um sich zu bekehren.

Auch Einladungen über die Grenzen Berlins und Brandenburgs hinaus mehrten sich. Es kamen Anfragen aus DRESDEN, der SCHWEIZ, ja sogar aus SCHWEDEN, das Vietheer in dieser Zeit, also Anfang der 20er Jahre, über sechs Wochen lang dann auch besuchte. Dort evangelisierte er in GÖTEBORG, MALMÖ, STOCKHOLM und vielen anderen Orten und lernte auf diese Weise die ungemein dynamische Pfingstbewegung unter der Leitung von LEWI PETHRUS kennen.[50]

Eines Tages besuchte eine ältere, adlige Dame aus vornehmem Hause eine Bibelstunde von Vietheers Gemeinschaft in Lichterfelde und bekehrte sich. In den nächsten Wochen brachte sie nach und nach auch ihre zwei Töchter, ihren Sohn und ihren Mann mit, die alle zum lebendigen Glauben an Christus kamen. Als sich die ganze Familie, die zu altem deutschem Adel zählte, bekehrt hatte, ergab sich daraus der Kontakt zu einem großen Kreis von Adligen in Berlin und Umgebung. Anlässlich eines Gesellschaftsabends dieser Kreise konnte Vietheer einmal sogar bis spät in die Nacht vor vielen Leuten der angesehensten Familien Berlins predigen. Mit Erfolg: Ein Graf bekehrte sich anschließend bei ihm mitsamt seiner Frau und der Tochter.

Das war natürlich für den sonst unter dem einfachen Volk wirkenden Evangelisten ein echtes Kontrastprogramm, das sich bald darauf ähnlich in Potsdam wiederholen sollte. Hier konnte er zwei Wochen lang in der evangelisch-lutherischen Friedenskirche evangelisieren und erreichte wieder viele zu dieser Gemeinde gehörende Adlige.

Überall war sein Dienst von hohen Besucher- und Bekehrungszahlen gesegnet. Die Berliner Jahre von 1919 bis 1922 waren eine sehr fruchtbare und gesegnete Zeit für ihn, sodass er sie später im Rückblick „Tage der süßen Brote"[51] nannte. Er war in seinem Element.

Gründung der Zeltmission Berlin-Lichterfelde

Vielleicht wegen des großen Erfolges und der vielen Einladungen hin und her im Land bewegte Vietheer seit Winter 1921 immer mehr der Gedanke, eine Zeltmission zu gründen. Offensichtlich sah er die Zeit für gekommen, an die großen Tage der Deutschen Zeltmission vor dem Krieg und vor der „Berliner Erklärung" 1909 anzuknüpfen, die er selbst hautnah miterlebt hatte. Sein Partner in der daraufhin gegründeten Zeltmission, der methodistische Prediger RICHARD PUHLE, zog jedenfalls entsprechende Parallelen in seinem Büchlein „Steine zum Tempel Gottes":

> „Vor etwas mehr als zwanzig Jahren gab Gott dem deutschen Evangelisten Jakob Vetter den Gedanken ins Herz, durch ein Missionszelt den dem Evangelium entfremdeten [...] Massen auf diese Weise das Wort vom Kreuz nahezubringen. [...] Ein gleicher gottgewirkter Gedanke war es, der den Evangelisten Heinrich Vietheer veranlaßte, um ein Missionszelt zu beten. [...]"[52]

Da Vietheer nun über Jahre hinweg recht frei und anerkannt gewirkt hatte und auch seine familiäre Verbindung zu Jonathan Paul offensichtlich kein Hindernis für die Arbeit in Allianzkreisen darstellte, schien die Zeit für solch einen Vorstoß günstig. Tatsächlich bekam er die 30.000 Mark für das begehrte Zelt samt allem, was dazugehörte, innerhalb kurzer Zeit zusammen. Dabei erhielt er so erstaunliche Zuwendungen wie einen kostbaren Diamanten einer Baronin oder ein Sparbuch mit mehreren tausend Mark. So kam es, dass er schon im Frühjahr 1922 ein neues, stabiles Zelt mit 1.200 Sitzplätzen kaufen konnte[53].

Vietheer gründete nun zusammen mit Richard Puhle, der ein begnadeter Sänger war, und Evangelist EICK, der 1912 sein Nachfolger in Ulm geworden war[54], die *„Zeltmission Berlin-Lichterfelde e.V."* Den offiziellen Vorsitz führte Oberpostsekretär JOHANNES SZERAWA, auch wenn Vietheer Geschäftsführer und damit der eigentliche Organisator war. Ein ordentlicher Verein ohne Schulden, mit anständiger, neuwertiger Ausstattung verlieh dem Ganzen ein solides Äußeres. Angesichts der Tatsache, dass ab Sommer 1922 die Inflation zu immer größerer Not und wachsendem Elend in Deutschland führte war es nicht selbstverständlich, dass ein freies Werk wohlgeordnet dastand. Noch wichtiger aber für eine breite Akzeptanz in Allianzkreisen waren sicher die 15 schriftlich niedergelegten Richtlinien des Vereins. Folgende Positionen wurden, zusammengefasst formuliert, eingenommen.[s]

1. Anerkennung und Förderung des Leibes Jesu; Zusammenarbeit mit allen Kreisen wiedergeborener Christen.
2. Jesus ist das Haupt der Zeltmission!
3. Arbeiten auf dem Boden der ganzen Heiligen Schrift.
4. Interkonfessionelles Profil.
5. Predigt der Notwendigkeit von Buße und Wiedergeburt.
6. Bekenntnis, daß Evangelisation Auftrag an jeden Christen ist.
7. Notwendigkeit der Predigt des Evangeliums in Erweisung des Geistes und der Kraft; Inhalt der Predigt nichts anderes als das Kreuz Christi.
8. Die Zeltmission denkt nicht daran, eigene Gemeinden zu gründen.
9. Ganztägige Arbeitsweise bei Einsätzen.
10. Verzicht auf Mitwirkung ortsansässiger Prediger, um Schein der Parteilichkeit zu meiden.
11. Bekenntnis zum Credo Finneys: „Erweckung ist immer und überall möglich."

---

s   vgl. Dittert, Hermann: Wege und Wunder Gottes, Lauter 1936, S.15-16.

12. Verschiedene praktische und geistliche Bedingungen für die Annahme einer Einladung.
13. Neubekehrten wird empfohlen, sich einer Gemeinde ihrer Wahl als geistliche Heimat anzuschließen.
14. Kosten der Evangelisation trägt voll die Zeltmission.
15. Keine festen Gehälter an Evangelisten des Werkes; Spenden werden erbeten.

Abb. 3:
Das erste Zelt der Zeltmission, hier in Hamburg während eines Einsatzes in den 20er Jahren.

Aufgrund dieser von Allianzkreisen problemlos akzeptierbaren Standortbestimmung lag schon bald eine erste Einladung vor. Sie kam von der Allianz in HAMBURG-Altona und führte Anfang Juni 1922 zur ersten Zeltarbeit des neugegründeten Vereins. Wieder war die Arbeit über die Maßen gesegnet. Mehrmals bekehrten sich an einem einzigen Abend über 100 Menschen, und das Zelt mit seinen 1.200 Sitzplätzen war stets überfüllt.[55] Beim ersten Aufruf, verbunden mit einer Einladung zur Nachversammlung, der erst etwa zwei

Wochen nach Beginn der Zeltarbeit gemacht wurde, standen 250 Personen auf und folgten dem Ruf.[56] Wie viele Menschen während dieser Arbeit zum Glauben gefunden haben mögen, kann man daran ablesen, dass am letzten Tag der Arbeit auf der Bürgerweide „6-700 [sic] Gotteskinder an einer Abendmahlsfeier für Neubekehrte teil[nahmen].“[57]

Nach vier Wochen zog das Zelt nach Hamburg-Barmbeck weiter, von wo eine weitere Allianz-Einladung vorlag. Der Andrang war auch hier so groß, dass an einem Tag sogar eine Sondermaßnahme nötig wurde:

> *„Als ich an einem Sonntagabend über das Kreuz von Golgatha sprach, mußten wir die Rundleinwand hochheben, weil noch 1.000 Menschen draußen standen. Aber trotz der Fülle und trotzdem viele ganz unbequem stehen mußten, war eine wunderbare Aufmerksamkeit und Stille. Es war mir, als wenn der Geist Gottes die Menschen niedermähte, es war wirkliche Erweckung.“*[58]

Die Arbeit machte einen solchen Eindruck in den örtlichen Allianzkreisen, dass selbst FRIEDRICH HEITMÜLLER (s. u.), Leiter der großen *Gemeinschaft am Holstenwall* und später erbitterter Gegner Vietheers,[t] ein offizielles Wort der Anerkennung fand. Im Gemeinschaftsblatt „Auf der Warte“, dem Blatt, in dem Vietheer knapp zehn Jahre zuvor seine Trennung von der Pfingstbewegung öffentlich dokumentiert hatte, schrieb Heitmüller 1923 rückblickend:

> *„Es war eine gnädige Führung von Gott, daß im vergangenen Sommer acht Wochen hindurch die Zeltmission Berlin-Lichterfelde in Hamburg an zwei Plätzen arbeitete. Wir gestehen es zu unserer Beschämung ganz offen, daß wir zunächst allerlei Bedenken gegen eine längere Zeltarbeit in Hamburg hatten. Die nicht gerade erquicklichen Beziehungen der verschiedenen christlichen Kreise zueinander schienen uns gegen einen gesegneten Dienst und Verlauf der Zeltmission zu sprechen. Im Rückblick auf die gesche-*

---

t   Siehe Abschnitt: Bruch mit der Evangelischen Allianz

hene Arbeit müssen wir mit tiefem Dank im Herzen
bezeugen, daß der Herr jedwede Befürchtung und
Sorge für uns in beschämender Weise zerstreut
hat."[59]

Auch wenn Heitmüller in seinem Artikel nicht den Eindruck von hunderten oder gar tausenden Bekehrten weckt, wie das in Vietheers Beschreibung durchschimmert, stellt er sich doch klar zu dessen Dienst. Er erkennt an, dass seiner Arbeit „ganz offenbar eine geistliche Führung zu Grunde" lag und Vietheer „mit seiner von Gott ihm gegebenen Gabe, dem Volk unserer Tage zu dienen, durch Gottes Gnade den Weg zu den Herzen vieler Zuhörer fand." Seinen Artikel schloss er so:

> „Wir wünschen den lieben Brüdern der Zeltmission
> Berlin-Lichterfelde von Herzen Gottes Segen für ih-
> ren weiteren Dienst. Möge ihr Dienst allüberall so
> vom Segen des Herrn begleitet sein, wie es in Ham-
> burg war."[60]

Auch durch diesen Artikel wird eindrücklich dokumentiert, dass Vietheer sich allgemeiner Anerkennung und Wertschätzung in Allianzkreisen erfreute. So konnte er auch im folgenden Jahr 1923 unangefochten Zelteinsätze auf dem Boden der Allianz in Lübeck, Kiel und Neumünster durchführen.

In KIEL war das Zelt einmal so überfüllt, dass Vietheer nicht mehr aufs Podium gelangen konnte. Er musste über die Köpfe der Menschen hinweg nach vorne jongliert werden. Vietheer suchte daher dringend nach einer größeren Ausweichmöglichkeit. Da bot sich ihm die Möglichkeit, die große Messehalle zu mieten und die Versammlungen dorthin zu verlegen. Hier erreichte er bis zu 5.000 Menschen pro Abend[61] – die größte Versammlung, die Vietheer jemals erreichte. Er stand, 40-jährig, auf dem Höhepunkt seines evangelistischen Dienstes.

Abb. 4:
Vietheer und Familie um 1924

4. Kapitel

Bruch mit der evangelischen Allianz

(auch Herrn. Zaiss !?)

Beginnender Konflikt mit Friedrich Heitmüller

Eine glänzende Zukunft als allseits anerkannter Evangelist lag vor Vietheer. Trotz einer pfingstlichen Grunderkenntnis, die bei seinem Schwiegervater zur tragischen Isolation geführt hatte, war ihm ein weites Arbeitsfeld auf Allianzbasis geschenkt worden. Vietheer war bisher klug genug gewesen, seine pfingstlichen Überzeugungen für sich zu behalten und sie rein privat auszuleben.

Doch mit Beginn des Jahres 1924 braute sich in Hamburg etwas gegen ihn zusammen, was ihn zwingen sollte, sich öffentlich für das eine oder das andere Lager zu entscheiden.

Auslöser der Kampagne gegen Vietheer war FRIEDRICH HEITMÜLLER (1888-1965). Er hatte am 9.11.1918, dem Tag der Ausrufung der Republik in Berlin und zugleich sein 30. Geburtstag, die Leitung der großen und einflussreichen „Landeskirchlichen Gemeinschaft" am Holstenwall übernommen. Heitmüller gehörte als Vorstandsmitglied und später sogar Vize-Vorsitzender des Gnadauer Verbandes zugleich zu den führenden Männern der Evangelischen Allianz in Deutschland. Er hatte, wie Vietheer, seine theologische Ausbildung auf St. Chrischona erhalten, begann sie aber erst 1910, als Vietheer gerade abgeschlossen hatte. Dass sich die beiden Männer von damals kannten, ist eher unwahrscheinlich.

Heitmüller stand bis zu seinem Lebensende unerschütterlich zur

„Berliner Erklärung" und war ein entschiedener Gegner pfingstlicher Frömmigkeit. 1933 trennte er sich mit seiner Gemeinschaft vom Gnadauer Verband[62], den er gerne mehr in eine freikirchliche Richtung geführt hätte. 1934 erfolgte dann auch der Austritt aus der Evangelischen Kirche[63], und 1935 fand er mitsamt der Gemeinschaft am Holstenwall im *Bund Freier Evangelischer Gemeinden (FeG)* eine neue Heimat.

Seine Gemeinschaft am Holstenwall war sicher schon in den 20er Jahren die größte christliche Einzelgruppierung der Stadt. Als der „Holstenwall" 1935 dem Bund BFeG beitrat, zählte er mit allen Außenstationen 3.400 Mitglieder, hatte 230 Diakonissen[u], drei Erholungsheime, vier Altenpflegeheime in Hamburg mit insgesamt 100 Betten, ein Krankenhaus mit 200 Betten sowie eine christliche Buchhandlung[v].

Die Arbeit des Holstenwalls war einerseits durch eine starke evangelistische Tätigkeit, andererseits aber auch durch ein breit gefächertes diakonisches Engagement gekennzeichnet. Heitmüller war selber leidenschaftlicher Evangelist und bezeichnete später gerade die Jahre der Weimarer Republik als außerordentlich fruchtbare evangelistische Zeit. Damals führte er regelmäßig zweimal im Jahr längere Evangelisationen durch, bevorzugt in Schulaulen der Stadt:

> *„Es dürfte damals in Hamburg nur wenig Schulen gegeben haben, in deren Aulen wir nicht evangelisiert haben. Höhepunkt unseres evangelistischen Wirkens waren die Versammlungen in Sagebiels Sälen, die wir gewöhnlich in der Karwoche oder aber auch in der Bußtagswoche hatten. Wir haben es erlebt, daß sechstausend und mehr Menschen in den dicht besetzten, von der Polizei geschlossenen Sälen versammelt waren und daß noch Tausende auf der Drehbahn vor verschlossenen Türen standen."*[64]

---

u Das Diakonissenmutterhaus „Elim" war 1893 von Pastor Röschmann gegründet worden. 1894 wurde das dazugehörige Diakonissenhaus „Elim" in der Frickestrasse gebaut – vgl. Heitmüller, Friedrich: Aus vierzig Jahren Dienst am Evangelium, S.84. Diakonissenhaus und Gemeinschaft gehörten von Anfang untrennbar zum Gesamtwerk der Gemeinschaft am Holstenwall.

v Angaben der Internetseite der FeG Holstenwall (10. August 2006); http://www.feg-holstenwall.de/htm/ueberuns/gesch_2.htm

Und gerade Friedrich Heitmüller war es, der 1924 zum erbittertsten Gegner Vietheers wurde.

Vietheer war nach dem Erfolg 1922 vom Hamburger Allianzkomitee für das Jahr 1924 wieder zu einer Zeltarbeit eingeladen worden. In der Zwischenzeit kamen Heitmüller aber immer mehr Bedenken gegen Vietheer. Hintergrund seiner wachsenden Sorge war die erneute intensive Beschäftigung des Vorstands des Gnadauer Verbandes mit der Pfingstbewegung seit Ende 1923 / Anfang 1924. Im Zusammenhang mit neuen pfingstlichen Aufbrüchen, etwa durch die Arbeiten des Evangelisten LUDWIG GRAF[w] ab 1922 (auch in Hamburg), war das Thema wieder aktuell geworden.[65] Aber auch in Gemeinschaftskreisen selbst gab es immer wieder ein Aufflackern charismatischer Erscheinungen, die beunruhigten. Besonders ist da die Arbeit von FRIEDRICH STANGER in Möttlingen (Württemberg) zu nennen, die in der Tradition von CHRISTOPH BLUMHARDT stand und von einem bemerkenswerten Heilungsdienst geprägt war.[x]

Wie Heitmüller gehörten auch HEINRICH und AUGUST DALLMEYER, die als die schärfsten Gegner der Pfingstbewegung überhaupt galten, zum Vorstand des Gnadauer Verbandes. Heinrich Dallmeyer war es gewesen, der die berüchtigten *Kasseler Versammlungen* im Sommer 1907 durchgeführt hatte. Durch seinen eklatanten Mangel an verantwortlicher Leiterschaft waren diese Versammlungen völlig entgleist und hatten zu einem Skandal geführt. Konfrontiert mit dem angerichteten Scherbenhaufen und seinem Versagen, hatte er sein Heil in der Verteufelung des gesamten pfingstlichen Aufbruchs gesucht. Unfähig zu einer differenzierten Beurteilung der Ereignisse, behauptete er, in der gesamten pfingstlich-charismatischen Bewegung seien Lü-

---

w   Durch Ludwig Graf (1861-1935), einen deutschstämmigen Amerikaner, der Anfang der 20er Jahre zurück nach Deutschland gekommen war, kam es 1924 in Königsberg zu einer machtvollen Erweckung. Der Mülheimer Prediger H. WEHLERS hatte Graf zu einer Evangelisation eingeladen, aufgrund derer sich innerhalb von rund 3 Monaten rund 4.000 Menschen bekehrt haben sollen. Dieser Mülheimer Kreis um Wehler sagte sich später von den „Mülheimern" (Mülh. Gemeinschaftsverband) los und nannte sich „Immanuel-Gemeinschaft". Nach einer Krise 1931 trat die Gemeinde der Elimgemeinde bei und war forthin die größte aller Elimgemeinden überhaupt – vgl. Sommer, Gottfried: Anfänge freikirchlicher Pfingstgemeinden in Deutschland zwischen 1907 und 1945, unveröffentlichte Wissenschaftliche Hausarbeit FTA Gießen, Gießen 1998, S.36 ff.

x   Stanger hatte 1909 aufgrund von Auditionen und Visionen die „Rettungsarche", eine Art Erholungsheim, in Möttlingen gegründet. Sein Dienst wurde durch erstaunliche Krankenheilungen begleitet und erfreute sich eines wachsenden Zuspruchs. Vgl. Biographisch-Bibliographisches Kirchenlexikon, Band X, Spalten 1150-1160 (http://www.bautz.de/bbkl/).

gengeister des Teufels die treibende Kraft. Diese enorme Verengung der Sicht hatte einen erheblichen Anteil am Zustandekommen der „Berliner Erklärung" 1909 gehabt und damit an der Spaltung der Gemeinschaftsbewegung.

Auch sein Bruder August war als Herausgeber des Gemeinschaftsblatts „Der Reichsgottesarbeiter"[66] eine einflussreiche Persönlichkeit und hatte schon 1907 eine Rolle gespielt. Er war der Leiter des Blaukreuzvereins in Kassel, in dessen Haus 1907 die Veranstaltungen seines Bruders stattgefunden hatten.

Heinrich Dallmeyer sah sich aufgrund der aktuellen Lage 1923/24 dazu berufen, mit den Büchern *„Was haben wir von Möttlingen zu halten?"* (Neumünster 1924) und *„Die Zungenbewegung, ein Beitrag zu ihrer Geschichte und eine Kennzeichnung ihres Geistes"* (Lindhorst 1924) erneut öffentlich und energisch vor pfingstlichen Erscheinungsformen zu warnen.

Entsprechende Gespräche im Gnadauer Vorstand werden diese Buchprojekte begleitet haben. Im Zusammenhang mit diesbezüglichen Recherchen war man auch auf ein Protokoll von Missionsinspektor M. URBAN vom Missionshaus in Hausdorf gestoßen. Darin wurde von einem erneuten Versöhnungsversuch zwischen Gnadauer Vertretern und elf Delegierten der Pfingstbewegung berichtet, der im Dezember 1921 in Berlin stattgefunden hatte. Auf der Teilnehmerliste fand man auch Heinrich Vietheer. Obwohl er bei diesem Treffen zur Gruppe der Pfingstgegner gehört hatte, war doch aufgefallen, dass er, anders als die klassischen Gnadauer, den Ursprung der Pfingstbewegung für echt hielt.[67]

Das führte 1923/24, im Zuge der *erneuten* Gnadauer Offensive *gegen die Pfingstbewegung*, zu einer genaueren Untersuchung von Vietheers Dienst. Dabei fand August Dallmeyer ein Bekenntnis Vietheers, das dieser 1923 in Reval/Estland anlässlich eines dortigen Auslandsdienstes gemacht hatte. Darin hatte er bemerkt, dass er für sich persönlich in Zungen bete. Für Dallmeyer ein klarer Fall: ein verkappter Pfingstler, vor dem dringend zu warnen sei![68]

Dieser Beurteilung schloss sich offenbar auch Heitmüller an. Seine erste Reaktion hat wohl darin bestanden, sich zunächst aus dem Trägerkreis der geplanten Allianz-Evangelisation mit Vietheer im Mai 1924 in Hamburg zu verabschieden – offensichtlich noch ohne begleitenden Angriff auf Vietheer selbst. Stattdessen kündigte er eine eigene Evangelisation an, diesmal anscheinend auch mit einem Zelt. In Unkenntnis der Hintergründe für Heitmüllers Rückzug aus dem Trägerkreis schrieb Vietheer ihm Anfang 1924 einen heftigen Brief, in dem er die Absicht einer eigenen Evangelisation als „Werk des Ehrgeizes" bezeichnete. Er drohte Heitmüller auch an, dessen Zeltarbeit ohne Rücksicht auf seine Person öffentlich zu bekämpfen.[69]

Dieser ungestüme Angriff dürfte nur Wasser auf die Mühlen des skeptisch gewordenen Heitmüller gewesen sein. Jedenfalls veröffentlichte Heitmüller im April 1924 in seinem Blatt „In Jesu Dienst"[70] die unverblümte Drohung Vietheers, allerdings immer noch, ohne ihn selbst theologisch zu „enttarnen". Gleichwohl dürfte bei den Lesern eine erste Erschütterung bezüglich Vietheers Geisteshaltung erfolgt sein. Der nächste Schritt Heitmüllers bestand darin, Anfang Mai 1924, also unmittelbar vor Beginn der Zeltarbeit Vietheers, den inzwischen fertiggestellten neuen Warnruf des Gnadauer Vorstandes gegen die Pfingstbewegung in seinem Blatt abzudrucken.[71] Aber erst zwei Wochen später, in der folgenden Ausgabe von „In Jesu Dienst"[72], wurde dieser Warnruf eindeutig und namentlich mit der Person Heinrich Vietheers verknüpft. Jetzt warnte Heitmüller nicht mehr nur allgemein gegen Pfingstler, sondern ganz konkret gegen die Zeltmission und Heinrich Vietheer.

Was hatte den Ausschlag gegeben, jetzt doch so deutlich zu werden? Warum hatte Heitmüller nicht von Anfang an, also schon zum Zeitpunkt seines Rückzuges aus dem Trägerkreis der Zeltarbeit, Vietheer als verkappten Pfingstler bloßgestellt?

Ganz offensichtlich reichten anfangs die Beweise dafür noch nicht aus. Was mit einem ernsten Verdacht begann, verdichtete sich bei genauerer Betrachtung erst allmählich zur Gewissheit.

Das bestätigt Heitmüller in der Ausgabe „In Jesu Dienst" 11/12 vom 15.6.1924, wenn er sagt:

> „Der Brüderrat unserer Gemeinschaft stand unter dem bestimmten Eindruck, der immer mehr zur festen Überzeugung wurde, daß Prediger Vietheer unter dem beherrschenden Einfluß des Zungengeistes [...] stand. Sowohl seine Lehre, als auch seine Bekehrungspraxis und seine Lebensführung führten uns zu dieser Erkenntnis. [...] Unsere Freunde und Feinde aber sollen wissen, daß wir für unsere entschiedene Stellung in der ganzen Angelegenheit schwerwiegendste Gründe hatten und haben."[73]

Hier nennt Heitmüller drei Kriterien, die für ihn den Beweis lieferten, dass Vietheer ein gefährlicher Pfingstler sei: Die *Lehre*, die *Bekehrungspraxis* und die *Lebensführung*.

Und gerade der letzte Punkt, die Lebensführung, wird es gewesen sein, die Heitmüller zur letzten Überzeugung brachte und zur Offensive veranlasste.

Im Verlauf der Beschäftigung mit Vietheers Leben war Heitmüller nämlich auf einen früheren Ehebruch gestoßen, offenbar dadurch, dass ein Eingeweihter sein Beichtgeheimnis brach.[74] Da er wie August Dallmeyer überzeugt war, es sei ein geradezu klassisches Kennzeichen des gefährlichen Zungengeistes, dass er von ihm erfüllte Personen „oft in Laster stürzt"[y], war dieser Ehebruch der letzte Beweis. In Kreisen der Pfingstgegner verwies man gern und oft auf 1. Timotheus 4,1-2, um die Pfingstbewegung als dämonischen Ursprungs zu enttarnen. Die Bibelstelle erwähnt als Kennzeichen für „betrügerische Geister" den Verkündigungsdienst durch Leute, die „in ihrem eigenen Gewissen gebrandmarkt sind". Als nun herauskam, dass Vietheer sexuell entgleist war, stand für Heitmüller fest: Dieser Mann trägt eben jenes „Brandmal" in seinem Gewissen. Er wurde vom Zungengeist verblendet und ins „Laster" gestürzt. Wer mit ihm in Kontakt kommt, wird ebenso Opfer dieses Lügengeistes. Er muss gestoppt werden!

Was steckte hinter den Vorwürfen, und was war daran wahr?

Kurz nach dem ersten Weltkrieg muss es bei Vietheer tatsächlich zu einer folgenschweren Affäre gekommen sein, die offensichtlich noch dadurch dramatischer wurde, dass sie zu einem unehelichen Kind geführt hatte. So konnte die Angelegenheit natürlich nicht ohne weiteres vertuscht werden. Ein Zeitzeuge[z] berichtet, dass Vietheer und die entsprechende Frau überein gekommen waren, das Kind direkt nach der Geburt in einer sogenannten „Kinderheimat" unterzubringen: Die Diakonisse EVA VON TIELE-WINKLER hatte Deutschland seit der Jahrhundertwende mit einem Netz von rund 40 Kinder- und Waisenheimen überzogen, die sie „Kinderheimate" nannte. „Mutter Eva", die allseits in höchstem Ansehen stand, kannte und schätzte

---

y   August Dallmeyer: „Man kann nicht verkennen, dass der Geist [der Zungenbewegung, Anm. F. Heitmüller] ... seine Opfer oft in Laster stürzt oder an den Rand der Verzweiflung bringt ..." – Zitat aus dem Blatt „In Jesu Dienst" 9/24, 1.Mai 1924, S.195.

z   Hermann Dunst (1906-2007)

nicht nur Jonathan Paul, sondern hatte auch Kontakt zu Vietheer, der bei ihr auch mindestens einmal gepredigt hat. Das besagte Kind soll dann später von einer Schwester Vietheers, die selbst keine Kinder bekommen konnte, in Pflege genommen worden sein. Vieles weist darauf hin, dass die leibliche Mutter des unehelichen Kindes eine gläubige Christin war, was den erwähnten „Bruch des Beichtgeheimnisses" nachvollziehbarer macht, hielt sie sich doch sicher weiter in frommen Kreisen auf und „musste" dann wohl irgendwann ihr Gewissen erleichtern.

Wie auch immer die genauen Verhältnisse lagen, fest steht, dass ein Ehebruch stattgefunden hatte, den Vietheer schließlich auch zugab.[aa]

Nach dieser Information und den anderen schon vorliegenden Indizien stellte sich für Heitmüller die Erfahrung der Zeltarbeit von 1922 natürlich in einem anderen Licht dar. Er begann die Erfolge Vietheers neu zu bewerten, wobei der bislang nicht weiter problematisierte pfingstliche Hintergrund Vietheers von ausschlaggebender Bedeutung wurde.

Heitmüllers nun beginnende Argumentationslinie musste sich auch mit der Frage beschäftigen, wie es sein konnte, dass durch einen Irrlehrer so viele Menschen zum Glauben gekommen waren.

In einem Briefwechsel mit Albert Goetz, der nach dem Zweiten Weltkrieg Schriftleiter des pfingstlich ausgerichteten Blättchens „Mehr Licht" war, erläuterte Heitmüller später seine Sicht dieses Phänomens, unter Bezugnahme auf Matthäus 7,22-23 und Matthäus 24,24:

> *„Weder vorkommende Bekehrungen noch geschehene Heilungen sind in jedem Fall ein untrüglicher Beweis dafür, daß sie im Rahmen eines Werkes des Heiligen Geistes geschehen. Im Verlauf von vier Jahrzehnten[ab] habe ich es immer wieder erlebt, daß durch Männer, die im fortlaufenden Ehebruch und im unsittlichen Morast lebten, Menschen zur Bekehrung kamen und gesund wurden."*[75]

---

aa vgl. Heitmüller, Friedrich: Aus vierzig Jahren Dienst am Evangelium, Witten 1950, S.173, und Dittert / Rabe / Wilde: Irrlehre oder Apostellehre [...], Lauter 1933, S.2, Spalte 3

ab Er schreibt dies Ende der 40er Jahre.

Anschließend bezieht er sich dann unmissverständlich auch auf Vietheer. Für Heitmüller war klar, dass zwischen der pfingstlich-spirituellen Grundlage Vietheers und seinem moralischen Versagen ein direkter Zusammenhang bestand. Deswegen konzentrierten sich seine nun beginnenden Angriffe auch auf die Bloßstellung Vietheers als verkappten Pfingstler, anstatt auf den moralischen Fehltritt. In seinem Denken durften Ursache und Wirkung ja nicht verwechselt werden.

Folglich wurde das übliche, allseits angewandte *Bewertungsmuster gegenüber Pfingstlern auch hier* die entscheidende Triebfeder: Hinter äußerlich orthodox anmutenden Äußerungen stecke bei Pfingstlern ein Mischgeist, ein Schwarmgeist, ein Lügengeist, eine gefährliche Falle und Täuschung, ja, im Letzten eine teuflische Verführung. Einen Seitensprung, ein moralisches Versagen hätte man diskret besprechen können. Möglicherweise wäre eine öffentliche Buße mit anschließender begrenzter Dienstpause geeignet gewesen, um eine spätere Rehabilitation einzuleiten. Aber in Verbindung mit dem „Zungengeist" war es das endgültige und unwiderrufliche Aus. Dagegen blieb Vietheer nur die eine Chance: sich öffentlich, eindeutig und dauerhaft von seiner pfingstlichen Grundüberzeugung zu lösen. Heinrich Dallmeyer hatte das ja 1907/1908 auch in überzeugender Weise getan und war anschließend völlig rehabilitiert worden, ja, er saß inzwischen sogar im Vorstand des Gnadauer Verbandes.

Aber nein, eine solche Abkehr von seiner Glaubensüberzeugung konnte Vietheer nicht vollziehen – deren Ausübung allerdings auch nicht länger auf die Privatsphäre beschränken.

Öffentliche Warnungen

Die Entscheidung zum konkreten öffentlichen Vorgehen gegen Vietheer wurde in einer Vorstandssitzung des Holstenwalls am 3. Mai 1924 getroffen[76], nachdem schon am 1. Mai der allgemeine Warnruf des Gnadauer Verbandes gegen den sich neu regenden Pfingstgeist veröffentlicht worden war. In den folgenden zwei Ausgaben von „In Jesu Dienst" wurde nun begründet, warum man so heftig vor der Vietheerschen Zeltmission warnen müsse. Der wichtigste Grund war die Annahme, dass durch die Arbeit Vietheers ein *„Irrgeist aus der Hölle"* wirksam werde:

„Die Zeltmission, die auch in diesem Jahr wieder in Hamburg arbeitet, steht durch ihren Leiter auf dem Boden der Zungenbewegung. Herr Prediger Vietheer hat im letzten Jahr noch in Zungen geredet und gibt auch heute noch für sich die Möglichkeit des Redens in Zungen zu. Er hat heute noch die gleiche frühere Gabe des Zungenredens und steht also unter der Beeinflussung des Zungengeistes, der nach unseren tiefen Überzeugungen ein Irrgeist ist. Und zwar ein Irrgeist aus der Hölle [...], [der] seine Opfer oft in Laster stürzt oder an den Rand der Verzweiflung bringt und unter dem Volke Gottes eine Zerrissenheit und Trennung anrichtet."[77]

Wegen dieses gefährlichen Irrgeistes fand der Vorstand des Holstenwalls ein energisches Besuchsverbot für die Vietheerschen Versammlungen unvermeidlich:

„Die Mitglieder unserer Gemeinschaft aber, die sich über die Erklärung des Brüderrates einfach hinwegsetzen und doch an den Zeltversammlungen teilnehmen, haben sich dadurch bereits von unserer Gemeinschaft getrennt. Wir können sie nur noch bitten, daß sie uns die Mitgliedskarten zurückschicken."[78]

Vier Wochen später, als Vietheer von Bremen aus sein Ausscheiden vom Reichsgottesdienst erklärte (s. u.), war man allerdings wieder milder gestimmt und bot ungehorsamen Gemeindegliedern die Rückkehr an, allerdings unter bedingungsloser Trennung von diesem Einfluss:

„Wir bitten alle, die sich dem Einfluß des Irrgeistes, wie er im Zelt stark gewirkt hat, hingegeben hatten, sich doch von diesem frommen Geist der Lüge, des Hasses, des Mammons und der Unreinheit zu lösen."[79]

Nun bewertete man auch die Erfahrung von 1922, über die Heitmüller ja positiv gesprochen hatte, öffentlich in einem neuen Licht. Neben der schon erwähnten Gefahr durch einen höllischen Irrgeist wies

Heitmüller nun auch auf die Gefahren von Vietheers stark emotionalisierender *Verkündigungspraxis* hin:

> „*Als wir im Sommer 1922 an der ersten Zeltmissionsversammlung teilnahmen, standen wir unter dem ganz bestimmten Eindruck: Hier ist Zungengeist wirksam.*"[80]

> „*Und dann tut eins not: daß die gläubigen Christen endlich einmal anfangen, biblisch zu denken und geistlich zu handeln. Wie oft schon haben wir es erleben müssen, daß die Gläubigen sich durch Augenblickserfolge irgendeines ‚christlichen Redners' bestechen und täuschen ließen. Man nennt das ‚entschiedene Darlegung des Evangeliums von Christus', was doch im letzten Grunde nichts anderes ist als ‚religiöse Moralpredigt' und ein ‚Um-sich-Werfen' mit christlichen Schlagworten. Und wenn unter solchen, entschiedenen und geistesmächtigen Vorträgen Menschen in nicht geringer Zahl in eine sehr starke, fromme Gefühlsaufwallung kommen und ein überaus lebhaftes Interesse für religiöse Dinge zeigen, dann spricht man von Frucht der Erweckung und Bekehrung vieler Seelen. O, diese Urteilsunfähigkeit! [...] Alles Drängen und Jagen nach Augenblickserfolgen und Treibhausfrüchten ist seelische Treiberei, die satanischen Einflußmächten Tor und Tür öffnet.*"[81]

Zum Dritten warnte Heitmüller ganz energisch vor Vietheers *Nachversammlungen*, die seiner Meinung nach nichts anderes als „Bekehrungspressen"[82] seien.[ac]

Reaktion der Hamburger Allianz

Dieser heftigen Abwehr und kategorischen Verweigerung jeglicher Zusammenarbeit mit dem bisher so erfolgreichen und geschätzten

---

ac Eine Beschreibung, wie man sich die Nachversammlungen bei Vietheer vorzustellen hat, befindet sich im Anhang.

Evangelisten Vietheer wollten und konnten die meisten anderen Mitglieder der *Hamburger Allianz* nicht folgen. Man war empört über das Beschwören derartiger antipfingstlicher Phobien gegen Vietheer. So entstand zunächst eine unerwartete und überraschende Situation: Es kam nicht zum Bruch zwischen Allianz und Vietheer, sondern zwischen der Allianz und Heitmüller! Die Allianz stellte sich weiter hinter die schon vereinbarte und in Gang befindliche Zeltarbeit mit Vietheer und zog jetzt gegen Heitmüller zu Felde:

> *„Das Allianz-Komitee [ließ] in Tausenden von Exemplaren ein großes, von 17 Pastoren, Predigern und Stadtmissionaren unterschriebenes Flugblatt in den Straßen Hamburgs verteilen und in die Lande schicken, in dem man mich wegen einer Ablehnung einer Zeltmissionsarbeit der Pfingstbewegung mit den allerschärfsten Ausdrücken verurteilte und sich mit starken empfehlenden Worten hinter jene Zeltmission stellte. Ein freikirchlicher Prediger erklärte öffentlich, das Allianz-Komitee sei überzeugt, daß der Zusammenbruch des Holstenwalles bald kommen müsse. Jene Frühjahrs- und Sommermonate 1924 waren mit die schwerste Zeit in den vierzig Jahren meines Dienstes am Evangelium.“*[83]

Heitmüller zog die Konsequenzen und schied seinerseits aus der Allianzarbeit aus. Die ungewöhnliche Wendung gegen ihn erklärte er sich nun damit, dass die Hamburger Allianz schon seit jeher äußerst duldsam und weitherzig gegenüber exotischen Gruppen gewesen sei. Schon vor 1924 war es für ihn nicht nachvollziehbar gewesen, wie man mit für ihn so suspekten Gruppen wie der *„Mitternachtsmission"* oder der *„Strandmission"* von EMIL MEYER[ad] paktieren konnte

---

ad Emil Meyer (1864-1950) war es, der im Frühjahr 1907 Kristiania, das spätere Oslo, besuchte und dort die ersten pfingstlichen Aufbrüche in P. BARRATS Stadtmissionszentrum erlebte. Zur gleichen Zeit war auch Jonathan Paul dort. Von dort hatte Meyer die beiden norwegischen Schwestern Agnes Telle und Dagmar Gregersen mitgebracht, die dann von Heinrich Dallmeyer zu den berüchtigten Versammlungen im Juli / Anfang August 1907 nach Kassel eingeladen worden waren – vgl. Giese, Ernst: Und flicken die Netze, Metzingen ³ 1988, S.47 u. 49, Fußnote; vgl. auch Sommer, Gottfried: Anfänge freikirchlicher Pfingstgemeinden in Deutschland zwischen 1907 und 1945; unveröffentlichte Wissenschaftliche Hausarbeit an der FTA Gießen, Gießen 1998, S.30.

(allerdings war es Heitmüller zwischenzeitlich gelungen, Emil Meyer wegen seines pfingstlichen Hintergrundes ausschließen zu lassen). Auch glaubte Heitmüller, dass im Allianzkreis Neid und Rivalität ihm gegenüber eine nicht unerhebliche Rolle bei der Entscheidung für Vietheer gespielt hätten.

Trotz dieses vorläufigen Sieges Vietheers kam es um seine Person nicht mehr zur Ruhe.

Er konnte zwar die Evangelisation in HAMBURG im Mai 1924 noch durchführen, aber schon am nächsten Zeltort, in BREMEN, kam es Ende Mai zur Katastrophe: Heitmüller hatte nicht locker gelassen und drängte die Bremer Allianz, die schon begonnene Zeltarbeit mit Vietheer zu beenden. Obwohl sich wieder Hunderte bekehrt hatten, erreichte Heitmüller tatsächlich die Einstellung der Arbeit.

Ganz offensichtlich konnte dabei erst die Geschichte mit dem Ehebruch das Bremer Allianzkomitee überzeugen:

> „Unter Bruch eines Beichtgeheimnisses durch einen fanatischen Pfingstgegner [nämlich Heitmüller] wurde eine kritische Situation geschaffen, die einen weiteren Dienst [Vietheers] in Verbindung mit der Evangelischen Allianz nahezu unmöglich machte."[84]

Auch in Hamburg wird Heitmüller diese „Trumpfkarte" anschließend eingesetzt haben. Vietheer und seine Mitarbeiter jedenfalls warfen ihm vor, diese alte Geschichte immer wieder aufzuwärmen, um den Kritisierten „vor aller Welt ehrlos zu machen".[85]

Die Brücken zur Allianz in Deutschland bröckelten, auch wenn die Hamburger ihre positive Haltung zunächst nicht änderten. Obwohl sie Heitmüllers Stil, nämlich die theologischen Bedenken mit dem moralischen Fehltritt öffentlich zu verquicken, erkennbar ablehnten, waren sie in der *theologischen Frage* doch eher auf Heitmüllers Seite:

> „Alle Prediger sprachen mir ihr volles Vertrauen aus und wollten, daß ich weiter mit ihnen arbeiten möchte, aber unter der Bedingung, daß ich von den sogenannten pfingstlichen Wahrheiten lassen solle. Alle wußten, daß ich in Zungen redete, allerdings daheim allein. Da mußte ich den mir teuer gewordenen Brüdern sagen, daß ich das nicht könne."[86]

Ob das Allianz-Komitee mit seiner Forderung, von den pfingstlichen Wahrheiten zu lassen, nur den Verkündigungsdienst im Rahmen der Allianz meinte oder auch die Praxis im privaten Rahmen, ist nicht eindeutig zu klären. Vieles spricht aber dafür, dass auch der private Rahmen gemeint war[ae], denn bis 1924 hatte Vietheer bei Allianzevangelisationen eindeutig keine pfingstlichen Themen in den Vordergrund gestellt.

So kam es, dass sich auch das Hamburger Allianzkomitee schließlich von Vietheer löste, als er im Sommer 1925 wieder mit seinem Zelt nach Hamburg kam. Friedrich Heitmüller kommentierte diese von ihm lange erhoffte Wende:

> *„Zu unserer großen Freude hat das Hamburgische Komitee der Evangelischen Allianz sich offiziell von der Vietheerschen Zeltmission und der durch sie vertretenen Zungenbewegung losgesagt."*[87]

Damit sprach das Komitee allerdings nicht für alle angeschlossenen Gemeinschaften, wie Heitmüller ergänzt:

> *„Bedauerlicherweise findet diese heillose Bewegung aus dem Abgrunde [trotzdem noch] Stützpunkte in den beiden Evangelischen Gemeinschaften unserer Stadt. O der geradezu strafwürdigen Unfähigkeit zum Prüfen der Geister!"*[88]

Aber auch diese schmale Gemeindebasis in Hamburg schmolz in den nächsten Monaten dahin.

---

ae Pastor Walter Wiek, der einige Jahre Prediger einer Landeskirchlichen Gemeinschaft gewesen war, berichtet über sein Ausscheiden aus den Gemeinschaftskreisen, nachdem August Dallmeyer ihn 1946 auf die Zungenrede angesprochen hatte. Wiek hatte die Zungenrede privat und allein 1928 in seinem Bett empfangen. Als Dallmeyer jedoch nachfragte, ob er schon irgendwann vorher eine pfingstliche Versammlung besucht habe, und Wiek bejahte, war für Dallmeyer der Fall klar: „Dann haben Sie dieses Zungenreden in Verbindung mit der Pfingstbewegung erhalten, es ist abzulehnen. Ich kann es Ihnen nur ernstlich empfehlen, sich zu prüfen und sich von dieser Gabe zu distanzieren ... Ich muss Sie aber auch bitten, von jedem Dienst hier in der Gemeinschaft zurückzutreten." Zitiert bei: Giese, Ernst: Und flicken die Netze, Metzingen 1988[3], Anhang, Dokument 9, S.214.

Ins Abseits gestellt

Der Bruch mit der Evangelischen Allianz war für Heinrich Vietheer traumatisch. Für ihn brach eine Welt zusammen.

Er hatte immer nur freier Evangelist auf dem Boden der Allianz sein wollen. Und wie hatte Gott ihn gesegnet: mit außerordentlicher Frucht, mit vielen offenen Türen und Anfragen aus dem ganzen christlichen Spektrum und nicht zuletzt auch mit Anerkennung und Wohlwollen! Er hatte, ohne seine pfingstliche Erfahrung leugnen zu müssen, lange die Anerkennung der Gemeinschaftskreise und der Allianz erhalten, die seinem Schwiegervater stets so schmerzlich verwehrt wurde. Sollte in seiner Person sogar irgendeines fernen Tages eine Brücke geschlagen werden können zwischen den zerstrittenen Lagern?

Und nun alles aus! Er stand selbst im Abseits und alle Perspektiven für die Zukunft waren zerschlagen. Vietheer war fassungslos! HERMANN DITTERT (s. u.) schreibt über die schweren Tage in Bremen 1924, als sich die örtliche Evangelische Allianz während einer laufenden Evangelisation von Vietheer zurückzog:

> *„Täglich ging unser Missionsleiter auf einen stillen Friedhof, um allein zu sein mit seinem Gott. Die Grabsteine, die als stumme Zeugen mit dabei waren, werden darüber schweigen, welche heißen Tränen hier geweint wurden und welch ein Kampf auf Leben und Tod hier in einer Menschenbrust ausgekämpft wurde."*[89]

Diese vernichtende Niederlage, die Vietheer die Grundlage seines gesamten Dienstes entzog, führte zu Herzbeschwerden[90] und völliger Niedergeschlagenheit. In seiner Hoffnungslosigkeit erklärte er sogar, er trete von der öffentlichen Reichsgottesarbeit zurück.

Heitmüller vergaß nicht, diese Rücktrittserklärung in seinem Blatt „In Jesu Dienst" postwendend zu veröffentlichen, und begründete damit auch gleich den Ausfall einer ganzen Ausgabe von „In Jesu Dienst". Die Ausgabe Nr. 11, die am 1. Juni hätte erscheinen sollen, war nämlich schon zum Teil gedruckt gewesen, wurde aber wegen Vietheers Dienstrücktritt nicht herausgebracht. Denn ein langer Artikel im Blatt beschäftigte sich gerade mit ihm und der „Zungenbewegung"; das war ja nun nicht mehr nötig. Um neue Inhalte zu finden, war die Zeit jedoch zu knapp, also fiel Nr.11 ausnahmsweise aus.

Wichtig ist in diesem Zusammenhang, um auch Heitmüller gerecht zu werden, dessen Erklärung, wie schwer ihm die persönlichen Angriffe gegen Vietheer gefallen waren:

> *„Die letzten sechs Wochen sind die schwersten meines Lebens gewesen. Der Kampf gegen den Lug- und Truggeist der Zungenbewegung war insofern besonders schwer, als er nicht geführt werden konnte, ohne einen Prediger des Evangeliums zu treffen. Wie gerne hätte ich diesen Kampf anderen Brüdern überlassen, aber die gegenwärtige Not der Gemeinde Gottes nötigte mich zu demselben."*[91]

Diese Aussage Heitmüllers ist durchaus ernst zu nehmen. Wie belastend diese Zeit für ihn war, bestätigt er auch noch viele Jahre später. Heitmüller handelte offenbar aus tiefster Überzeugung und konnte nicht ruhen, bis Vietheer völlig isoliert war. Darin glich er ganz jenen Hardlinern, die 1909 mit der „Berliner Erklärung" auch den unwiderruflichen Bruch mit Jonathan Paul herbeigeführt hatten, obwohl sie ihn doch persönlich schätzten. Der Konflikt war daher keinesfalls auf eine persönliche Fehde zurückzuführen, ganz im Gegenteil: Heitmüller hatte äußerste Bedenken, diesen Kampf zu führen, weil er wusste, dass er damit einen Kollegen ruinieren würde. Sein Antrieb war sachlicher Natur. Er war zutiefst von der verführerischen Macht des Zungengeistes überzeugt und fühlte sich verpflichtet, dagegen vorzugehen.

Für Vietheer und seine späteren Weggefährten lag die wahre Intention Heitmüllers freilich ganz woanders. Man konnte sich die Zurückweisung nicht anders erklären als mit „höllischem Neid"[93], Missgunst und dem eigenen geistlichen Niedergang. Entsprechend eindimensional waren die öffentlichen Deutungsversuche, wie man an Hermann Ditterts folgender Formulierung erkennt:

> *„Heitmüller hatte den Versuch gemacht, die Zeltmission für seine eigenen Zwecke zu gewinnen, und weil ihm das nicht gelungen war, darum der Dolchstoß von hinten. Dazu kam noch, daß, je mehr der Herr in seiner großen Gnade die Arbeit der Zeltmission seg-*

nete, umso mehr das dunkle, schwelende Feuer des
Kainshasses in der Seele dieses Mannes brannte."[93]

Ja, Dittert bezeichnete Heitmüllers Angriff sogar als „Totschlag". Wir würden heute eher von Rufmord sprechen.

Beim Begriff „Dolchstoß" wusste jeder Zeitgenosse, was gemeint war. Die Gegner der Weimarer Republik unterstellten mit der sogenannten „Dolchstoßlegende", rote Revolutionäre hätten die Niederlage des Deutschen Reiches am Ende des Ersten Weltkrieges 1918 verschuldet. Während die Soldaten an der Front tapfer aushielten, seien ihnen die Revolutionäre im Innern des Reiches durch Umsturz in den Rücken gefallen, hätten ihnen den Dolchstoß gesetzt. Sie seien für das Leid und das Elend, die Schmach und die Schande der Deutschen nach dem Ersten Weltkrieg verantwortlich.

Ähnlich verraten und um die Früchte des Wirkens gebracht fühlte man sich auch auf Seiten Vietheers und beklagte den entstandenen Riss:

> *„Mit tiefem Weh im Herzen denken wir heute an jene Zeit zurück. Unser tiefstes Gotterleben und unsere höchsten Ziele wurden verzerrt und verfälscht, ja, man scheute sich nicht, die gemeinsten Lügen und Verleumdungen über uns zu verbreiten."*[94]

Vietheer war zutiefst erschrocken und erzürnt, dass man es geschafft hatte, seine klare Abgrenzung zur Pfingstbewegung als Farce hinzustellen. Jetzt musste auch er durchleiden, wie völlig unmöglich es war, selbst eine private charismatische Frömmigkeit zu leben, ohne in die theologische Schmuddelecke gestellt zu werden.

Vietheer saß nun im gleichen Boot wie Jonathan Paul und die Mülheimer (Pfingst-) Bewegung! Es gab auch für ihn nur zwei Alternativen: völliger Widerruf pfingstlicher Erfahrungen oder völlige Isolation.

Diese kategorische Verneinung selbst der Möglichkeit, die Glossolalie (Zungenrede) oder andere übernatürliche Gaben des Neuen Testaments zu empfangen und nur persönlich zu nutzen, machte jegliche Vermittlung zwecklos. Wer biblische Optionen so absolut ausschloss, konnte in den Augen der Vietheerschen Mitstreiter nur eigensüchtige Gründe haben, denn neutestamentlich ging diese Argumentation ja nie auf.

Der Konflikt mit Heitmüller flammte in der Zukunft immer wieder auf und wurde auch immer heftiger.

Dieses stets neue Aufflackern lag zum einen daran, dass allein in Hamburg bald drei größere *„Elim-Gemeinden"* existierten.[af] Damit war die Stadt fraglos ein wichtiges Zentrum dieser Bewegung, und man traf in der Öffentlichkeitsarbeit immer wieder aufeinander.

Hinzu kam, dass Heitmüller 1931 und 1932 nochmals einen heftigen Kampf gegen neue pfingstliche Aufbrüche in der Stadt führte und dabei auch wieder die Elimgemeinden mit aufs Korn nahm.

Auslöser waren in dieser Zeit besonders die Aktivitäten des schwedischen Predigers BERTIL FORSGREEN. Forsgreen war von der schwedischen Pfingstbewegung um Lewi Pethrus „ausgeschieden worden"[95] und wurde auch von den Elimgemeinden als zu extrem abgelehnt. Er lud damals in Hamburg mit Handzetteln und Plakaten zu „Heilungs- und Erweckungsdemonstrationen"[96] ein.

Da die Elimgemeinden Anfang der 30er Jahre bereits über eine eigene Zeitschrift verfügten (s. u.), konnte nun jeder Angriff postwendend öffentlichkeitswirksam beantwortet werden. Daneben gab es auch Sonderpublikationen wie die *„Antwort an die Gegner der Geistesbewegung"* (1931), die Vietheer allein verfasste, und die Broschüre der drei weiteren Elim-Vorstandsbrüder DITTERT, RABE und WILDE: *„Irrlehre oder Apostellehre in der Elimbewegung?"*[ag] (1933).

Während Vietheer in der erstgenannten Schrift Heitmüller einen *„maßlos ehrgeizigen, hochmütigen und dabei mit allen Wassern gewaschenen, schlauen Pharisäer"* nannte, der *„nie und nimmer ein Kind Gottes"*[97] sein könne, gingen die restlichen Vorstandsbrüder 1933 näher auf die Theologie Heitmüllers ein. Da sie von der Authentizität der eigenen Geist-Erfahrungen überzeugt waren, grenzte die Dämonisierung ihrer Spiritualität durch Heitmüller an die Sünde wider den Heiligen Geist. Folgerichtig warfen sie ihm dies dann auch zur Last.[98]

Der Kampf um die eigene Position wurde von beiden Seiten erbittert geführt. Man fühlt sich unangenehm an die Kämpfe der alten Kirche erinnert, als sich die Patriarchen gegenseitig verdammten und absetzten. In gewisser Weise war die Heftigkeit der Auseinandersetzung aber auch ein Spiegelbild der politischen Zustände in der

---

af   Zur Entstehung der Elimgemeinden siehe Kapitel 6 „Die Elim-Bewegung".

ag   Beide siehe Quellen- und Literaturverzeichnis

zu Ende gehenden Weimarer Republik. Straßenkämpfe, Saal-schlachten, militante Kundgebungen und extreme Hassparolen ver-gifteten damals das öffentliche Leben und gaben schlechte Beispiele für eine akzeptable Streitkultur.

Wenn man der weiteren Entwicklung HEINRICH VIETHEERS gerecht werden will, darf man die Auswirkungen der traumatischen Tren-nung von der Evangelischen Allianz 1924/25 nicht unterschätzen.

Mit dieser Trennung entzog man ihm sein eigentliches Lebense-lixier: den gemeindeübergreifenden Evangelistendienst auf breiter Basis. Vietheer lief immer da zur Hochform auf, wo er nach einigen Wochen intensiven und konzentrierten Dienstes wieder weiterziehen konnte. Schon zu Zeiten seiner Hirtendienste in verschiedenen Orts-gemeinschaften war das Drängen über die lokalen Gemeindegrenzen hinaus deutlich erkennbar gewesen. Genau das brauchte er. Er war ein klassischer *Evangelist*, aber *kein Gemeindeleiter*. Auch die Erfor-dernisse der Leitung einer ganzen Gemeindebewegung entsprachen nicht seinem Persönlichkeitsprofil. Viele Konflikte der Zukunft zeigten dann auch, dass Vietheer durch den damals erfolgten Bruch in eine Rolle hineingedrängt wurde, für die er nicht geschaffen war. Wäre er freier Evangelist geblieben und hätte weiter die große Platt-form der Evangelischen Allianz nutzen können, wären die Ecken und Kanten seiner Persönlichkeit sicher nicht so scharf in Erscheinung getreten, wie es später geschah.

Vietheer jedoch versuchte das 1933 anders zu interpretieren:

> *„Aber es war im anderen Sinne doch Gottes Fügung, denn Heitmüller war in Gottes Hand die Zuchtrute für mich und ist sie heute noch, daß ich auf den rich-tigen, mir von Gott bestimmten Weg kam. Ich war ja von dem mir von Gott gewiesenen Weg abgewichen und stand deshalb in Gefahr, ein angesehener Evan-gelist in dieser Welt zu werden. Darum kann ich trotz allem, was der Mann mir angetan hat, ihm nicht gram sein, denn er hat mir den allergrößten Dienst erwie-sen.“*[99]

Diese recht milde und wohl nur durch den versöhnlich stimmenden, aktuellen Erfolg der Elimbewegung zu erklärende Beurteilung wird den langfristigen Konsequenzen jedoch kaum gerecht. Fest steht, dass die schmerzhafte Isolation, in die Vietheer gedrängt wurde, zu einem erheblichen Maß seine Reizbarkeit, sich verbal zu vergaloppieren, steigerte oder zumindest verfestigte.

Atem schöpfen in Südamerika

Nachdem Vietheer 1924 in Bremen seinen Rücktritt vom geistlichen Dienst verkündet hatte, war er zunächst ziel- und planlos. Wie sollte es jetzt weitergehen?

Da kam im Herbst 1924 das Angebot, eine Schiffsreise nach Süamerika, speziell ARGENTINIEN, zu machen. Allerdings sollte es keine Erholungs-, sondern eine Predigtreise zu deutschen Auswanderern werden. Vietheer nahm an und bekam damit Zeit, etwas Abstand von den jüngsten Ereignissen zu gewinnen. Die Reise dauerte einige Monate; sie erstreckte sich über den gesamten Herbst und Winter 1924/25. Möglicherweise ist die Einladung von baptistischen Freunden ausgegangen, denn in Argentinien besuchte Vietheer auffallend viele deutsche Baptistengemeinden.

Es lohnt sich, diese Reise ein wenig zu beleuchten, zeigen doch die Details, wie man sich den Reisedienst eines freien Evangelisten zur damaligen Zeit vorzustellen hat.[ah]

Die Hinreise mit dem Schiff dauerte vier Wochen.

Vietheer meldete sich sofort beim Kapitän und bot sich an, sonntags Gottesdienste zu halten, was ihm auch erlaubt wurde: „Die Schiffskapelle steht Ihnen auch zur Verfügung bei Ihren Gottesdiensten, und der Obersteward wird Ihnen jeden Sonntag einen Altar herrichten."[100] Auch den Kapellmeister hat der Kapitän angewiesen, Vietheer zu unterstützen. Dessen Nerven waren scheinbar noch sehr angegriffen, denn er wurde seekrank, was auf der Rückreise einige Monate später nicht mehr geschah. Hinzu kam allerdings, dass die Überfahrt auf der „Sierra Morena" nicht ganz so entspannend war, wie er das in der Lage gebraucht hätte.

Vietheer hatte nur eine Karte für die Dritte Klasse kaufen können. Aber da das Schiff seine Jungfernfahrt machte, dürfte zumindest alles neu und sauber gewesen sein. Vietheers Kajüte hatte zwei Stockbetten, also vier Übernachtungsplätze insgesamt. Er lag unten, und über ihm ein deutscher Diplomingenieur, der auf dem Weg nach

---

ah Eine ausführlichere Reisebeschreibung findet sich bei Vietheer, Heinrich: Unter der guten Hand Gottes, Berlin 1962, S.95-102 und S.178-183

Chile war, um den Direktorenposten in einem Salpeterwerk zu übernehmen. Seine Firma hatte ihm zwar das Geld für die Erste Klasse gegeben, doch er kaufte ein Ticket für die Dritte und sparte dadurch 1.000 Mark. Addiert mit den Reisespesen von ebenfalls 1.000 Mark, konnte er nun alle Annehmlichkeiten auf dem Schiff in vollen Zügen genießen. Das tat er auch und kam nachts entsprechend betrunken in seine Kajüte. Natürlich ging dann eine wackelige Kletterei los, denn sein Lager war im oberen Teil des Stockbettes.

In der zweiten Nacht hatte er es wieder geschafft hochzukommen, aber der Alkohol setzte ihm bei der schwankenden Fahrt doch sehr zu. So kam es, dass er sich übergeben musste. Beim ersten Mal verdreckte er dabei sein ganzes Bett, beim zweiten Mal war er klüger. Er lehnte sich über die Bettkante, und alles landete direkt vor Vietheers Bett. Das war denn doch zu viel. Vietheer sprang aus dem Bett, weil ihm angesichts der Bescherung vor seinem Bett und dem entsprechenden Gestank selber speiübel wurde. Er stürzte aus der Kabine und konnte es gerade noch vermeiden, sich übergeben zu müssen. Als er sich etwas erholt hatte, hielt er sich die Nase zu, sprang schnell in die Kajüte und zog nach und nach sein ganzes Bettzeug samt Matratze aus dem völlig vermieften Raum. Als der arme Ingenieur sah, welchen Umstand er seinem Mitreisenden verursacht hatte, bat er dringend zu bleiben, doch Vietheer übernachtete an Deck, unter freiem Himmel. Durch den Tumult hatte sich auch noch eine Schar von Menschen um die Kajüte versammelt, die jetzt ihren Spaß hatte. Am nächsten Tag war das für den Ingenieur natürlich außerordentlich peinlich.

Im Lauf der Zeit kamen er und Vietheer sich aber näher; es folgten gute Gespräche und schließlich eine Lebensbeichte des Ingenieurs. Dies war nicht das einzige ernste, geistliche Gespräch auf dem Schiff. Durch Vietheers Verkündigungsdienst an jedem Sonntag war er vielen als „Pastor" bekannt geworden, was ihm Vertrauen und auch Zuneigung brachte. Einmal führte er im Raucher-Salon ein zweistündiges Gespräch mit einem Reisenden, der sich ihm als Atheist vorgestellt hatte. Nach dem Essen wurde dort immer Kaffee gereicht, weshalb sich der Nichtraucher Vietheer dort regelmäßig einfand. Am Ende des langen Gesprächs stand eine große Traube von Menschen um die beiden herum und hörte zu. Manche bedankten sich anschließend wegen der interessanten Argumente für den Glauben.

Es kam auch zu Bekehrungen aufgrund der Schiffsgottesdienste.

Vietheer traf später einmal zwei Männer, die sich mit ihm auf der „Sierra Morena" eingeschifft hatten, seine Gottesdienste besuchten und ihm nun von ihrer Bekehrung berichteten. Einer davon war ein Hamburger Kaufmann, der sich alle vier Sonntagspredigten stenographisch mitgeschrieben hatte.

Nach vierwöchiger Überfahrt mit vielen Zwischenstopps wie Rio de Janeiro, Montevideo und anderen Häfen kam Vietheer endlich in Argentinien an. Abgeholt wurde er nicht und musste sich daher ganz allein in Buenos Aires zurechtfinden. Das war natürlich nicht so einfach, denn er sprach ja kein Wort Spanisch. Dann ging es gleich mit dem D-Zug weiter. Zwei Tage und Nächte war er unterwegs.

Vietheers Ziel waren deutsche Aussiedlerkolonien, irgendwo da draußen in den Weiten des Landesinneren.

Endlich am ersten Zielort der Reise angelangt, war er schockiert über die armseligen, primitiven „Rancho"-Unterkünfte, die er anfangs mit den Auswanderern teilen musste. Nach einer Weile konnte er dann für vier Wochen zu einer Familie ziehen, die in einem Steinhaus wohnte.

Von dort aus ging es Tag für Tag in alle Himmelsrichtungen zu Versammlungen an verschiedenen Orten. Offensichtlich begleiteten ihn dabei seine Gastgeber, eine große Familie, zu der neben den Hauseltern fünf erwachsene Söhne und eine Tochter gehörten. Sie alle bekehrten sich in diesen vier Wochen.

Auch in Argentinien bewährte sich Vietheers Dienst also in alter Kraft. An einem Ort wurde er sogar trotz Erntezeit gebeten, täglich drei Versammlungen zu halten. Die Nachricht von seinem vollmächtigen Dienst sprach sich herum, und so erhielt er nach einer Weile auch eine dringende Einladung aus dem benachbarten MONTEVIDEO (Uruguay).

Da nach dem ersten Weltkrieg viele Deutsche nach Südamerika auswanderten, war es an vielen Orten gut möglich, Evangelisationen in deutscher Sprache zu halten. Alles war damals im Aufbau begriffen. Die deutschen Einwanderer hatten daher oft wenig Platz, um Gäste zu beherbergen. So konnte Vietheer in MONTEVIDEO nicht bei Geschwistern wohnen, sondern wurde im Haus eines deutschen Ingenieurs einquartiert, der Zimmer vermietete. Er gehörte nicht zur Gemeinde und war mit seiner Frau noch nicht lange in Uruguay. Als Vietheer morgens in seinem Zimmer ungeniert einige Glaubenslieder sang, kam plötzlich die Frau in Tränen aufgelöst herbei: „Was singen Sie denn da für schöne Lieder?" Ganz angerührt bedrängte sie ihren Mann, als er nach Hause kam, abends mit ihr in die Evangelisation zu gehen. Das taten sie auch, und als sie einige Abende gekommen waren, fanden beide zum Glauben und gaben ihr Leben dem Herrn. Zimmermiete wollten sie dann keine mehr annehmen.

Am Schluss der Reise stand noch eine größere Evangelisation in BUENOS AIRES auf dem Programm. Sicher aus ähnlichen Gründen wie in Montevideo hatte man Vietheer bei einer älteren katholischen Witwe einquartiert, die in einer Villa im Stadtteil Palermo wohnte. Es war das vornehmste Viertel der Stadt. Gut situiert, wie sie war, besaß die Frau auch ein Auto, mit dem Vietheer jeden Abend selbst in die Versammlung fahren konnte. Dabei begleitete sie ihn immer gern. An einem dieser Abende berührte Gott ihr Herz. Auf der ganzen Rückfahrt und selbst noch zu Hause sprach die sonst redselige Dame kein Wort. Als sich Vietheer zur Nachtruhe begeben wollte, platzte es schließlich aus ihr heraus: „Ja, wenn das so ist, dann habe ich ja auch nicht den rechten Glauben!" –

> „Ja, [...] das weiß ich schon lange." – „Was? Das wissen Sie schon lange?" – „Ja, sehen Sie, Sie haben einen katholischen angelernten Glauben, und ich hatte einen evangelisch-lutherisch angelernten Glauben. Ich hatte ebenso wenig einen lebendigen, geoffenbarten Heiland wie Sie."

Daraufhin entspann sich ein langes Gespräch bis nach Mitternacht, an dessen Ende eine gründliche Lebensübergabe dieser Frau an Christus stattfand.

So hatte Vietheer schon drei seiner Gastgeber, teils mit ganzer Familie, zum Herrn geführt.

Vietheers Versammlungen in Buenos Aires und „draußen auf dem Kamp", also in den Weiten der *Pampa* und des *Siedlerlandes*, sprachen sich bis in Regierungskreise herum. Kurz vor der Abreise nach Deutschland wurde er deswegen zum deutschen Konsul gebeten. Der zeigte sich beeindruckt und dankbar, dass er sich so um die deutschen Migranten gekümmert und ihnen das Evangelium gepredigt hatte. Welcher Reisende ging schon freiwillig wochenlang in die armseligen deutschen Kolonien da draußen? Vielleicht, um dieses als „landsmannschaftliches Engagement" gewertete Verhalten zu belohnen, vielleicht aber auch aus Sympathie für den christlichen Glauben machte ihm der Konsul ein großartiges Angebot: Vietheer bekam die Rückfahrkarte vom „Norddeutschen Lloyd" für ein Viertel des regulären Preises – und diesmal nicht Dritte Klasse, sondern Mittelklasse. (Der mit neuntausend Tonnen eher kleine Dampfer „Werra" hatte allerdings auch nur Mittel- und Dritte Klasse.)

Auch auf dem Rückweg hielt Vietheer wieder Sonntagsgottes-dienste. Da der zweite Kajütenplatz aber überraschend leer blieb, konnte er sehr erholsam im „Einzelzimmer" reisen.

5. Kapitel

Von der Evangelischen Allianz zu den Methodisten

Nach der Südamerikareise 1924/25 musste nun eine neue Basis für die Arbeit in DEUTSCHLAND gefunden werden. Da auch Vietheers alter Gönner Graf Eduard von Pückler im Frühjahr 1924 gestorben war, konnte er wohl auch im Berliner Raum nicht mehr an alte Tage anknüpfen. Dennoch stellte sich erstaunlicherweise eine Fülle von Einladungen ein, „sogar aus Kreisen, von denen es kaum zu erwarten war"[101]. Möglicherweise gab es doch noch Chancen, mittel- oder langfristig wieder breitere Zugänge in örtliche Allianzen zu bekommen?

Zunächst aber lotete Vietheer 1925 die Chancen einer engeren Zusammenarbeit mit *freien Pfingstgemeinden* aus. Einmal als Pfingstler abgestempelt, ging er jetzt von sich aus aktiv auf diese Gruppen zu. Das hatte er bisher, zumindest im Inland, immer vermieden. Doch aus zwei Gründen scheiterte dieser Versuch schnell: Zum einen scheint es nur wenige tragfähige freie Pfingstgemeinden gegeben zu haben. Die meisten freien Gemeinden oder Kreise waren wohl einfach zu klein und litten zudem unter dem Makel der „Sektiererei". Zum andern gab es nur lose Kontakte untereinander, und die Gruppen waren oft auch in sich selbst nicht sehr verbindlich. Inhaltlich konzentrierten sie sich, für Vietheers Geschmack, zu stark auf das Phänomenale und waren nicht entschieden genug im Ruf zur Nachfolge und Konsequenz. Mit heutigen Begriffen ausgedrückt, könnte man vielleicht sagen, dass die freien Pfingstkreise in Vietheers Augen eher „Kuschelclubs" als gesunden neutestamentlichen Gemeinden glichen. So könnte man jedenfalls Hermann Dittert verstehen, der diese Kontakte später beschrieb:

> *„[Sie waren uns] dem innersten Wesen nach fremd, und zwar aus folgenden Gründen: In einer biblischen Gemeinde wird ein rücksichtsloser Kampf gegen den alten Menschen, gegen den Ichgeist geführt, und gerade dies fehlte. Weiter sahen wir, daß die ungeistliche Liebe ein Merkmal jener Kreise war. Die wahre Liebe des Geistes erzieht und kann auch strafen und züchtigen, die süßliche, seelische Liebe dagegen verzieht und läßt den Menschen so, wie er ist. Niemals konnte auf diesen Kreisen die göttliche Verheißung ruhen."*[102]

Diese Einschätzung zeigt, dass Vietheer und die dann entstehende Elimbewegung nicht aus persönlichen, sondern aus inhaltlichen Gründen keinen Zugang zur damals real existierenden Pfingstbewegung finden zu können meinte, sei es Mülheimer Prägung oder unabhängiger Couleur.

Die spätere Elimbewegung war jedenfalls nicht nur auf die Geist-Erfahrung aus und suchte keine charismatische „Spielwiese" wie manche „freien Pfingstler". Sie war aber auch keineswegs nach innen gekehrt wie die Mülheimer. Ganz im Gegenteil, sie war offensiv, durch und durch evangelistisch und Ernte-orientiert, sozusagen eine frühe „Go-Generation."[ai] Sie verband evangelikales Grundanliegen mit charismatischer Frömmigkeit und hatte eine klare Ekklesiologie (Lehre von der Gemeinde).

Nach den wenig ergiebigen Kontakten mit diesen freien Pfingstkreisen kam 1925/26 die Einladung einer EVANGELISCH-METHODISTISCHEN Gemeinde in SCHÖNHEIDE/ERZGEBIRGE genau zur richtigen Zeit. Der Pastor, es war wohl ADOLF WEIGEL, war sich bei seiner Einladung im Klaren, dass Vietheer zu seinen pfingstlichen Erkenntnissen stand. Wohl wissend, dass diese Einladung sicher nicht von allen gern gesehen wurde, hatte er keine Zustimmung seiner Distriktleitung eingeholt und war im Nachhinein der Überzeugung:

---

ai Die Wortschöpfung „Go-Generation" beschreibt den Typus einer überwiegend aktiven, handlungsorientierten, missionarischen Frömmigkeit.

„Mein Distriktvorsteher mag nur kommen. Meine Brüder werden ihm schon von dem reichen Segen erzählen: Nie seit ihrem Bestehen ist die Kapelle so voll gewesen."[103]

Entsprechende Angriffe aus Gemeinschaftskreisen begleiteten diesen Einsatz dann auch, wobei sich Inspektor G. Brück aus Chemnitz, ein Leiter des *Sächsischen Gemeinschaftsvereins*, besonders hervortat.

Diese Evangelisation war jedoch nicht nur besonders gut besucht, sondern auch außerordentlich fruchtbar. Sie fand nur in den Gemeinderäumen statt, war also kein Großprojekt, aber es bekehrten sich 130 Personen. Für eine einzelne Gemeinde ein großartiges Ergebnis, insbesondere, weil 120 von ihnen neue Gemeindemitglieder wurden, ein überaus hoher Schnitt im Vergleich zu anderen Evangelisationen.[104]

Trotzdem blieben weitere Einladungen zunächst aus. Es dauerte etwa ein Jahr, bis wieder die Einladung einer methodistischen Gemeinde kam.

Diese Tatsache spielt in der weiteren Entwicklung eine große Rolle.

Vietheer musste sich ja die Frage stellen, wie er in Zukunft weiterarbeiten wolle.

Nachdem die Einladung der Schönheider Methodistengemeinde zunächst eine einmalige Sache geblieben war, evangelisierte Vietheer 1926 in Hamburg und Dresden ganz ohne Auftrag einer Gemeindebasis, denn er konnte auf keine mehr zurückgreifen:

„[Es] blieb mir nichts übrig, als die gewonnenen Seelen selber zu sammeln und biblische Gemeinden zu gründen, und so entstanden die [erst später so genannten] Christengemeinden ‚Elim' in Hamburg und Dresden".[105]

Als dann 1926/27 eine zweite Einladung der Methodisten kam, waren diese Fakten schon geschaffen.

Diesmal fragten gleich drei Gemeinden gleichzeitig an. Eine davon war erneut die Schönheider Gemeinde[106], dann aber auch die Schneeberger Gemeinde mit Pastor Wolf sowie die Gemeinde in Aue mit Pastor Wilhelm Meyer.[107]

Wohl ermutigt durch die überwältigenden Erfolge in Hamburg und Dresden im gleichen Jahr, machte Vietheer jetzt zur Bedingung, dass er auch über die Geistestaufe sprechen dürfe.

Es ist anzunehmen, dass Pastor Wolf in Schneeberg wegen des Erfolgs in Schönheide willens war, entsprechende Bedenken zurückzustellen. Inzwischen war ja die Nachhaltigkeit der Bekehrungen von Schönheide ein Jahr zuvor allerorts bekannt! Bei solchen Zuwächsen war die Bereitschaft zu einem gewissen Risiko sicher gewachsen. Hinzu kam bestimmt auch ein gewisser Mangel an Vollmacht in methodistischen Kreisen dieser Zeit. Vietheer zitiert Pastor Wolf jedenfalls mit den Worten: „Das hat ja gar keinen Zweck, dass ich aus unserer Kirche einen Prediger hole zur Evangelisation. Da geschieht ja doch nichts."[108] Pastor Wolf war dann während der Evangelisation im Frühjahr 1927 sogar bereit, unter der Kanzel ein Plakat mit der Aufschrift „Betest du um die Taufe mit dem Heiligen Geist?" anzubringen.

Auch mit Pastor W. Meyer aus Aue hatte Vietheer im Vorfeld über das Predigtthema Geistestaufe gesprochen. Meyer waren die Ereignisse von 1924 in Hamburg und Bremen bekannt. Dennoch blieb auch er bei seiner Einladung.

Die Zusammenarbeit mit den Methodisten verdichtete sich 1927 derart, dass Vietheer den gesamten Sommer bis Anfang September an verschiedenen Plätzen in ihrem Auftrag evangelisierte: Schönheide, Schneeberg, Aue, Zwickau, Bautzen und Planitz. Dabei kam neben dem großen Zelt der Methodisten auch sein eigenes Zelt zum Einsatz.

Leider waren die Arbeiten in Aue und Bautzen nicht so gesegnet wie die übrigen, was Vietheer auf lokale Uneinigkeit der Gemeinden zurückführte. In Zwickau dagegen konnte er in altbekannter Vollmacht dienen (s. u.).

Diese enge Zusammenarbeit mit den Methodisten ließ bei Vietheer noch einmal die Hoffnung keimen, er könne auch in Zukunft freier Evangelist auf einer bestehenden Gemeindebasis bleiben:

> *„Ich wollte immer bei den Methodisten evangelisieren. Das hatte man mir auch in Aussicht gestellt [...]."*[109]

So bekennt Vietheer in einer Schrift einige Jahre später, wobei er das Wort „immer" bewusst fett drucken ließ.

Doch bei einem Besuch der gesegneten Zeltarbeit in Zwickau teilte Pastor Wilhelm Meyer, der auch Superintendent der Methodisten war, Vietheer mit, dass er die Zusammenarbeit nach dem Sommer beenden wolle.

Wie 1924 in Bremen traf ihn diese Mitteilung wie ein Blitz aus heiterem Himmel. Und wie damals stand er gerade in einer außergewöhnlich gesegneten Arbeit, der bestbesuchten überhaupt während seiner ganzen Zeit bei den Methodisten. Die Umstände dieses Gesprächs waren für Vietheer außerordentlich verletzend:

> *„Dann haben sie [W. Meyer und sein Bruder H. Meyer] nicht einmal mit mir in der Stube gesprochen, sondern auf offener Straße. Da hat mir Herr W. Meyer die schwersten, ungerechtesten Vorwürfe gemacht wegen Bautzen und mir eröffnet, daß ich nur noch bis zum Schluß der Zeltarbeit bei den Methodisten arbeiten dürfe. Ich blieb dabei ganz ruhig. Wenn ich jemals in meinem Leben Gnade nehmen durfte von Gott, dann war es in der Stunde. Ich versuchte, ihm die Sache wahrheitsgemäß klarzustellen, aber alles half nichts. Er hörte mich gar nicht an. Da kamen mir doch für einen Augenblick die Tränen. Das war nun der Dank meiner selbstlosen, aufopfernden Arbeit für die Methodistenkirche. In jenem Sommer habe ich einen kleinen Knacks bekommen; ich kann heute nicht mehr so unermüdlich und ununterbrochen arbeiten. [...] Ich habe damals auf der Straße unter Tränen Herrn W. Meyer gebeten, er möchte mich doch weiter in den Gemeinden arbeiten lassen und mich doch nicht so kurzerhand auf die Straße setzen. Alles war vergeblich."*[110]

Ganz benommen ging Vietheer dann in sein Quartier und konnte nichts essen. Dieser Bruch mit den Methodisten machte auch die letzte Hoffnung zunichte, weiter als freier Evangelist arbeiten zu können. *Auch die Chance einer möglichen Wiederannäherung an die Evangelische Allianz* über eine Dienstbewährung bei den Methodisten war dahin. Kein Wunder, dass ihm ähnlich zumute war wie in Bremen 1924, wo er Herzbeschwerden bekommen hatte und seinen Rücktritt verkünden ließ.

Wie kam es zu dem überraschenden Gesinnungswandel bei Pastor Meyer?

Vietheer hat den Bruch mit Meyer auf persönliche Gründe und Vorbehalte mehrerer Prediger aus der Familie Meyer zurückgeführt.

Auf Wunsch von W. Meyer hatte Vietheer im Sommer 1927 sein eigenes Zelt in Bautzen aufbauen lassen, obwohl er selbst zunächst im großen Methodistenzelt in Aue sprach. In Bautzen war Dr. Meyer, der Sohn Wilhelm Meyers, Pastor einer kleinen Pioniergemeinde.

Während Vietheer also in AUE evangelisierte, sprachen in seinem eigenen Zelt in Bautzen erst Pastor H. Meyer, der Bruder von Wilhelm Meyer und Onkel von Dr. Meyer, (dieser war zur damaligen Zeit Distriktvorsteher für den Bereich Erzgebirge), und anschließend noch ein anderer methodistischer Prediger.

Als schließlich Vietheer nach Bautzen gerufen wurde, erschrak er über die dortigen Zustände. Obwohl die Arbeit ja schon einige Zeit im Gange war, kamen gerade einmal 20 Besucher ins Zelt.

Schnell stellte Vietheer eine heillose Zerstrittenheit in der Bautzener Gemeinde fest und eine starke Opposition gegen den Pastor Dr. Meyer. Verschärft wurde die Problematik noch dadurch, dass sich ein weiterer Sohn W. Meyers, der auch in Bautzen wohnte, bei Vietheer heftig über seinen Vater beschwerte. Vietheer wurde also offensichtlich in einen Familienkonflikt hineingezogen. Er meinte, etwas Gutes zu tun, als er sich zur Kritik des Sohns äußerte. Möglicherweise fehlte dabei aber, wie so oft bei ihm, der Takt; denn er selbst beschreibt das Gespräch mit den kurzen Worten: „Natürlich habe ich ihn gleich scharf zurechtgewiesen"[111].

Das trug wohl zu einem wenig positiven Bericht des Sohns bei seinem Vater bei. Entsprechende Verstimmung bei W. Meyer dürfte die Folge gewesen sein, denn Vietheer zitiert ihn mit den Worten: „Ja, der eine Sohn, das ist ein verlorener Sohn, dem hätten sie Ohrschellen geben sollen"[112]. Offensichtlich hatte Vietheer in den Augen des Vaters aber den falschen Sohn zurechtgestutzt.

Jedenfalls kam Vietheer in Bautzen überhaupt nicht zurecht und bat nach einigen Tagen darum, abgelöst zu werden. Dem wurde von Dr. Meyer, W. Meyer und H. Meyer dann auch freundlich zugestimmt. Er durfte sogar acht Tage Urlaub machen.

Trotzdem war das wohl der Anfang vom Ende. Vietheer empfand, dass sich das Verhältnis zu W. Meyer von da an rapide abkühlte:

„Aber bald musste ich merken, dass Herr W. Meyer, von der Zeit an absolut gegen mich war. Das war mein ganzes Verbrechen, dass ich die Arbeit in Bautzen abgebrochen hatte."[113]

Während sich Vietheer das Auslaufen der Zusammenarbeit mit den Methodisten nur mit persönlichen Gründen MEYERS erklären konnte, scheint dieser auch handfeste sachliche Argumente gehabt zu haben. In einem Brief an den methodistischen Bischof NUELSEN erklärt er seine Haltung so:

„Ich habe auch die feste Überzeugung, daß es an der Zeit ist, die Verbindung mit Herrn Vietheer zu lösen. Der Mann hat uns gute Dienste geleistet, aber er dürfte nach seiner ganzen Art doch nicht zu sehr bei uns zu Hause sein. Wir wollen mit Gottes Hilfe alles versuchen, um mit der Sache zu einem guten Ende zu kommen."[114]

Meyers Hinweis auf die *„ganze Art"* Vietheers dürfte tatsächlich der ausschlaggebende Punkt gewesen sein. Dafür sprechen mehrere Aspekte.

Da war zum einen Vietheers emotionaler und die Leute zur Bekehrung drängender Stil, der für methodistische Frömmigkeit schwer verdaulich war.

An einem Abend in Aue beispielsweise steigerte sich Vietheer so in Rage, dass er mitten in der Predigt seine Manschettenknöpfe abnahm und sie in die Menge der Zuhörer warf.[115] Diese und ähnliche Affekte waren so ungewöhnlich, dass man davon noch Jahre später erzählte. Dabei mag auch Vietheers Angewohnheit, während der Predigt herumzulaufen oder gar ins Publikum hineinzugehen, eine Rolle gespielt haben. Einige Jahre nach seiner Zeit bei den Methodisten stürzte er bei der Einweihung einer Elimgemeinde im Erzgebirge sogar mit der gesamten Kanzel von der Plattform, worauf er lachend meinte: „Ja, das ist richtig, der Vietheer muss auch noch weg, es geht doch darum, dass wir Jesus allein sehen."[116]

Diese exzentrischen Einlagen und der emotional drängende Stil allein wären aber wohl angesichts der Erfolge gerade noch hinnehmbar gewesen. Selbst ein Heitmüller hatte Vietheers Dienst anfangs positiv bewertet, obwohl ihm manche Erscheinungen fremd waren.

Wichtiger hingegen dürften die vielen Nachfragen nach mehr Geistesfülle gewesen sein, die durch entsprechende Verkündigung geweckt wurden. Vielleicht wurde MEYER angesichts des starken Besuchs und der um sich greifenden neuartigen Frömmigkeit angst und bange, da er selbst anfangs Ja dazu gesagt hatte.

In Zwickau wurde das ganz besonders deutlich. Wie in Schneeberg hatte man auf Vietheers Geheiß auch hier unter der Kanzel die Aufschrift angebracht: „Betest du täglich um die Geistestaufe?" Und das hatte Folgen:

> „Das war das unerhört Neue, nie Gehörte. In Massen strömten die Menschen aus der Stadt und dem nahen Erzgebirge ins Zelt. In der Schlußversammlung schätzte man 3.000 Besucher. Ein Feuerbrand war ausgeworfen, der nicht mehr gelöscht werden konnte, obwohl man es versuchte, wie in Wesleys Zeiten. Es entstand eine tragische Situation."[117]

Es brach ein Suchen und Beten um die göttliche Segnung der Geistestaufe aus, die nach Vietheers Lehre eindeutig pfingstliche Züge trug.[aj] Geschützt durch die Trägerschaft der Methodisten und dadurch bewahrt vor der Unterstellung, dahinter stünde ein „pfingstlicher Lügengeist", schlug die Thematik wie eine Bombe ein. Viele Besucher erlebten auch entsprechende Erfüllungen mit dem Heiligen Geist – während der Veranstaltungen oder in der Nachversammlung. Dazu gehörten nicht nur Neubekehrte, sondern mitunter weite Teile der ausrichtenden Gemeinde, wie etwa in einem Fall im Erzgebirge. Dort waren nach dem Aufruf 80-100 Personen aufgestanden, um sich zu bekehren. Für die Nachversammlung musste Vietheer mit dieser großen Schar in den Keller ausweichen. Im Saal blieb die Gemeinde zu einer Gebetsversammlung zurück. Ein alter Bruder sollte diese Stunde leiten und berichtete später:

---

aj Der Begriff „Geist[es]taufe" war (s.o.) auch vor Entstehung der „Pfingstbewegung" geläufig und wurde als besondere Gottesbegegnung verstanden. Durch den pfingstlichen Aufbruch kam es zu einer Neuinterpretation, wonach man die Geistestaufe als ein Erlebnis gemäß Apostelgeschichte 2,4 verstand, also mit Glossolalie (Zungenrede, Sprechen in anderen Sprachen, s. a. Markus 16,17; 1. Korinther 12/14) verstand.

*„Denken Sie sich, nach dem ich kurz etwas gesagt
hatte über das Gebet und das Gebet freigab, fingen
alle in der Kapelle mit einem mal an zu beten [...] Ich
saß da und ich konnte immer nur beten: ‚Herr, halte
du die Versammlung, ich kann sie nicht mehr halten!‛"*[118]

Solches „Chorgebet", das später typisch wurde für die Elimgemeinden, war Methodistengemeinden unbekannt und sicher viel zu emotional.

Man muss wohl überhaupt Vietheers Bedingung, über das Thema Geistestaufe frei sprechen zu dürfen, im Hinblick auf eine Wiederannäherung an evangelikale Kreise als naiv betrachten. Während
seiner Tätigkeit bis 1924 auf dem Boden der Evangelischen Allianz
hatte er das anscheinend nicht getan, und trotzdem war sein Dienst
auf Allianzebene am Vorwurf gescheitert, ein verkappter Pfingstler
zu sein.

Diesen Vorwürfen gab er jetzt natürlich im Nachhinein Recht
und bestätigte somit die schärfsten Bedenken eines Heitmüller.

Vielleicht war Vietheer die Gefahr, die in diesem Vorgehen lag,
aber auch bewusst und er ließ sich auf das Risiko ein, wieder abgelehnt zu werden. Dann aber hatte er keinen Grund, sich zu beschweren, als genau das geschah. Seine Begründung, mit der Predigt über
die Geistestaufe an „urmethodistische" Wurzeln anknüpfen zu wollen, kann jedenfalls nicht überzeugen. Er hätte spüren müssen, dass
das Zugeständnis, über die Geistestaufe sprechen zu dürfen, nur
schweren Herzens erfolgt war. Eine Einladung zur Erneuerung ur-
methodistischer Frömmigkeit war es jedenfalls nicht. Somit setzte
Vietheer seine letzte Chance, auf evangelikalem Boden wirken zu
können, bewusst aufs Spiel.

Meyers Sorge wird wohl auch gewesen sein, dass den Evangelisationen Vietheers irgendwann dann doch eigene Gemeindegrün-
dungen folgen würden, weil der Methodismus die von Vietheer ange-
stoßene Geist-Frömmigkeit auf Dauer nicht aufnehmen konnte. Es
war Meyer und den Methodisten nicht verborgen geblieben, dass ein
Jahr zuvor schon zwei Gemeinden nach Vietheerschen Diensten
entstanden waren, eine davon im nahen sächsischen Dresden. Es
war also erkennbar, dass Vietheer über die selbstgesetzte Grenze der
Zeltmission, eben keine eigenen Gemeinden zu gründen, schon hin-
ausgegangen war.

Sicher, genau genommen war das auch schon vorher klar gewesen. Aber erst jetzt mag Meyer die ganze Dramatik und Dynamik voll bewusst geworden sein, und er zog die Reißleine.

Um vor Vietheer nicht so geradeheraus seinen Fehler zugeben zu müssen, mag er ihm gegenüber die Ereignisse von Bautzen aufgebauscht haben. Auf alle Fälle suchte er, nach seinen eigenen Worten gegenüber Bischof Nuelsen (s. o.), einen günstigen Anlass zur Trennung.

Nicht wenige der lokalen Gemeindepastoren standen allerdings noch weiter hinter Vietheer und hätten sich wohl eine längere Zusammenarbeit gewünscht. Das war sicher auch der Grund, warum W. Meyer den Methodisten-Gemeinden, die schon während der Sommer-Zeltarbeiten Termine mit Vietheer gemacht hatten, die Durchführung solcher Engagements noch zugestand. Diese Arbeiten fanden dann im Winter 1927/28 in ZSCHORLAU, LAUTER und CROTTENDORF statt.[119]

Meyer musste jedoch energisch gegen weitere Einladungen für 1928 vorgehen, was auf Vietheers Beliebtheit in den methodistischen Predigerkreisen schließen lässt:

> *„Als ich jedoch hörte, daß Herr Vietheer doch noch zur Evangelisation an anderen Orten eingeladen sei, habe ich an sämtliche Prediger des Dresdener Distrikts eine Warnung geschickt."*[120]

Pastor FISCHER aus ANNABERG musste daraufhin einen schon vereinbarten Termin wieder absagen. Auf der Distriktsversammlung im Herbst 1927 erklärte W. MEYER „unzweideutig [...], dass es ganz ausgeschlossen sei, dass ich zu solchen Evangelisationen mit Vietheer [...] Erlaubnis geben dürfe."[121]

Nach der Trennung kam es noch zu erheblichen Turbulenzen wegen finanzieller Fragen. Das war aber Folge und nicht Ursache der Trennung. Um den Vorgang endgültig zu machen, hielt Meyer es wohl auch für nötig, den damals in Zürich wohnhaften Bischof Nuelsen einzuschalten. Von Nuelsen kam jedenfalls Anfang Oktober 1927, also knapp vier Wochen nach Vietheers letztem Zelteinsatz, ein entsprechendes Warnschreiben an die sächsischen Gemeinden, worin zur Distanzierung von Vietheer aufgerufen wurde. Dieser Brief wurde in Aue, der Gemeinde von W. Meyer, am 8. Oktober 1927 verlesen.[122]

Sollten tatsächlich Befürchtungen bei W. Meyer und Bischof Nuelsen bestanden haben, Vietheer könne eines Tages doch eigene Gemeinden gründen, dann bestätigten diese sich in der Folge sehr schnell, wie DIETER HAMPEL [ak] überzeugend nachweist:

> *„Im Erzgebirge schossen die Elimgemeinden wie Pilze aus dem Boden. Innerhalb von 7 Jahren entstanden 16 Gemeinden, ausgelöst durch die Evangelisationen Vietheers 1927/28 im Auftrag der Methodisten."* [123]

Das führte zu erheblichen *Abwanderungen* bei den ansässigen Methodistengemeinden. Ein repräsentatives Beispiel dafür mag Aue sein. Als hier 1931 eine Elimgemeinde gegründet wurde, traten bei den Methodisten sogleich zwölf Personen aus und wechselten in die neue Gemeinde. Prediger JOHANN HILPERT, der Wilhelm Meyer 1927 als Prediger in Aue abgelöst hatte, kommentierte diesen Übertritt lapidar mit den Worten: „Diese Geschwister haben unserer eigenen Gemeinde finanziell sowieso nichts mehr gegeben".[124]

Der Übertritt von gleich zwölf Personen an einem Ort zu einer Elim-Neugründung lässt auf eine erhebliche Opposition in den Methodisten-Gemeinden des Erzgebirges schließen und ahnen, was für ein Schaden für die Methodistengemeinden vielerorts entstand, nachdem Vietheer nun ausgerechnet hier eine Gemeinde nach der anderen eröffnete.

Den Ärger und die tiefe Enttäuschung auf Seiten der Methodisten kann man also gewissermaßen verstehen. In ihren Augen nutzte Vietheer die vorher in ihren Kreisen gewonnenen Sympathien und Kontakte schamlos zur Bildung eigener Gemeinden aus. Gerechterweise muss jedoch hinzugefügt werden, dass Vietheer von Anfang an mit offenen Karten gespielt und keinen Hehl aus seinem theologischen Hintergrund gemacht hatte. Da er dennoch eingeladen worden war, konnte man sich im Nachhinein eigentlich nicht beschweren, dass diese Prägung für viele interessant wurde.

---

ak Dieter Hampel war in den letzten Jahren der DDR Sprecher der Elimgemeinden im ostdeutschen BEFG und gilt als einer der besten Kenner der Elimgeschichte. Bereits seit seinem Studium auf dem Theologischen Seminar in Buckow Anfang der 60er Jahre hat er zu diesem Thema geforscht und im Laufe der Jahre grundlegendes Material vorgelegt. Den Wechsel der meisten Elimgemeinden der Ex-DDR zum BFP im Jahre 1991 hat er wesentlich mit geformt. 1996 – 2004 war er Vizepräses des BFP.

Hinzu kam, dass die Beendigung des Dienstverhältnisses ja nicht von Vietheer, sondern vom Superintendenten (W. Meyer) veranlasst worden war und der Bruch der Verbindung daher nicht Vietheer anzulasten ist.

So gesehen, muss man zu dem Schluss kommen, dass aus methodistischer Sicht W. Meyer die Konsequenzen seiner eigenen Einladungspolitik nicht recht übersehen hat. Salopp gesagt, holte er sich die Konkurrenz selbst ins Haus.

Friedrich Heitmüller hat daher sicher Recht, wenn er rückblickend sagt:

> *„Die Bischöfliche Methodistenkirche hat dieses Nachgeben in den folgenden Jahren [nach 1924] in ihren blühenden Gemeinden Sachsens leider schwer entgelten müssen."*[125]

Man muss auch darauf hinweisen, dass es zu offiziellen Elim-Gemeindegründungen im Erzgebirge erst nach dem vollzogenen Bruch mit den Methodisten kam.

Dennoch hätte die Antwort auf die spätere Kritik des *„Proselytismus"* nicht nur mit der Unterstellung feindseliger oder neidischer Umtriebe quittiert werden sollen. Damit bewies Vietheer leider wieder einen Mangel an Verständnis für den Schmerz der anderen. Diesen Fehler scheint er im Nachhinein auch erkannt zu haben, denn im Rückblick sagt er:

> *„[...] da kam dann eine Entfremdung zwischen uns, aber ich hatte es nicht gewollt. Man könnte darüber vieles sagen, und manches sehe ich heute auch anders wie damals."*[126]

Nun war Vietheer wieder vollends auf sich allein gestellt und jeder Kontakt ins evangelikale Lager abgeschnitten.

Es bleibt festzuhalten, dass Sachsen und das Erzgebirge in der Folge zum Zentrum der Elimbewegung wurden. Mit dem Erwerb des Hauses *„Elim"* in LAUTER im Herbst 1930 wurde auch der Sitz der neuen Gemeindebewegung ins Erzgebirge gelegt. Das Haus, das Vietheer aus eigener Tasche finanziert hatte[127], diente als Wohnhaus der Familie Vietheer und als Zentrale der Bewegung zugleich.

6. Kapitel

Die Elim-Bewegung

Übergang zur Gründung eigener Gemeinden

Die Jahre zwischen 1924 und 1927/28 müssen in der weiteren Dienstentwicklung von Heinrich Vietheer als Übergangsstadium betrachtet werden. Nach Bruch mit der Allianz lag nicht sofort der Gedanke zur Gründung einer eigenen Gemeindebewegung auf dem Tisch. Vielmehr tastete Vietheer in dieser Phase neue Partnerschaften ab, wie jene mit den Methodisten und zeitweise auch den freien Pfingstgemeinden.

Nach der erfolglosen Kontaktaufnahme zu den freien Pfingstlern 1925 blieben für das Jahr 1926 wenig ergiebige Aufträge übrig. Die Methodisten umwarben Vietheer verstärkt erst ab Anfang 1927.

Vor diesem Hintergrund sind die erstmalig ohne Gemeindebasis durchgeführten Arbeiten in Hamburg und Dresden 1926 zu sehen. Man könnte sagen, Vietheer evangelisierte einfach drauf los und machte sich zunächst keine Gedanken um die Folgen. Und dann wurde eine Riesenernte eingefahren! Wohin jetzt mit den vielen Neubekehrten? Trotz des absehbaren Szenarios lagen keine Pläne vor. Die sich dann anbahnenden Gemeindeanfänge waren folglich mehr improvisiert als wirklich durchdacht.

Die Entwicklung in Hamburg illustriert das gut.

Nach der Februar-Evangelisation 1926 in der Oberrealschule an *Brekelbaums Park* musste Vietheer durch das Drängen mehrerer Geschwister zur Teilnahme an einer Lagebesprechung überredet werden. Sie fand am 1. März 1926 in der Kellerwohnung von Veronika

Kohlmeyer in der *Orgfelder Allee 1* statt.[128] Die Geschwister wollten wissen, wie es denn jetzt weitergehe. Es kam vorerst jedoch nur zur Bildung einer Kerngemeinschaft, die die nächsten 14 Tage in einer Kellerwohnung zu Gebetsversammlungen zusammenkam. Hermann Dittert, der in der Februarevangelisation zur biblischen Wiedergeburt gekommen war, nahm an diesen Treffen bereits teil und beschreibt die vor ihnen liegende Zukunft mit den Worten:

> *„Die Folgen waren für uns unabsehbar und unvorstellbar".*[129]

Obwohl klar war, dass man die Neubekehrten irgendwie sammeln musste, geschah nichts Entscheidendes. Im Gegenteil. Statt die strukturellen Fragen zu klären, wurde zum nächsten Einsatz geblasen. Am *Winterhuder Weg* wurde im Frühsommer 1926 die sogenannte „Wanderhalle" aufgebaut. Im Juni kam es hier zu einer überaus gesegneten Evangelisation. Rund 1.000 Bekehrungen wurden registriert![130] Vietheer wusste aber offensichtlich nichts damit anzufangen. Er sah sich wohl immer noch als „freier Evangelist" und übergab die werdende Gemeinde ohne weitere strukturelle Vorgaben einem Bruder seines Vertrauens[131]. Dann reiste er ab.

Auch im April 1927, nachdem die Wanderhalle in der *Hinrichenstraße* (heute Brucknerstraße) aufgebaut worden war und eine weitere Evangelisation mit Vietheer stattgefunden hatte, ließ er die Gemeinschaft ungewiss zurück.

> *„Uns alle bewegte [...] die Frage: ,Was nun? Wie wird es weitergehen? Einige meinten, den empfangenen Geistessegen in die Kirchen und Freikirchen, denen sie noch angehörten, hineintragen zu müssen."*[132]

Es zeigte sich deutlich, dass ein Konzept fehlte.

Verschärft wurden die Fragen noch dadurch, dass Vietheer ab 1926, jetzt frei von notwendiger Rücksichtnahme auf Allianzkreise, auch in Hamburg und Dresden öffentlich über die Taufe mit dem Heiligen Geist sprach. 1927 tat er das, wie wir sahen, sogar während Evangelisationen im Auftrag der Methodisten. Das löste natürlich ein Fragen und Sehnen aus: Wo konnte man diese Erfahrung machen, ohne anzuecken? Eine bewährte Schwester etwa, die seit Jahren in einer Hamburger Gemeinde Jugendarbeit gemacht hatte, wurde zu dieser Zeit geistgetauft.

*„Als sie in ihren Gruppen mit der Bibel in der Hand
fröhlich und unbefangen davon Zeugnis ablegte, kam
es zu einem schweren Tumult, und von dem Prediger
ihrer Gemeinde wurde sie sofort aus allen Diensten,
die sie bisher in aller Treue und Hingabe getan hatte,
in einer unehrenhaften Weise entlassen."*[133]

Alles drängte also auf eine Lösung der offenen Frage, was aus der Frucht der Vietheerschen Arbeit geschehen sollte.

In Dresden sah es zunächst nicht viel anders aus als in Hamburg. Nichts deutet auch hier auf eine zielgerichtete Fortführung der evangelistischen Arbeit hin. Im Sommer 1926 hatten sich hier rund 400 Personen bekehrt, und das, obwohl Vietheer völlig auf sich gestellt gearbeitet hatte. Auch die Dresdener Allianz hatte sich von ihm zurückgezogen, und es fehlte nicht an Gegenstimmen:

*„Von allen Kanzeln [der Stadt] wurde eindringlich ge-
warnt mit der Begründung, daß ein Geist von unten
in den Versammlungen am Werk wäre und man sich
der Gefahr der Ansteckung aussetzen würde."*[134]

So waren am ersten Abend nur 30 Besucher gekommen – doch am letzten Abend kamen überwältigende 1.000 Besucher ins Zelt. Was für eine Vollmacht muss da wirksam geworden sein! Wie in Hamburg kam es dann auch in Dresden zu einer provisorischen Gemeindebildung; ob auf Veranlassung Vietheers oder aus eigenem Entschluss, bleibt unklar. Jedenfalls wurde in einer konstituierenden Gemeindegründungsversammlung eine Leitung gewählt. Anschließend wurde ein Saal in der *Sebnitzer Strasse* (Neustadt) angemietet, hergerichtet und am 3. Oktober 1926 feierlich eingeweiht.

Eine weitere Illustration der eher ungeordneten Entstehung der „Elim-Bewegung" ist die Einführung der biblischen Glaubenstaufe.

Vietheer hatte, solange er auf dem Boden der Allianz arbeitete, aus „ökumenischer Rücksicht" nicht öffentlich über die Taufe gesprochen. Nachdem diese Rücksichtnahme mit Wegfall der Allianzbasis ihre Bedeutung verloren hatte, hätte man auch in diesem Punkt eine deutliche Verkündigung erwarten können. Aber anscheinend geschah das zunächst nicht. Zur ersten Taufe, die Vietheer durchaus unangenehm war, wurde er durch Neubekehrte aus Hamburg gedrängt. Die kamen zu ihm und sagten:

„„Bruder Vietheer, wir wollen doch eine biblische Ge-
meinde sein.' – ‚Ja', sagte ich, ‚eine ganz biblische'.
– ‚Aber dann müssen Sie uns doch auch taufen', er-
widerten sie mir dann. Ich muß ehrlich sagen, es war
mir im ersten Augenblick gar nicht recht. Aber ich
konnte doch auf keinen Fall Nein sagen. Da wären
diese lieben neu bekehrten Geschwister irre gewor-
den, und so wurde ich vom Herrn durch diese Ge-
schwister gezwungen, eine Taufe anzuberaumen. Ich
mietete dann eine große Badeanstalt in Hamburg[al]*,*
und wir machten diese Tauffeier überall bekannt.
Dann durfte ich die ersten hundert Geschwister an
einem Sonntag taufen."[135]

Die Tauffeier war von einer überwältigenden Atmosphäre geprägt. Das Haus war voller Besucher, davon zahlreiche Gäste, die nicht zur Gemeinde gehörten. Sogar oben auf der Galerie des Bades drängten sich die Menschen. Viele Besucher waren zu Tränen gerührt. Auch für die Täuflinge war es ein unvergessliches Erlebnis:

„Über viele kam der Heilige Geist, während sie ge-
tauft wurden."[136]

Sie wurden *„mit Geist und Feuer getauft und priesen*
noch im Wasser den Herrn laut in neuen Zun-
gen."[137]

Manche wurden auch von Krankheiten geheilt.

Das war Anfang 1928, also gut eineinhalb Jahre nach Gründung der Gemeinde.

Ein anderer Impuls, den Schritt zur Glaubenstaufe zu wagen, kam von Brüdern aus der schwedischen Pfingstbewegung, besonders von IVAR ERIKSSON. Auf seinen Rat hatten Hermann Dittert und andere die Bibel auf die Tauffrage hin durchgearbeitet und waren zu dem eindeutigen Ergebnis gekommen, dass die Glaubenstaufe der biblische Weg sei. Das hatte Vietheer für sich persönlich schon 1908 erkannt. Aber es bedurfte doch verschiedener Impulse, um diesen

---

al Es war das Batholomäusbad, vgl. Dittert, Hermann: kreuz+quer spezial – Elim Chronik, Hamburg 2001, S.10, Spalte 3

Abb. 5:
Taufe im Hamburger Bartholomäusbad um 1930

folgenschweren Schritt ekklesiologisch zu begründen und zu wagen.

Einmal den Weg in die konfessionelle *Eigenständigkeit* betreten, gab es jetzt kein Zurück mehr. So kam es auch in Dresden am 26. Februar 1928 zur ersten Glaubenstaufe, an der etwa 60 Personen teilnahmen – auch hier erst etwa eineinhalb Jahre nach Gemeindegründung. Große und ergreifende Tauffeiern gehörten fortan zu den Markenzeichen der jungen Elimbewegung.

Die größte bezeugte Tauffeier fand bezeichnender Weise aber nicht in einem Ballungsgebiet statt, sondern in einer eher ländlichen Gegend, in Schneeberg/Erzgebirge. Auch hier war es die erste Taufe der neu gegründeten Gemeinde.

> „An dem oben genannten Tag[am] ließen sich 122 Geschwister in den Tod Jesu taufen, davon 73 Schwestern und 49 Brüder. Nach der Schätzung des Bade-

am Es war der 22.März 1931

meisters, der ja mit den Räumlichkeiten genau vertraut war, waren es einschließlich der Täuflinge 600 Personen, die an der Tauffeier teilnahmen. Hunderte, die auch gern teilgenommen hätten, mußten leider vor der Tür umkehren. Auch auf dem Laufsteg, der das Schwimmbassin umgab, standen die Menschen bis an den Rand."[138]

Aufgrund der fehlenden Vorbereitungen zur Gründung von Gemeinden kam es sehr schnell zu Problemen mit den eingesetzten Leitern.

In Hamburg musste schon nach einem knappen Jahr der Leiter ausgewechselt werden. Daraufhin wurde PAUL RABE, damals 31 Jahre alt, mit der Leitung beauftragt. Zunächst tat er den Dienst neben seinem Beruf, doch schon im Oktober 1927 konnte er als vollzeitiger Hirte eingesegnet werden.[139] In Dresden mussten sogar die ersten drei Prediger innerhalb kurzer Zeit wieder entlassen werden, was eine Gemeindespaltung zur Folge hatte. Erst mit der Entsendung Hermann Ditterts 1929, damals gerade mal dreieinhalb Jahre entschiedener Christ, konsolidierte sich die Gemeinde.[140]

Es wird also sehr deutlich, dass die klare Entscheidung, eine selbstständige Gemeindebewegung ins Leben zu rufen und zentral zu steuern, erst mit dem Bruch der Beziehung zu den Methodisten Ende 1927 ins Auge gefasst wurde.

Aus lokalen Anfängen zur Entstehung einer Gemeindebewegung

Ab 1928 nahm die Formierung zu einer eigenständigen Gemeindebewegung dann klare Formen an. Der gezielte und gelenkte Aufbau der werdenden Bewegung erforderte einige wichtige strukturelle Entscheidungen.

Dazu gehörte zunächst natürlich ein Name. Es sollte möglichst einer sein, der Anliegen und Wesen der neuen Gemeinden charakterisierte. Nach den turbulenten Jahren der Vergangenheit lag ein Begriff, der Ruhe, Frieden und Heimat ausdrückte, natürlich nahe. Dass die neue Gemeindebewegung dann aber ausgerechnet den Namen „ELIM" bekam, muss angesichts der Auseinandersetzung zwischen Vietheer und Heitmüller von diesem als gezielte Provokation empfunden worden sein.

Heitmüllers Gemeinschaft am Holstenwall benutzte den Begriff schon seit langem für ihre Diakonissen[an] und hatte damit ein gewisses Gewohnheitsrecht erworben. Auch das Krankenhaus, das Heitmüller 1927 einweihen konnte, trug folgerichtig den Namen „Elim". Als dann die Hamburger „Vietheer-Gemeinde" 1927 ausgerechnet diesen Gemeindenamen wählte und der dann auch für alle weiteren Gemeinden übernommen wurde, musste das schon als Herausforderung verstanden werden.[ao]

Die „Elimer" hatten fraglos eine gewisse Neigung, Begriffe, die im Kampf gegen sie verwendet wurden (wie z. B. „Brandmal im Gewissen") umzudrehen und nun ihrerseits für die Gegner zu verwenden. Ähnlich kann daher auch die Namenswahl „Elim" als Kampfansage gedeutet werden: ‚Bei Heitmüller soll man geistlich auftanken können wie einst Israel in Elim? Nein, die wahre Kraftquelle findet man bei uns; unsere Gemeinden sind wie die Oase von Elim!'

Neben einem eindeutigen Namen brauchte es zweitens auch eine klare geistliche Standortbestimmung. Um was für einen Gemeinde-Typus handelte es sich? Was war das besondere Anliegen der Bewegung?

Klar war, dass die Elimbewegung eine Charismatische Bewegung war und sein wollte. Den Begriff gab es damals aber noch nicht. „Pfingstbewegung" wollte und konnte man nicht sein, da diese Bezeichnung ein Synonym für die Mülheimer Bewegung war. Und gegen die grenzte man sich ja kräftig ab und wollte auf keinen Fall in einen Topf mit ihnen geworfen werden. „Gereinigte Pfingstbewegung"[141] war auch keine griffige Überschrift, obwohl sie von Gegnern wie Heitmüller als Einordnung verwendet wurde. Mit den versprengten und meist kleinen freien Pfingstgemeinden wollte man ebenfalls nicht verwechselt werden. So kam man schließlich auf den Ordnungsbegriff „Geistesbewegung". Auch die ausländischen Gemeinden, mit denen man Kontakt hatte und die sich zu Hause selbstverständlich Pfingstgemeinden nannten, bezeichneten die Elimer fast immer als „Geistesbewegung" und nicht als „Pfingstbewegung".

---

an Das Diakonissenmutterhaus „Elim", das zu Heitmüllers Gemeinschaft gehörte, trug seit 1893 den Namen „Elim" – vgl. Heitmüller, Friedrich: Aus vierzig Jahren, S.84

ao Selbst wenn man Vietheer zugute halten will, dass er sich in der Namensgebung eher von Großbritannien inspirieren ließ, wo George Jeffreys 1915 die „Elim Pentecostal Church" (EPC) gegründet hatte, muss ihm die Provokation für Heitmüller bewusst gewesen sein. Intensive Kontakte Vietheers nach Großbritannien sind im übrigen nicht nachweisbar.

So entstand ein seltsames Identitätsgefühl. Man fühlte sich nicht als Pfingstler, obwohl das Glaubensgut selbstverständlich nichts anderes war als die pfingstliche Botschaft. Noch 1991, als die meisten Elimgemeinden in den neuen Bundesländern den BEFG[ap] verließen und dem BFP beitraten, wurde von Gegnern dieses Wechsels das Argument ins Feld geführt: „Der BFP ist ja Pfingstbewegung, wir Elimer haben aber nie zur Pfingstbewegung gehört und auch nicht gehören wollen."[142]

Der Wandel des Dienstprofils vom freien Evangelisten zum Bewegungsleiter fiel Vietheer anfangs ausgesprochen schwer. Das wird daran deutlich, dass er immer wieder davon sprach, „gezwungen" gewesen zu sein, eigene Gemeinden zu gründen. Es dauerte einige Zeit, bis er den Verlust des großen Arbeitsfeldes im Rahmen der Evangelischen Allianz verwinden konnte, den er wie eine Beschneidung seiner Berufung, seines göttlichen Mandats empfand.

Entsprechend bissig und kämpferisch ging Vietheer daher gerade in den ersten Jahren mit seinen Gegnern um.

Ein beredtes Zeugnis dafür ist etwa seine umfangreiche Stellungnahme „Antwort an die Gegner der Geistesbewegung, besonders an Prediger W. Meyer, Superintendent in der Bischöflichen Methodistenkirche" aus dem Jahre 1931. Darin rechnet er insbesondere mit Wilhelm Meyer von den Methodisten, aber auch mit „Landeskirchlichen Gemeinschaften" und dem „Christlichen Volksdienst"[aq] ab. Dem schon erwähnten Inspektor G. Brück aus Chemnitz, einem Leiter des Sächsischen Gemeinschaftsvereins und energischen Gegner Vietheers, warf er in dieser Schrift vor, er bezöge von der Landeskirchlichen Gemeinschaft ein unverschämt hohes Jahresgehalt von 12.000 Mark.[143] Eine noch nachhaltigere Wirkung als vereinzelte Sonderschriften hatten jedoch die Publikationen im „Glaubensweg".

---

ap Bund Evangelisch-Freikirchlicher Gemeinden

aq Der „Christliche Volksdienst", seit 1928 durch den Zusammenschluss mit der „Christlich Sozialen Reichsvereinigung" in „Christlich-Sozialer Volksdienst" (CSVd) umbenannt, war eine christlich-protestantische Partei, die in ihrer besten Zeit zwischen 1930 und 1932 vierzehn Abgeordnete im Reichstag stellte. Auch Friedrich Heitmüller gehörte zum Christlichen Volksdienst und engagierte sich hier politisch. Für die Reichstagswahlen am 14. 9. 1930 hatte er sich (erfolglos) für ein Reichstagsmandat aufstellen lassen, vgl. Opitz, Günter: Der Christlich Soziale Volksdienst. Versuch einer protestantischen Partei in der Weimarer Republik, Düsseldorf 1969, S.248

Zeitschrift „Der Glaubensweg"

Zu einer eigenen Bewegung gehört natürlich ein eigenes Organ, in dem man regelmäßig seine Standpunkte publizieren kann. Als sich im Sommer 1928 die Möglichkeit ergab, die bereits existierende Zeitschrift *„Der Glaubensherold"* zu übernehmen und zu einem Bewegungsorgan auszubauen, griff man daher gerne zu. Die bis dahin nur sporadisch erschienenen Mitteilungen der „Zeltmission Berlin Lichterfelde" wurden daraufhin eingestellt.

„Der Glaubensherold" war von dem befreundeten schwedischen Missionar Ivar Eriksson 1927 in Kiel ins Leben gerufen worden, der das Blatt zusammen mit Margarete Clasen herausgab.[144] Bis zur Übernahme durch die Elimbewegung war es als traktatmäßiges, missionarisches Verteilblatt konzipiert gewesen. Auch wenn der missionarische Charakter nach der Übernahme offiziell beibehalten werden sollte – schließlich wurde die Zeitschrift gezielt bei Hauseinsätzen an bisher unerreichte Schichten verkauft –, trug es faktisch zunehmend den Charakter einer einenden Lehr- und Kampfschrift der Bewegung. Deutlich wurde das durch die Vermehrung von Rubriken wie „Vom Felde der Arbeit" (Berichte aus Gemeinden oder von missionarischen Vorstößen), „Biblische Fragen und Antworten" (mit besonderem Schwerpunkt der Behandlung pfingsttypischer Themen), vor allem aber durch die Rubrik „Prüfet die Geister", unter der denkbar frontal mit Gegnern der Elimbewegung abgerechnet wurde.

Ab Januar 1930 wurde der „Glaubensherold" in *„DER GLAUBENSWEG"* umbenannt, um Verwechslungen mit ähnlich klingenden Zeitschriften zu vermeiden.

Die Entwicklung des „Glaubenswegs" verlief genauso stürmisch wie die der ganzen Bewegung. Nach nur gut zwei Jahren im Dienste der Elimbewegung hatte sich die Auflage vervierfacht. Im Dezember 1930 erreichte sie bereits die beeindruckende Zahl von 23.000 Exemplaren.[145] Bald hatte sie die Höchstauflage von 37.500 Exemplaren[ar] erlangt, und Vietheer steckte im Januar 1933 sogar das – weit überzogene – Ziel, bis Ende des Jahres eine Auflage von 100.000 Exemplaren zu schaffen.[146] Dies gelang freilich nicht. Überhaupt ließ die geistliche Dynamik nach Hitlers Machtübernahme allmählich nach, und der „Glaubensweg" entwickelte sich spätestens ab Mitte

---

ar Vgl. Dittert, Hermann: Wunder und Wege, S.101

der 30er Jahre zu einem eher beschaulichen Erbauungsblatt. 1939 wurde es eingestellt.

Anfangs stand das neue Organ ganz im Zeichen der Auseinandersetzung mit den Gegnern Vietheers und des pfingstlichen Aufbruchs allgemein. Der Begriff „Kampfblatt" ist für die Jahre bis zur Machtergreifung Hitlers sicher nicht überzogen gewählt.

Indirekt zeigte sich das etwa in den Bibelarbeiten. Natürlich stand hier zunächst die wirkmächtige Verbreitung pfingstlicher Theologie im Vordergrund. Daneben finden wir aber gerade in der Anfangszeit nicht selten Lebensbilder, die sich mit der Verfolgung und den Kämpfen biblischer Persönlichkeiten beschäftigten. Dadurch wurde besonders denen Mut gemacht, die sich wegen ihrer Sympathien für Elimkreise heftigen Angriffen ausgesetzt sahen. So heißt es etwa in der Septemberausgabe 1931:

Abb. 6:
„Der Glaubensweg" erreichte um 1932/33 eine Höchstauflage von 37.500 Exemplaren und wurde für 20 Pfennig verkauft

„Alle wahren Gottesknechte, die von Gott dazu berufen waren, der frommen und nichtfrommen Welt die unerbittliche Wahrheit zu sagen, mussten es sich gefallen lassen, als Menschen gebrandmarkt zu werden, die Verwirrung anrichten. [...] Luther ist in den Augen der Katholiken noch heute ein Mann, der die alleinseligmachende Kirche zerrissen und verwirrt hat. [...] Ja, wie gemeine Verbrecher sind diejenigen behandelt worden, die sich nach der ganzen im Worte Gottes verheißenen Segensfülle ausstreckten und dieselbe auch empfingen. Man hat sie, deren die fromme Welt nicht wert war, abgestempelt als Jünger des Satans und sie verächtlich gemacht, sie verfolgt, verlästert und abgespalten von der Gemeinschaft der Geschwister."[147]

Verfolgt zu werden, auch von etablierten Frommen, sei schon immer ein Merkmal für die wahren Bekenner gewesen – so der tragende Gedanke, für den damals in der Tat auch vieles sprach; denken wir etwa nur an den kurze Zeit später losbrechenden Kampf der *Bekennenden Kirche* zu Beginn der Hitlerherrschaft.

Auf diese Weise konnte die eigene Angefochtenheit in Verbindung gebracht werden mit dem „normalen" Kampf um die Rechtgläubigkeit. Derartige Thesen wurden neben biblischen Lebensbildern auch durch kirchengeschichtliche Artikel untermauert, wie etwa die Schilderung des Kampfes und des Martyriums von HIERONYMUS SAVONAROLA[148] oder den Vergleich der *Täuferverfolgung* in der Reformationszeit mit der aktuellen eigenen Verfolgung als Geistgetaufte.[149]

Ganz wichtig waren auch Erfahrungsberichte unter der Rubrik „Selbstzeugnisse gläubig gewordener Männer und Frauen des Volkes", die regelmäßig abgedruckt wurden und nicht selten neben Gebetserhörungen oder körperlichen Heilungen auch über einen glücklichen Neuanfang in der Elim-Bewegung nach Jahren der Stagnation in anderen Gemeinschaften thematisierten.[as]

Dabei glichen Ton und Intention dieser Zeugnisse meist dem von HERMANN THOMÄ aus LÖSSNITZ im Erzgebirge, einem ehemaligen Laienprediger der Methodisten. Er hatte sich in seiner alten Gemeinde ungerecht behandelt gefühlt und schrieb:

> *„Allerlei Enttäuschungen kamen. Es gab so manches zu tragen. Und gerade auf diesen dunklen Wegen kam ich mehr zu der Erkenntnis, daß ich und meine Geschwister nur eigene Frömmigkeit hatten, aber kein Leben aus Gott! Viel Unrecht musste ich leiden bei all der Arbeit, die ich in Liebe für Jesus und die Gemeinde tat. Im vorigen Jahr wurde wegen einer irdischen Lappalie ein furchtbares Feuer angezündet. Die Sache wurde hinter meinem Rücken geschürt und ich stand zuletzt als der Schuldige allein da, schutzlos preisgegeben gewissenlosen Verleumdern und Ohrenbläsern. Ich befand mich mitten in den Fäulniserscheinungen einer Laodizeagemeinde."[150]*

---

as   So etwa in den Ausgaben 5,31, S.51-53; 8,31 S.92+93; 10,31 S.117+118.

Nach harten inneren Kämpfen verließ er seine Gemeinde und ging erstmals zu einer Elimversammlung in Lauter. Dort wurde er so vom Geist erfüllt und erfrischt, dass er zum Ergebnis kam:

> *„Was für ein himmelweiter Unterschied zwischen meinem früheren Christentum und jetzt! 23 Jahre habe ich nur so hinvegetiert, heute erlebe ich meinen Gott Tag für Tag [...] und es wird immer herrlicher."*[151]

Er ließ sich taufen, erlebte die Geistestaufe und schloss sich der Elimgemeinde an.

Erfahrungen wie er machten damals viele in Elimkreisen. Das „Vorher" und „Nachher" bildete denn auch meist die Klammer bei den Zeugnissen im „Glaubensweg". Die Elimgeschwister wurden durch solche Zeugnisse natürlich umso mehr darin bestärkt, Gott gebrauche gerade ihre Bewegung in besonderer Weise. Und in der Tat lassen die Berichte etwas erahnen von der Ursprünglichkeit, der Wucht und der Dynamik, die die frühe Elimbewegung auszeichneten. Man sah sich zweifelsohne als Zufluchtsort für „die Verjagten Israels" (1. Samuel 22,1-2). Mit diesem biblischen Begriff bezeichnete die Elim-Leitung Christen, die sich nach einem lebendigen, originalen Leben aus Gott sehnten und woanders dafür misstrauisch beobachtet oder gar abgelehnt wurden. Die sollten in der Elimbewegung Heimat finden können:

> *„Für alle solche unterdrückten Predigerbrüder und Geschwister hin und her, die von den christlichen Bonzen totgetreten sind und die da erkannt haben, daß der Weg der heutigen Laodizea-Gemeinschaften nie und nimmer ihr Weg sein kann, für alle diese Unterdrückten, Totgetretenen, Verjagten und Unverstandenen ist unsere Bewegung ein Zufluchtsort."*[152]

Deutlichster und umstrittenster Beleg der kämpferischen Ausrichtung des Glaubenswegs waren aber Artikel über die Gegner der Bewegung – meist unter der Rubrik „Prüfet die Geister", doch auch in anderer Form. Vietheer als Herausgeber und Dittert als Schriftleiter scheuten sich nicht, an dieser Stelle mit ihren Gegnern öffentlich ins Gericht zu gehen und ihre vermeintliche Verlogenheit, ihren Neid oder ihre Oberflächlichkeit bloßzustellen.

Ein Anlass für eine ein solches Vorgehen war etwa die Geschichte einer Glaubensschwester, die ihre Freundin aus einer Elimgemeinde besucht hatte. Beide zusammen hatten bei dieser Gelegenheit einer Elim-Gebetsstunde beigewohnt. Anschließend hatte die Freundin nichts Anstößiges finden können. Nach einem Gespräch mit ihrem Gemeinschaftsprediger über diesen Abend hatte sie ihre Meinung jedoch radikal geändert und drängte jetzt ihre Freundin massiv zum Austritt aus der Elimgemeinde. Andernfalls würde sie ihr die Freundschaft kündigen. Die Reaktion im „Glaubensweg" war entsprechend unverblümt:

> „Man fragt sich unwillkürlich: Wie kommt eine solche einfältige Seele dazu, plötzlich eine solche Stellung gegen uns einzunehmen und langjährige Freundschaftsbande über Nacht zu zerreißen? Die Antwort ist nicht schwer. Das, was hier geschehen ist, sind die letzten Auswirkungen des zerreißenden, verwirrenden selbstherrlichen Richtgeistes der Führer des Gnadauer Verbandes, mit dem nun seit Jahrzehnten das Volk Gottes durchseucht wird und der von oben bis unten alles mit seinem satanischen Gift durchdrungen hat. [...] Und dieser Fall, der hier mitgeteilt wurde, steht nicht vereinzelt da, sondern tausendfach ist solches geschehen. [...] Es ist geradezu schauerlich, mit welcher Folgerichtigkeit sich die Sünden der Führer des Gnadauer Verbandes ausgewirkt haben. Im Namen der Gerechtigkeit hat die schreiendste Ungerechtigkeit gewaltet, im Namen der Liebe die grausamste Lieblosigkeit, im Namen der Wahrheit die teuflischste Lüge. Und diese Leute, die alles verdreht und auf den Kopf gestellt haben, wollen uns nun noch den Vorwurf machen, daß wir verwirren, daß wir Spaltungen machen, daß wir lieblos wären, wie Dallmeyer in dem bekannten Hetzblatt der Gnadauer Verbandsbonzen ‚Auf der Warte' seinen Lesern weiszumachen suchte."[153]

Eine andere Begebenheit führte zu einer heftige Attacke gegen Friedrich Heitmüller. Als eine Schwester, die zu dessen Gemeinde gehört hatte, in die Elimgemeinde wechselte, erzählte sie, wie dort über die Elimgemeinden und Vietheer gesprochen würde: „Da wird das Licht ausgemacht[154] und dann liegen sie alle durcheinander, Männlein und Weiblein, an der Erde." Auch wenn sie darauf hinwies, dass Heitmüller solche Beschreibungen in Gebetsaufrufe wie „Lasst uns alle für den armen Vietheer beten"[155] münden ließe, fiel die Antwort im „Glaubensweg" gesalzen aus:

> „Diese Mitteilungen geben ein durchaus richtiges Bild von der lügnerischen Weise unserer Feinde. Heitmüller unterscheidet sich darin durchaus nicht von einem armen Stundenhalter der Gemeinschaft, der, um seine Schäflein zusammen zu halten, als letztes Mittel zu den Räubergeschichten aus der Zeit der tollsten Pfingstpsychose greift. Nur darin ist Heitmüller noch raffinierter, daß er scheinheilig für uns betet. Dieses Beten ist natürlich reine Schauspielerei. Er erzeugt dadurch bei den einfältigen Seelen den schlau berechneten Eindruck der Geistlichkeit."[156]

Ein anderer Artikel über Heitmüller unterstrich schon mit der Überschrift „Zweierlei Maß oder: wie sie lügen, lügen, lügen!"[at], wie hart die Auseinandersetzungen damals waren.

Natürlich muss zugegen werden, dass die Elimer über Jahre härteste verbale Prügel eingesteckt hatten, ohne sich angemessen zur Wehr setzen zu können. Jetzt, mit dem immer bekannter werdenden „Glaubensweg", hatte man endlich ein Organ, um das zu ändern. Jene Kreise, die die Pfingstbewegung verteufelt hatten, wurden nun selber schonungslos beurteilt. Überschriften wie „Der innere Bankrott der Gnadauer Gemeinschaftsbewegung"[157] oder der Hinweis, das Gemeinschaftsblatt „Auf der Warte", in dem Vietheer 1914 selber seine Distanzierung von der Pfingstbewegung (Mülheimer) veröffentlicht hatte, sei ein „bekanntes Hetzblatt", deren Herausgeber „Verführer" seien, dokumentieren das zur Genüge.[158]

Auch Inspektor Brück wurde erneut „ins rechte Licht" gerückt. Nachdem er sich gegen Vietheers schon erwähnten Vorwurf eines überhöhten Gehalts gewehrt hatte, wurden jetzt weitere Nachforschungen im „Glaubensweg" bekannt gemacht. Man hatte eine Abrechnung des Gemeinschaftsverbandes zugespielt bekommen, die

---

at   Glaubensweg 5/31, S.57

94

man nun genüsslich abdruckte. Hieraus wurde ersichtlich, dass Brück nicht nur jene „unverschämten" 12.000 Mark erhalten hatte, wie von Vietheer ursprünglich behauptet, sondern sogar über 14.000 Mark. Der relativ kurze Artikel schloss lapidar mit den Worten: „Kommentar überflüssig!" Doch genau der war eben nicht überflüssig, denn, was da abgedruckt wurde, waren „Reisekosten", also Spesen, und keine „Gehaltskosten" – ein sicher nicht unwesentlicher Unterschied![159]

Nicht zuletzt war auch Heinrich Dallmeyer, der 1925 gestorben und als ärgster Gegner der Pfingstbewegung bekannt gewesen war, wiederholt Gegenstand der Betrachtung im „Glaubensweg". Für die Elimgeschwister war klar, dass er sich der Sünde wider den Heiligen Geist schuldig gemacht hatte, und diese Ansicht wurde auch nicht verschwiegen.[160]

Solche Attacken waren aber nicht einfach billiges Heimzahlen, sondern entsprangen eher einem geradezu prophetischen Selbstverständnis, wie man es etwa bei Johannes dem Täufer findet. Man fühlte sich in gewisser Weise wie dieser berufen, den geistlichen Führern der eigenen Zeit in schonungsloser Offenheit ihr Versagen vor Augen zu führen. Für diese Intention fand Hermann Dittert die entsprechenden Worte:

> *„Wie kommt es, daß sich der Heilige Geist von den Gläubigen weithin zurückgezogen hat? Wir antworten darauf: Weil es die Führer der Gläubigen selber so gewollt haben! Seit vielen Jahren wird von den Führern der Gemeinschaftsbewegung eine gemeine Hetze betrieben gegen die Geisteswahrheiten der Bibel und deren Vertreter. Man hat den Kindern Gottes, die im inneren Leben weiter wollten, von der Kanzel herunter verboten, um die Geistestaufe zu bitten. Und erlebten Gotteskinder auf inbrünstiges Gebet hin die Erfüllung mit dem Heiligen Geiste, so ging man gegen diesen neuen Geist vor, weil er angeblich ein ‚Geist von unten' sein sollte. Jede Lüge und jede Verleumdung gegen uns war erlaubt. Jeden Erweckungsfunken trat man geflissentlich nieder. Dallmeyer, einer der angesehensten Führer der Gemeinschaftsbewegung, konnte sein satanisches Buch ‚Was sollen wir von Möttlingen halten?' schreiben und mit*

diesem Buche die Lästerung wider den Heiligen
Geist tun. All das geschah unwidersprochen. Soll
man sich da wundern, wenn das Ergebnis eine ent-
geistete, fromme Masse ist, die ohne Licht ist und
ohne Salz? "[161]

Neben der Bewertung von Einzelpersonen diente der „Glaubensweg" aber auch der Abgrenzung von anderen Gemeindebewegungen
oder theologischen Strömungen. Ja, eigentlich sah man sich ge-
nötigt, sich nach allen Seiten abzugrenzen. Charakteristisch für diese exklusive Sicht ist ein Artikel in der Januarausgabe 1931, wo in 13
Punkten dargelegt wird: *„Warum wir nicht mit der Pfingstbewegung*
gehen können." Hier heißt es in den letzten drei Punkten[162].

11. Für alle, die den biblischen Glaubens- und Geistesweg gehen
    wollen, gibt es nur eines: so schnell wie möglich heraus aus die-
    ser sogenannten Pfingstbewegung.
12. Mit den Gegnern der Pfingstbewegung aus dem Gnadauer Ver-
    band usw. haben wir selbstverständlich nichts gemein. Vor die-
    sen Leuten können wir nur warnen. Hütet euch vor dem Sauer-
    teig der Pharisäer, welcher ist die Heuchelei.
13. Mit den sogenannten freien Pfingstkreisen in Deutschland ha-
    ben wir auch keine Arbeitsgemeinschaft. Auf diese Kreise kom-
    men wir vielleicht später mal zu sprechen.

In der gleichen Ausgabe nennt Vietheer als Gebetsanliegen für das
neue Jahr 1931:

> *„[...] dass wir in der reinen biblischen Apostellehre*
> *bleiben und uns alle bewahren lassen vor jeder Ver-*
> *mischung mit dem verführerischen Kirchengeist und*
> *Massengeist und Pharisäergeist und Laodizeageist*
> *und Christlichen Volksdienst-Geist und jedem Irr-*
> *geist".*[163]

Die hier aufgezählten „Geister" waren für treue „Glaubensweg"-Le-
ser leicht identifizierbar und nichts anderes als Chiffren für die Gemeinschaftsbewegung (Pharisäergeist), „marode" Methodisten (La-
odizeageist), Heitmüller und Gefolge (Christlicher Volksdienst-Geist),
liberales Kirchenchristentum (Massengeist) und Mülheimer Pfingstler (Irrgeist).

Diese Attacken gegen Einzelpersönlichkeiten oder ganze Bewegungen erregten natürlich auch Anstoß. Dem „Glaubensweg" wurde vorgeworfen, „einen Geist maßlosen Richtens und Verurteilens"[164] zu verbreiten. Auch noch nach dem Zweiten Weltkrieg, als Vietheer in Konflikt mit der Leitung des Baptistenbundes geriet, erinnerte man sich mit Schrecken an die „verwerflichen Kampfmethoden des ‚Glaubenswegs'"[165] (s. u.).

Die Antwort der Redaktion auf solche Vorwürfe unterstrich jedoch das die Elimleute treibende *Selbstverständnis*:

> „*Das, was sie ‚Richtgeist' nennen, war und ist für viele andere der befreiende Ton der Aufrichtigkeit. Wir werden uns von niemand davon abbringen lassen, jederzeit unverblümt und schonungslos die Wahrheit so zu sagen, wie wir sie aufgrund des Wortes Gottes erkannt haben. Erst recht werden wir uns vor keines Menschen Angesicht beugen. Daß wir dadurch anstoßen, versteht sich von selber, denn wann und wo wäre die Wahrheit kein Anstoß gewesen?*"[166]

Im Januar 1931 erklärte Vietheer den kämpferischen Geist der Artikel des „Glaubenswegs" mit einem Reden Gottes. Bei seinem Ausscheiden aus der Mülheimer Pfingstbewegung noch vor dem Ersten Weltkrieg habe er in den damit zusammenhängenden schweren Kämpfen das Trostwort aus Jeremia 15,19-21[au] erhalten: „*Darum spricht der Herr also: Wo du dich zu mir hältst, so will ich mich zu dir halten und du sollst mein Prediger bleiben. Und wenn du die Frommen lehrest sich sondern von den bösen Leuten, so sollst du mein Mund sein ...*"[167] Nun, nach dem Bruch mit der Allianz und den Methodisten sowie den vielen Angriffen gegen ihn, sah Vietheer den damaligen Trost in einem neuen Licht. „Die Frommen lehren, sich von bösen Leuten zu scheiden" verstand er jetzt als Auftrag, öffentlich mit seinen Gegnern abzurechnen. Das Volk Gottes musste gewarnt werden. In seinen Gegnern sah er jetzt durchweg Verräter, Bremser, Lügner, Verdreher und Leute, die das Werk Gottes und die Erweckung aufhalten wollten. Er fühlte sich mit seiner Elimbewegung zu einer neuen Reformation berufen, empfand nun, er solle

---

au   Luther-Übersetzung 1912

„Gottes Mund" sein und wie die alttestamentlichen Propheten schonungslos mit frommen Blockadehaltungen abrechnen.

Das bestätigte er auch in der folgenden „Glaubensweg"-Ausgabe[av], wo er auf die Kritik eines Leserbriefes antwortet:

> *„Die öffentliche christliche Meinung ist heute so vergiftet und verseucht, daß eine sachliche Gegenaufklärungsarbeit geschehen muß. [...] Entscheidende Hauptwahrheiten der Bibel werden einfach unterschlagen. [...] Darum: Weil niemand redet, müssen wir es tun."*

Dabei erwartete Vietheer nicht ernstlich, dass sein Beitrag zu Veränderungen oder Annäherungen führen könnte:

> *„Daß die Führer der bestehenden religiösen Systeme unsern Ruf wirklich hören und annehmen oder ihm gar folgen werden, haben wir noch nie erwartet. [...] Den fern stehenden Gotteskindern aber, denen das Himmelreich von den falschen Führern zugeschlossen wurde und denen der Schlüssel der Erkenntnis weggenommen wurde, ihnen allen, die von ihren ‚Führern' belogen und betrogen und in die Irre geführt worden sind, ihnen rufen wir immer wieder zu: Volk Gottes, erwache!"*

Nicht nur in dieser abschließenden Parole, die eine aus heutiger Sicht beklemmende Anspielung auf einen der Slogans der Nazi Bewegung[aw] darstellt, kommt die heftige Schützengraben-Mentalität der Auseinandersetzung zum Ausdruck. Der Anspruch, sachlich unterschiedliche theologische Ansichten zu reflektieren, ging im polemischen und persönlichen Gepolter völlig unter. So blieb bei der Beurteilung von Gegnern kaum Raum für Grautöne, Vielschichtigkeit und notwendige Differenzierung. Dieses Selbstverständnis eines

---

av Glaubensweg 2/31, S.21, Spalte 1+2

aw In der Zeit vor der sogenannten. „Machtergreifung" Hitlers war das Schlagwort „Deutschland, erwache!" ein wesentlicher Kampfruf der Nationalsozialistischen Bewegung. Hinter diesem Schlachtruf stand die Absicht, in der deutschen Bevölkerung den Glauben zu wecken, sie würden über die wahren politischen Zusammenhänge, über den wahren Grund der militärischen Niederlage im Ersten Weltkrieg, der Arbeitslosigkeit, der Inflation usw. nicht aufgeklärt, sie würden belogen und sollten sich das nicht länger bieten lassen.

prophetischen Mahnens, das naturgemäß die Grenze zur Selbstgerechtigkeit leicht überschreiten konnte, mag erschrecken. Aber nochmals sei darauf hingewiesen, dass die permanente Verteufelung der Pfingstler beinahe zwangsläufig zu solch einer Wagenburgmentalität führen musste. Dieses heftige Wehren – und das war es weit mehr als ein unmotiviertes Agieren – kam als ein natürlicher Reflex des Gefühls, vollständig in die Ecke gedrängt zu werden. Es schuf nach außen nicht erst die Mauern, sondern stellte die bestehenden nur greller ins Licht und verstärkte sie bedauerlicherweise. Nach innen jedoch formte diese scharfe Front ein hohes Maß an Geschlossenheit und ein einsatzfreudiges Sendungsbewusstsein in die Welt.

Als nach Hitlers Machtergreifung die Hybris der Auseinandersetzungen im frommen Lager rasch abnahm, kamen auch die Elimbrüder zu einer Neubewertung ihres eigenen Stils und bereuten die Schärfe ihrer Gangart. Hermann Dittert fasste diese gesunde Selbstkritik 1936 in die Worte:

> *„Wir bedauern, daß wir in diesem Kampf nicht immer nach dem Bibelwort handelten: ‚Ich will für euch streiten und ihr werdet stille sein‘, sondern uns in einen unseligen Bruderkampf einließen. Wir beugten uns dann seinerzeit über jeden fleischlichen Eifer. Was möchten wir lieber, [als] daß auch dieses Büchlein mit dazu beitrage, zu gegenseitiger Anerkennung und zur Verständigung zu gelangen. Ja, daß doch alle aufrichtigen Gotteskinder sich die Hände reichen zum gemeinsamen Kampf gegen den Feind unserer Seele. Solches ist jedenfalls unser aufrichtiger Wunsch."*[168]

Ausbildung von Predigernachwuchs

Ganz besonders dringlich war natürlich auch die Predigerfrage.[ax] Die Erfahrungen der Jahre 1926-1928 hatten gezeigt, dass es sehr da-

---

[ax] „Prediger" war die durchweg geläufige Bezeichnung für die vollamtlichen Mitarbeiter. Der heute in den meisten Freikirchen übliche Begriff „Pastor" kam nur dort in Gebrauch, wo die betreffende Kirche die Körperschaftsrechte des Staates zuerkannt bekam; abgesehen davon gab es bei vielen Freikirchlern auch Vorbehalte gegen klerikale Titel, mit denen man ein verflachtes („verkirchlichtes") Namenschristentum verband.

rauf ankam, Brüder zu berufen, die aus der Bewegung kamen, um die gleiche geistliche Genetik sicherzustellen. Nur, woher sollten die so schnell in ausreichender Zahl kommen?

Aus der Not heraus bekamen junge, z. T. erst frisch bekehrte Brüder wie Hermann Dittert, schnell ein hohes Maß an Verantwortung.

Gerade bei Ditterts Dienstentwicklung kann man den stürmischen Geist der ersten Elim-Jahre anschaulich nachvollziehen. Er hatte sich 1926 als 30-jähriger gründlich bekehrt – und wurde schon im Frühjahr 1928 zum zweiten Evangelisten neben Heinrich Vietheer berufen! An seiner Einsetzung am 28. April wirkten neben Paul Rabe, der 1927 auch eher als Notlösung mit der Betreuung der Hamburger Gemeinde beauftragt worden war, die schwedischen Brüder Tage Sjöberg und Ivar Eriksson mit. Im August, nur vier Monate später, kam die Schriftleitung des übernommenen „Glaubensherolds" hinzu und wieder zwei Monate später, im Oktober 1928, die Leitung der Geschäftsstelle der Bewegung. Nach mehreren Enttäuschungen mit Predigern in Dresden übertrug man Dittert ein Jahr später, im Herbst 1929, auch noch die dortige Gemeindeleitung. So nimmt es nicht Wunder, dass Dittert später über diese Zeit sagte:

> *„Die Einsätze erforderten oft meine letzte Kraft. Urlaub war für uns ein unbekannter Begriff. Es war Erweckungszeit. Das Eisen mußte geschmiedet werden, solange es heiß war, ohne Rücksicht auf unser leibliches Befinden. Frau und Kinder mußten darunter leiden, um des Reiches Gottes willen."*[169]

Dittert und die anderen jungen Brüder wurden allerdings auch durch eine ungemeine Dichte an geistlichen Erfahrungen „entschädigt":

> *„Aber diese ganze Mühsal und Not wurde mehr als aufgewogen durch die Herrlichkeit des sich offenbarenden Gottes! Tausende wurden gerettet, lebendige Gemeinden entstanden wie von selbst. Alle Altersstufen waren vertreten. Menschen mit durchgeistigten Zügen sehe ich vor mir und wieder andere, die deutlich das Kainsmal schwerer Schuld auf ihrer Stirn trugen. Auch junge Menschen mit hoher idealistischer Gesinnung kamen und verlorene Söhne und Töchter,*

die enttäuscht waren von dem glänzenden Elend der
Welt – und [nach dem Ersten Weltkrieg] ein großes
Heer blasser, unglücklicher, leidtragender Frauen.
Sie alle suchten Gott, sie alle kamen nach Golgatha,
ein riesiger Zug zum Kreuz!"[170]

Der Hinweis auf das große Heer der Frauen scheint ein Markenzeichen der frühen Elimgemeinden gewesen zu sein[ay] und stellt eine interessante Parallele zur Pfingstbewegung jener Zeit in Schweden dar[az].

Viele tragende Persönlichkeiten in der Anfangszeit der Elim-Bewegung waren junge Männer, so die „drei Wilden" – MAX, EDUARD und WALDEMAR WILDE (1899-1939)[ba], OSKAR LARDON (1906-2004), REINHOLD SIEBENEICH (1908-1992), KURT ROLLIN und, auch nicht ganz im Zentrum stehend, HERMANN DUNST (1906-2007). Sie alle waren während der Gründungsphase teilweise erst zwanzig Jahre alt oder geringfügig älter. Auch Paul Rabe (1896-1968) und Hermann Dittert (1896-1984) waren erst um die 30 und somit eher noch junge Männer, zumindest jung im Glauben. Ab Anfang der 30er Jahre kamen weitere junge Männer dazu, wie FRITZ FRIES (1910-1982), ERNST RIES (1912-1946) und OTTO RIES (1906-1975). Auch HERMANN BONNKE (1906-1978), der Vater von REINHARD BONNKE, gehörte später zum Kreis der Verantwortungsträger, auch wenn er selbst kein Prediger war.

So kam es, dass viele der ersten Elimbrüder schon früh viel Verantwortung übertragen bekamen. Der drückende Mitarbeitermangel führte 1930 zum Kauf des Hauses „Elim" in Lauter, das als Bewe-

---

ay Der baptistische Pastor Georg Würfel beschreibt die direkt nach dem Zweiten Weltkrieg ausbrechenden Konflikte mit den Elimgemeinden im Bund Evangelisch-Freikirchlicher Gemeinden, in einem Brief vom 2. Juli 1946. Darin spricht er von der „in den Elimgemeinden weithin überwiegende[n] Anzahl der Frauen", die nicht durch Kriegseinwirkungen begründet war wie bei allen Gemeinden, sondern grundsätzliches Kennzeichen gewesen sein dürfte (vgl. Würfel, Georg: Brief an Pastor Gritzki vom 2. Juli 1946, S.1, Archiv des BFP).

az Vgl. Enquist, Per Olov: Lewis Reise, München 2003, S.252: „Die Pfingstbewegung [war] insgesamt vor allem eine Frauenbewegung." Enquist rechnet vor, dass die Philadelphiagemeinde Stockholm Anfang 1915 729 Mitglieder hatte, davon 601 Frauen und 128 Männer, also 18 % Männer und 82 % Frauen. Von diesen Frauen waren wiederum 81% ledig. Das Durchschnittsalter betrug 30 Jahre – vgl. ebd., S.253.

ba Waldemar Wilde starb 1939, erst 40-jährig, auf tragische Weise an den Folgen einer Embolie nach einer Blinddarm-Operation, vgl. Dittert, Hermann: kreuz+quer spezial – Elim Chronik, Hamburg 2001, S.23, Spalte 2.

Abb. 7:
Haus Elim in Lauter/Erzgebirge, seit 1930 Wohnhaus der Vietheers und zugleich Zentrale der Elimbewegung.

gungszentrum ausgebaut wurde. Ab 1932 fanden hier nach schwedischem Vorbild kompakte Bibelkurse zur Schulung und Ausbildung von Predigernachwuchs statt. Eine regelrechte Bibelschule, verbunden mit ein-, zwei- oder mehrjähriger Pause vom Gemeindedienst, war angesichts des Personalmangels natürlich nicht denkbar, da man sich längere Ausfallzeiten der Prediger nicht leisten konnte. Die Gemeinden brauchten ihre Hirten. Eine ähnliche Situation hatte auch in Schweden das „Kompakt-Kurs-System" gefördert.

Überragende Gestalt der Elimbewegung

Der planmäßige Aufbau der werdenden Elimbewegung spiegelte sich auch in einer Anpassung der Zeltmissions-Satzung wider. Einerseits musste sie der neu geschaffenen Realität Rechnung tragen, dass jetzt doch eigene Gemeinden gegründet wurden, zum andern konn-

102

te der Vorstand nicht länger ökumenisch zusammengesetzt bleiben. Nach der erfolgten Satzungsänderung wurde ein sogenannter *Brüderrat* gebildet, bestehend aus Heinrich Vietheer, Hermann Dittert, Paul Rabe und Waldemar Wilde.[171] Er stellte die Gesamtleitung dar, wobei Vietheer jedoch der unangefochtene, mitunter diktatorisch anmutende Chef blieb. Die jungen Brüder, die er um sich scharte, verehrten ihn und akzeptierten seine Führungsrolle widerspruchslos.

Heinrich Vietheer war in den Aufbaujahren fraglos die Mitte der Elimbewegung; man könnte für diese Jahre sogar sagen, es war eine *Vietheer-Bewegung.* Das lag natürlich daran, dass die Elimgeschichte zunächst die Fortsetzung der Geschichte der *„Zeltmission Berlin-Lichterfelde e. V."* war. Dieser Verein war nichts anderes als die juristische Plattform für den evangelistischen Dienst Vietheers. Es war also ganz natürlich, dass sich mit der Bildung eigener Gemeinden durch seine Evangelisationen eine wachsende Zahl von Mitarbeitern einfand, die in erster Linie von ihm Impulse und Koordination erwartete.

Abb. 8:
Brüdertagung Anfang der 30er Jahre
1. Reihe von links nach rechts: Kurt Rollin, Oskar Lardon, Bruder Eger, Hermann Dittert, Heinrich Vietheer, Paul Rabe, Waldemar Wilde, Bruder Schwenk, Bruder Jensen. Stehend zweite Reihe von oben ganz links: Hermann Bonnke (in Uniform)

Abb. 9:
Führende Brüder der Elimbewegung Anfang der 30er Jahre. In der ersten Reihe von links nach rechts die Vorstandsbrüder Hermann Dittert, Paul Rabe, Heinrich Vietheer; In der zweiten Reihe ganz links stehend: Waldemar Wilde.

Wie groß sein Gewicht in diesen Jahren gewesen sein mag, erhellt Hermann Ditterts Bekehrungsgeschichte vom Februar 1926:

> *„Am 14. Februar 1926 begann in der Aula der Oberrealschule am Brekelbaums Park eine merkwürdige Evangelisation. [...] [Ich], noch unbekehrt und unbegabt in der Rede, sollte eine einleitende Ansprache halten, die natürlich mißglückte. Ein unbekanntes junges Ehepaar (Paul und Lisa Rabe) erbot sich, ein Duett zu singen. Es geschah ohne Kunst, aber doch mit viel Herz. Alles war so unsagbar primitiv. Kein Chor, keine Instrumente, keine Modernität! Aber dann kam etwas, was über uns hereinbrach wie ein Naturereignis: das vollmächtige Wort Gottes, das mit*

*einer ungeheuren, uns unbekannten Kraft und Origi-
nalität verkündigt wurde. Die alten zentralen Bibel-
worte wurden so gesagt, als hätten wir sie noch nie
gehört. Die Predigt war wie ein Hammer, der Felsen
zerschmeißt, wie ein Donner, der die schlafenden
Gewissen erweckte und erschreckte, und dann wie
ein zartes, die harten Herzen schmelzendes Wehen
des Geistes, wenn unnachahmlich die Liebe Gottes
beschrieben wurde.*"[172]

An anderer Stelle beschreibt Dittert Vietheers Dienst so:

*„Das Große, Bedeutende und nachhaltig Wirkende
war jedoch seine Verkündigung, die sich nicht den
alten Sprachformen anschloß, sondern unkonventionell und zu seiner Zeit ohne Beispiel war. Sie war Leben aus erster Hand, ein originaler Ton, der immer
wieder gefangen nahm. Nicht nur der Inhalt seiner
Botschaft wirkte, sondern seine ganze hinreißende
Persönlichkeit. Als ein Kämpfer von der Fußsohle bis
zum Scheitel nannte er mutig die Sünde mit Namen
und griff besonders die fromme Heuchelei und das
tote Namenschristentum schonungslos an. Sein Wort
steigerte sich bis zum Donner wie bei dem Propheten Amos, so daß wir meinten, vor dem Richterstuhl
Gottes unser Urteil zu empfangen. Dann war er wieder, wenn er das Hohelied auslegte und die Gnade
und Liebe Gottes pries, von einer so zarten Ergrif-*

*Abb. 10:
Der Vorstand von links nach rechts: Paul Rabe, Heinrich Vietheer,
Hermann Dittert, Waldemar Wilde*

fenheit, daß sich unsere Augen mit Tränen füllten.
Auch ein drastischer Humor stand ihm zur Verfü-
gung. Den Unglauben suchte er nicht mit Argu-
menten zu widerlegen. Er machte ihn lächerlich."[173]

Man kann in diesen Berichten erkennen, wie haushoch sich Heinrich Vietheer am Anfang von seiner jugendlichen, unerfahrenen Umgebung abhob und alle überragte.

Ein Predigtstilmittel, das Hermann Dunst, der sich in Hamburg 1925 im Alter von 19 Jahren bei Vietheer bekehrte, unvergesslich blieb, war seine hin und wieder benutzte Aufforderung:

„Stoß mal deinen Nachbarn an und frag ihn: ‚Willst
du in die Hölle kommen?'"[174]

Diese direkte, frontale und volkstümliche Art war wohl tatsächlich ungewöhnlich und einmalig. Aber sie wirkte, und die Menschen ließen sich das von Vietheer gefallen. Das wiederum beeindruckte seine Mitarbeiter, die sich einen solchen Umgang mit den Zuhörern niemals erlaubt hätten. Und dann die Erfolge!

Da waren natürlich die herausragenden Evangelisationen der Vergangenheit, von denen man in Hamburg, Bremen, Kiel und anderen Orten immer wieder und immer noch sprach. Aber auch jetzt, trotz größten Gegenwindes, sprengten Vietheers Evangelisationen die sonst üblichen Kategorien. Auch wenn die absoluten Besucherzahlen aufgrund der heftigen Agitation gegen ihn nicht mehr an alte Tage heranreichten, waren die Wirkungen doch unvermindert durchschlagend.

So registrierte man, wie erwähnt, nach der Hamburger Juni-Evangelisation 1926 rund 1.000 Bekehrungen.

Aber es geschahen nicht nur *Bekehrungen*, sondern Gott offenbarte sich auch mit *Geist und Feuer*:

„Gebundenheiten fielen von den Menschen ab wie
Fesseln, die gelöst wurden. Man konnte mit Augen
sehen, was Erlösung ist. Der Ruf ertönte neu und ge-
waltig: JESUS IST SIEGER! In den Gebetsstunden ge-
schahen die ersten Geistestaufen mit nachfolgenden
Zeichen. Bruder Paul Rabe war wohl der erste, der
mit der Kraft aus der Höhe gesegnet wurde und in

neuen Zungen den Herrn pries, und einige Schwes-
tern waren es, die zuerst in wunderbarer Zartheit ei-
nen himmlischen Lobgesang anstimmten. Göttliche
Gesichte wurden geschenkt, ermutigend, tröstend,
aber auch warnend und mahnend. Die biblischen
Zeiten waren zurückgekehrt. [...]

Wie viele Kranke, Schwache und Elende kamen in
unsere Versammlungen, die ohne Handauflegung
und Gebet oder Salbung mit Öl gesund nach Hause
gingen, nur berührt von der mächtig wirkenden Kraft
des Namens Jesu!

Eine vom Tod gezeichnete Frau ist mir besonders in
Erinnerung geblieben. Ihre Speiseröhre war durch
Krebsgeschwüre verschlossen, und sie mußte auf an-
derem Wege künstlich ernährt werden, ohne Hoff-
nung auf ein Überleben. Durch ihre Haushilfe hörte
sie von den wunderbaren Versammlungen am Win-
terhuder Weg, wurde hellhörig und kam zum ersten-
mal in ihrem Leben unter Gottes lebendiges Wort,
das sie bis ins Innerste erschütterte. In einer tiefen
und tränenreichen Buße übergab sie sich selbst dem
Herrn und ein Tütchen mit schmerzstillenden Tablet-
ten schwerster Art uns in die Hände mit dem Be-
kenntnis, den festen Vorsatz zum Selbstmord gehabt
zu haben. Nur die Einladung zu unseren Versamm-
lungen hätte das tödliche Unheil verhindert. Als wir
mit dieser Frau gebetet hatten, geschah nichts Un-
mittelbares, aber gemeinsam empfingen wir eine
große Glaubensfreudigkeit. ‚Ach', sagte sie, als sie
ging, ‚früher sang ich so gern; könnte ich doch noch
einmal in meinem Leben richtig singen! Und weil ich
nicht mehr essen kann, habe ich oft so einen Heiß-
hunger nach dem kräftigen Hamburger Schwarz-
brot.' Das große Wunder geschah. Von Stund an
schrumpften die Krebsgeschwülste und verschwan-
den, die Ärzte bestätigten ihre völlige Heilung, und
sie konnte bald im Chor mitsingen und Hamburger
Schwarzbrot essen."[175]

Auch in Dresden (s. o.) wurden die Mitarbeiter im gleichen Jahr 1926 überzeugt, dass Gott Heinrich Vietheers Dienst in außerordentlicher Weise bestätigte. Wie in Hamburg wehte der Arbeit ein kalter Wind von Seiten der Kirchen und Gemeinden entgegen. Doch am Ende der Evangelisation wurden vierhundert Bekehrungen registriert. Was für ein Zeugnis![bb] Ein Jahr später in Zwickau (s. o.) erlebten die Mitarbeiter dann, wie die Botschaft von der Geistestaufe tausende von Menschen anzog. Hier konnten sie auch wieder etwas von der Quantität spüren, die Vietheers Dienst erreichen konnte, wenn er nicht so unerbittlich bekämpft wurde. An einem einzigen Abend wurden rund dreitausend Gottesdienstbesucher gezählt.

Die beeindruckenden Menschenmassen, die vielen Bekehrungen und auch die Wunder und Zeichen waren das eine. Aber zu Vietheers Team zu gehören, bedeutete auch, selbst Werkzeug für lebensverändernde Erfahrungen von Menschen zu werden. Wer mit ihm arbeitete, war nicht nur stiller Beobachter, sondern wurde selbst von Gott gebraucht.

So auch Hermann Dittert. Sein erster Befreiungsdienst an einem solchen Zeltabend dauerte Stunden. Noch nie hatten er oder die anderen jungen Mitarbeiter so etwas gemacht. Aber sie durften erleben, wie Gott durch ihre Gebete völlige Befreiung schenkte:

„Gerade in dem Augenblick, als zu unserer Nachversammlung übergeleitet wurde, geschah es, daß ein markerschütternder Schrei uns erschreckte. Als wir nach den hinteren Bänken liefen, sahen wir einen Mann langgestreckt am Boden liegen, [der] durchbohrt vom Schwert des Geistes Gottes [...] immer die gleichen Worte vor sich hin murmelte: ‚Sie wollen nicht raus. Sie wollen nicht raus!' Als wir ihn fragten, was nicht raus wolle, antwortete er mit einer Grabesstimme: ‚Die Dämonen!' Als Brüder wußten wir noch nichts von Dämonie. Wir taten uns nur zusammen, wie der [Heilige] Geist uns [an]trieb, und beteten, den Besessenen in unserer Mitte, in einem unsagbar schweren Kampf so lange, bis gegen Mitternacht die bösen Mächte ihr Opfer losließen und, sichtbar für uns, ruckweise ausfuhren."[176]

---

bb Vgl. Abschnitt: „Übergang zur Gründung eigener Gemeinden"

Das waren prägende Erfahrungen. Wo sonst konnte man die machen? In Vietheers Team blühten die Mitarbeiter auf und wuchsen selbst in einen vollmächtigen Dienst hinein.

Auch die Haus- und Hofmission, die zu einem Markenzeichen der Elimkreise werden sollte, sowie die Freiluftgottesdienste boten natürlich völlig neue Erfahrungswelten. Hier kam man unmittelbar mit den sozialen und politischen Spannungen der damaligen Zeit in Berührung, mit dem Elend, der Armut, Krankheit, Hoffnungslosigkeit, mit politischer Radikalisierung und wütender Verbitterung – die Kehrseite der sogenannten „Goldenen Zwanziger".

Vietheer hatte schon in seiner Berliner Zeit Anfang der 20er Jahre reichhaltige Erfahrungen auf diesem Gebiet sammeln können. Dieses Instrument setzte er jetzt auch in der Elimbewegung ein. Keine ungefährliche Methode, wie sich bald für die Mitarbeiter herausstellen sollte.

Da gab es auch tätliche Angriffe; es wurde mit „Eisklumpen, Konservenbüchsen, Glasscherben, vergammelten Körben und anderem Unrat"[177] auf die christlichen Aktivisten geworfen. Hermann Dittert berichtet:

> *„Bei der Freimission im Stadtpark stand uns zuletzt solch eine Macht gegenüber, daß sogar unser Posaunenchor überschrieen wurde. Mehrere Male mußten wir das Feld räumen. Natürlich ließen wir uns nicht einschüchtern, sondern standen immer wieder unseren Mann und gaben nicht um Haaresbreite nach. [...] Wir sind verspottet, ausgelacht, niedergeschrieen, tätlich angegriffen und blutig geschlagen worden. Man hat uns mit Steinen und Unrat beworfen. Die Leiter einzelner Gemeinden wurden mit dem Tod bedroht."*[178]

Dittert selbst entkam einmal einem lebensgefährlichen Überfall im Hamburger *Hammerbrook*, dem Elendsviertel der Hafenstadt, nur knapp:

> *„Als ich das Portal des Hauses durchschritt, bemerkte ich auf der gegenüberliegenden Straßenseite eine verdächtige Zusammenrottung junger Burschen, die bei meinem Näherkommen unverkennbar eine dro-*

hende Haltung einnahmen. Ich verhielt ein wenig. Da hörte ich einen von ihnen rufen: ,Da ist er ja, der Jesushäuptling!' Unter diesem Spottnamen war ich in jener Stadtgegend weithin bekannt. Ich tat so, als hörte ich es nicht, grüßte freundlich und wollte eben meines Weges gehen. Plötzlich brach es los. Etwa zwanzig verführte, aufgewiegelte, mit Haß geladene junge Menschen hefteten sich an meine Fersen und ließen ein höllisches Bombardement auf mich herniedergehen. Aschklumpen, leere Konservendosen, verschimmelte Körbe, faules Obst und anderen Unrat benutzten sie als Wurfgeschosse. Es prasselte auf mich ein, und nicht lange dauerte es und ich war über und über mit Schmutz bedeckt und hatte bereits blutende Wunden davongetragen. In dieser Stunde sandte mein wunderbarer Gott mir einen kleinen Engel. Eine Neunjährige, die einer unserer Mädchengruppen angehörte, ein echtes Proletarierkind mit zottigem Bubikopf und triefendem Rotznäschen, kam auf mich zugesprungen und hängte sich munter plaudernd an meinen Arm. ,Onkel', so sagte sie unter anderem, ,wenn dich alle verlassen, ich verlasse dich nicht!' Nie habe ich mir menschlich erklären können, was ein solches Kind dazu befähigte, gerade in dieser Lage und in diesem Augenblick so zu mir zu reden. [...] Während wir so dahinschritten, kam noch zum Schluß eine große spitzige Glasscherbe geflogen, fuhr gerade zwischen meinem Arm und dem kleinen, zarten Kinderköpfchen hindurch und zersplitterte vor uns auf dem Bürgersteig. Dann kam die Rettung. Wir stießen auf eine Arbeiterkolonne, die uns durch ihr energisches Eingreifen von unseren Verfolgern trennte."[179]

Bei solchen Gefahren bedurfte es eines unerschrockenen Leiters, der Autorität und Mut hatte. Wie beeindruckend waren da wiederum das Auftreten und die natürliche Autorität Vietheers![bc]

Bei einer Versammlung auf einem öffentlichen Platz in Berlin wurde das besonders deutlich. Etwa 300 Zuhörer hatten sich versammelt. Ständig gab es Zwischenrufe kommunistischer Anhänger. Ein unerfahrener Bruder wurde dadurch sichtlich irritiert und rief, als wolle er sich vor den wilden Zwischenrufern schützen: „Ich stehe unter Vormundschaft!"[180] Jetzt tobte die Menge natürlich vor Lachen, selbst Vietheer als vorgesehener nächster Redner konnte sich das Lachen nicht verkneifen, wie er selbst bezeugt:

> „„Na, riefen sie, ‚das brauchst du uns doch nicht erst zu sagen, daß du unter Kuratel stehst, das sehen wir doch!' Ja, da war es ganz aus mit ihm. Er mußte heruntersteigen vom Rednerschemel, und die Feinde Jesu triumphierten."[181]

> „Da griff unser Missionsleiter ein. Wie in allen Arbeitszweigen, so ist er uns auch in der Hof- und Straßenmission als Erster beispielgebend vorangegangen. Sein persönlicher Mut inspirierte uns. Er begann seine Ansprache mit folgenden Worten: ‚Ich achte jeden, der für seine Überzeugung sein Leben läßt. Ein solcher Mann hat verdient, daß man ihn anhört. Wenn Sie noch einen Funken von Charakter haben, dann werden Sie einen solchen Menschen anhören, auch wenn Sie nicht seiner Meinung sind. Ich werde jetzt zu Ihnen sprechen. Dabei werde ich ja sehen, wer Sie sind, ob Menschen mit oder ohne Charakter.' Kaum waren dieser Worte ausgesprochen, da war auch schon das Lachen und Johlen der Menschenmenge verstummt, und unserem Missionsleiter wurde es dann gegeben, nicht nur alle Einwürfe der Got-

---

bc Folgende Anekdote ist ein Zusammenschnitt des Berichts aus Vietheers Erinnerung im Abstand von gut drei Jahrzehnten sowie Ditterts viel zeitnäherer Beschreibung an anderer Stelle. Vietheer verlegt die Geschichte auf die Zeit Anfang der 20er Jahre. Da damals Hermann Dittert und andere Elimbrüder noch nicht dabei gewesen sein können, aber die Geschichte als Augenzeugen schildern, dürfte Vietheer das in der Erinnerung zeitlich falsch verortet haben. Welche Quelle jeweils benutzt wurde, kann den Anmerkungen entnommen werden.

tesleugner in schlagfertiger Weise zu entkräften, sondern auch zum direkten Angriff gegen sie überzugehen. Er bewies den Kommunisten, daß sie ja nicht daran dachten, nach ihrer Lehre zu leben, und keinesfalls das waren, was sie zu sein vorgaben. Und sodann holte er zum letzten Schlag aus. ‚Kommunisten wollt ihr sein?' donnerte er sie an. ‚Ich will euch sagen, was ihr seid: Ersatzkommunisten seid ihr!' Nicht ein einziger wagte es, auf diese Ansprache auch nur einen Ton zu erwidern. Die Menschen hatten von Anfang bis Ende schweigend und tief ergriffen zugehört. Nur ein Kommunistenführer trat auf unseren Missionsleiter zu, als dieser geendet hatte, und schob ihm, am ganzen Leibe vor Zorn bebend, einen großen verrosteten Nagel in die Hand. Dabei stieß er zwischen den Zähnen in Berliner Mundart die Worte hervor: ‚Häng dir daran uff!'"[182]

Abb. 11:
Kurt Rollin mit der Gemeinde unterwegs zu einer Freiversammlung, Leipzig 1934

Aus der Konfrontation mit andersgläubigen Aktivisten ergaben sich nicht nur spannende, sondern auch lustige bis groteske Konstellationen.

Zum Beispiel hörten die „Elimer" einmal während ihrer Freiluftversammlung, wie eine kommunistische Gruppe laut und immer lauter die „Internationale" sang: „Völker, hört die Signale, auf zum letzten Gefecht, die Internationale erkämpft das Menschenrecht!" Kurzentschlossen hielten die Christenleute gegen und schmetterten ein Lied mit anderem Kaliber zum Himmel: „Brüder, seht die Bundesfahne in den Lüften weh'n, neu belebt sollt ihr die Rechte Gottes siegen seh'n!"[183] – Ein andermal pöbelte jemand aggressiv und erniedrigend gegen die „Frommen" los. Da trat aus deren Mitte ein ehemaliger Boxer vor, baute sich vor dem Mann auf teilte ihm mit: „Freund, freu dich, dass ich bekehrt bin, sonst würde ich dich jetzt nur fragen, in welcher Ecke du liegen willst!"[184]

Vietheer verlangte nicht nur von anderen pausenlosen evangelistischen Einsatz, sondern war auch selbst „jederzeit bereit zur Verantwortung jedem gegenüber, der Rechenschaft von euch über die Hoffnung in euch fordert" (1. Petrus 3,15).[bd] Noch in seinen älteren Jahren fiel seiner Umgebung auf, dass seine alte Tasche immer gut gefüllt war mit *Traktaten und Missionsschriften*.[185] Und die verteilte er auch, wo er konnte.

So zum Beispiel Ende der 20er Jahre bei einer Reise nach Dresden. Er war mit dem Zug zu einer dortigen Zeltevangelisation gereist. Als er aus dem Bahnhof kam, sah er viele Männer auf dem Bahnhofsvorplatz herumstehen. Damals waren die Straßen und Plätze oft voller Arbeitsloser, die sich die Zeit vertrieben. Vietheer ergriff die Gelegenheit und startete ganz allein eine evangelistische Aktion. Er nahm seinen Hut und legte ihn auf die Straße, wie es Bettler gewöhnlich zum Geldsammeln tun. Dann lief er immer um den Hut herum und rief: „Seht euch das an, seht euch das an!" Bald hatte sich eine große Menschenmenge um den „komischen Vogel" gebildet und schaute zu. Plötzlich blieb Vietheer stehen, setzte sich seinen Hut wieder auf und schaute in die Runde: „Ihr steht hier alle rum und tut nichts, also seid ihr alle arbeitslos, stimmt's?" Zustimmung. „Und wenn ihr arbeitslos seid, seid ihr auch alle brotlos, oder?" Zustimmung. „Aber eins muss ich auch noch sagen: Gottlos seid ihr auch!" Und dann hielt er den Versammelten eine kernige Kurzbotschaft.

---

bd Elberfelder Übersetzung

Anschließend lud er sie mit Handzetteln zur Zeltevangelisation ein. So kam auch ein Mann zum Glauben, der später Ältester in der Dresdener Gemeinde war.[186]

Und dann kursierten da über ihn die tollsten Geschichten die ihn bis heute bei denen, die ihn noch kannten, legendär machten. Vietheers ältere Weggefährten haben solche legendenhaft anmutenden Geschichten den Jüngeren, die sich nach ihnen bekehrten, erzählt.

So etwa folgende Geschichte, die FRITZ FRIES (s. u.) an ALFRED KOSCHORRECK weitergab, der sich Ende der 40er Jahre bei Vietheer bekehrt hatte:

> *„Auf einer Schwedenreise wollten zwei junge, noch unbekehrte Männer, den ‚Gottesmann' aus Deutschland reinlegen. Bei einer Angeltour gaben sie ihm einen einfachen Stock mit Schnur und Haken dran, aber ohne Köder. Sie selber waren natürlich besser ausgerüstet. Wie staunten sie aber, als Vietheer die größten Fische von allen aus dem Wasser zog! Anschließend wollten sie noch auf die Fuchsjagd. Sie hatten zwar jeder ein Gewehr dabei, aber verfehlten beide ihr Ziel. Vietheer hatte keine Waffe, sondern nur einen dicken Stock in der Hand. Den warf er dem Fuchs hinterher – und traf ihn so wuchtig, dass das Tier erledigt liegen blieb. Unter diesem Eindruck wurden die zwei überzeugt, dass der ‚Gottesmann' offensichtlich eine bemerkenswerte Unterstützung ‚von oben' hatte. Auch sie kamen später zum Glauben."*[187]

Respekt verschafften auch Erlebnisse wie diese: Während einer Zeltarbeit im Auftrag der Methodisten in Chemnitz waren drei jugendliche Störer ins Zelt gekommen. Zu Beginn der Predigt ermahnte Vietheer sie öffentlich, Ruhe zu geben. Zwei taten das auch, der Dritte verließ grollend das Zelt und drohte laut: „Morgen kommen wir wieder, und dann werden wir euch Frommen zeigen, was eine Harke ist!" Kurz vor Veranstaltungsbeginn am nächsten Abend gab es plötzlich ein furchtbares Geschrei. Der junge Mann, der mit weiteren Störmanövern gedroht hatte, war mit seinem Fahrrad ganz unglücklich gestürzt und hatte sich schwer verletzt. Man trug ihn erst einmal ins Vorzelt. Drei Tage später starb er im Krankenhaus.

Das bewirkte bei allen Besuchern eine ähnliche Betroffenheit und Gottesfurcht wie der Tod eines Mannes in Hamburg, der Vietheer vor der Evangeliumshalle gedroht hatte: „Warten Sie nur, bis wir ans Ruder kommen, dann hängen wir Sie dort am Laternenpfahl auf!" Drei Tage später wurde dieser Mann genau an der Stelle erschossen aufgefunden, wo er Vietheer gedroht und Gott gelästert hatte.[188] Gab es für die Mitarbeiter eindrucksvollere Beweise, dass Gott sich zu ihrem Missionsleiter stellte? Ins Bild passt auch die schon erwähnte Bewahrung Vietheers 1914 in Reval, als er einen Tag vor dem polizeilichen Zugriff überraschend nach Berlin musste und so einer Verhaftung und eventuellen Verschleppung nach Sibirien entging.

Von großer und mitreißender Kraft war auch Vietheers Gebetsleben. Ja, er konnte im Gebet donnern und mächtige Worte finden, aber einen unwiderstehlichen Eindruck machte vor allem sein Flehen um die Verlorenen.

Karl-Heinz Neumann [BE] überraschte ihn einmal versehentlich am Sonntagnachmittag in der Kapelle der Chemnitzer Gemeinde, wo abends evangelistische Versammlungen stattfanden. Neumann war damals, kurz nach dem 2. Weltkrieg, diakonischer Helfer und knapp 20 Jahre alt. Erst hörte er nur ein Wimmern und wunderte sich, wo es herkäme und was das wäre. Dann aber bemerkte er, dass jemand vorn hinter der Kanzel flach auf dem Boden lag. Es war Vietheer, der hier zu ungewöhnlicher Zeit herzzerreißend für sich und seine Sündhaftigkeit, aber auch für das Heil der Gottesdienstbesucher rang. „Nie vorher und nie wieder danach habe ich je einen Menschen so beten gehört!", war Neumanns unauslöschlicher Eindruck noch über 50 Jahre danach.[189]

Auch Adolf RUTZ, der Vietheer Mitte der 50er Jahre kennen gelernt hat, erlebte etwas davon, als Vietheer mitten in der Nacht aus dem Bett stieg und eine mehrstündige Gebetszeit begann (s. u.). Auch in diesem Dienst war Viethheer sowohl quantitativ als auch vom inneren Engagement her ein leuchtendes Vorbild. Nicht zuletzt wegen seines eigenen Beispiels erlebten die Elim-Pioniere ihre Bewegung ganz besonders als eine „Gebets- und Missionsbewegung"[190]. Das Gedicht eines Zeitgenossen bekräftigt die generelle geistliche Dichte der Gebetsatmosphäre in Elim-Kreisen:

---

be Als 17-Jähriger kam K.-H. Neumann 1946 während einer Vietheerschen Evangelisation in Chemnitz zum Glauben an Jesus Christus.

Ich hörte der Elimleute Gebet –
Mir wollten die Sinne schwinden!
Doch wußte ich, daß im Worte steht,
wir sollten uns betend verbünden,
wir sollten einmütig belagern den Thron
und sollen den Richter bedrängen –
da fand ich der Freuden süßesten Lohn
in den mächtigen Elimgesängen!
(Heinrich Waldschmidt)[191]

Und dann kam noch folgendes hinzu:

„Vietheer hatte hervorragende Führereigenschaften.
Wie ein Magnet zog er Menschen und Mitarbeiter an,
die er inspirierte. [...] Sein mächtiger Dienst am Wort
war uns ein hohes Ideal, dem wir nacheiferten. [...] Er
besaß einen geistlichen Instinkt, durch den er wußte,
wo und wie in der Versammlung der Hebel angesetzt
werden mußte. Im Umgang mit seinen Mitarbeitern
konnte er Bruder, Freund und ganz Mensch sein, sich
sogar jungenhaft sympathisch geben und durch die
Kunst des Erzählens fesseln. Bei strittigen Themen
konnte er ein Machtwort sprechen, das allseits re-
spektiert wurde. So war es in seiner besten Zeit.“[192]

In dieser Aufbauphase der Bewegung Ende der 20er Jahre gelang ihm dann wohl doch ein gewisser Profil-Wechsel vom freien Evange-listen zum Bewegungsleiter, obwohl Vietheer dazu an sich nicht die geeignete Persönlichkeit besaß. Seine Stellung als Übervater, in des-sen Schatten die jungen Brüder standen, ließ manche Ecke und Kan-te in seinem Charakter nicht zu dem Problem werden, wie das nor-malerweise der Fall gewesen wäre. Allerdings lag auf der Hand, dass sein Führungsstil auf Dauer zu Spannungen führen würde. Hermann Dittert bringt das auf den Punkt, wenn er sagt:

„Der Führungsstil Vietheers war die Monokratie,
deutlicher gesagt: die Alleinherrschaft. Zu ihr muss
man Ja und auch Nein sagen. Sie war gut am Anfang,
aber weniger gut im Fortgang.“[193]

Vietheer und seine Missionszöglinge

Vietheers patriarchalische, wenn auch in gewisser Weise väterliche Beziehung zu seinen meist jungen Mitarbeitern konnte man am besten an der Beziehung zu seinen so genannten *„Missionszöglingen"* ablesen. Bei ihnen handelte es sich um junge, ledige Männer unter 30 Jahren, die einen Ruf in den Verkündigungsdienst verspürten. Ihr Verhältnis war mit dem eines Meisters und seiner Lehrlinge vergleichbar, wobei man die gesellschaftlichen Bedingungen Ende der 20er und Anfang der 30er Jahre zu berücksichtigen hat. Autorität, Gehorsam, Unterordnung, Respekt, das alles war zu dieser Zeit sehr viel ausgeprägter und selbstverständlicher als heute. Entsprechend normal fanden die auszubildenden Nachwuchskräfte ihre Situation.

„Heinrich Vietheer verstand es, junge Männer um
sich zu sammeln und ihnen die Verantwortung des

Abb. 12:
Die Holzlammellenhalle (auch Wanderhalle genannt) wird 1928 unter der Leitung von Reinhold Siebeneich auf dem neuerworbenen Grundstück an der Bachstrasse in Hamburg aufgebaut.

117

Gemeindeleitungs- und Verkündigungsdienstes, zuerst unter seiner strengen Aufsicht, zu übertragen. Doch vorher hatten sie sich zu bewähren und mußten als sogenannte ‚Missionszöglinge‘ harte Proben bestehen. Sie wurden zum Auf- und Abbauen des Missionszeltes, zum Nachtwachedienst, zu allen anfallenden Arbeiten eingesetzt."[194]

Schon daran wird deutlich, dass die Grundausbildung in erster Linie praktisches Arbeiten und nicht so sehr theologische Diskurse bedeutete.

Reinhold Siebeneich (Jahrgang 1908) begann auf diese Weise, nicht einmal zwanzigjährig, seinen Dienst als Diakon für die sogenannte Wanderhalle, die von 1926-28 in Hamburg stand. Er kannte sich aus mit dem Auf- und Abbau und der Wartung, der Heizung und anderen praktischen Details der Konstruktion. Neben diesen mehr hausmeisterlichen Tätigkeiten war er aber auch rechte Hand von Paul Rabe, dem damaligen Gemeindeprediger.

Ein Beispiel aus Siebeneichs frühen Jahren zeigt, wie unkonventionell Vietheers Trainingsmethoden manchmal sein konnten:

Bei einer Zeltevangelisation war es selbstverständlich, dass die „Missionszöglinge" in Form von Straßeneinsätzen zu den Zeltabenden einluden. Wie bei den Kommunisten, Sozialisten, Nationalsozialisten und anderen politischen Gruppen jener Tage kamen dabei auch Transparente, Banner und ähnliches zum Einsatz. An einem solchen Tag wurde bekannt, dass die Kommunisten eine Demonstration durchführen wollten. Kurzerhand gab Vietheer Reinhold Siebeneich den Auftrag, sich mit dem Transparent der Zeltmission bei den Kommunisten einzureihen und mitzumarschieren. Das war natürlich kein Kinderspiel, sondern konnte als Provokation aufgefasst werden und böse enden. Siebeneich war daher heilfroh, dass die Kommunisten wider Erwarten freundlich waren und ihn lachend mitziehen ließen: „Heute muss es uns gut gehen, denn heute ist Jesus mitten unter uns!"[195]

Hermann Dunst, zwei Jahre älter als Siebeneich, ging es nicht viel anders.

Auch er musste anfangs viel praktische Hausmeisterdienste erledigen. Er ging mit Paul Rabe Ende 1931 von Hamburg nach Königsberg und war dort für den umfangreichen Haus- und Hofbesitz verantwortlich. In Königsberg befand sich die größte aller Elim-Gemeinden mit rund 1.000 Mitgliedern. Da das Gelände und der Gebäudepark so umfassend waren, hatte Dunst alle Hände voll mit praktischen Tätigkeiten zu tun.

Der Gemeindesaal fasste rund 2.000 Besucher, dazu war im Gemeindezentrum noch Platz für einen Raum mit Buch- und Zeitschriftenverkauf, eine Küche, einen Speisesaal, Sprechzimmer, Heizungsräume und weitere Abstellkammern. Neben dem Gemeindesaal befand sich noch ein zweites Gebäude, das sogenannte „Missionsheim". Hier gab es zwei Wohnungen für je eine Predigerfamilie, eine Wohnung für die Gemeindeschwester sowie weitere Räume zur Beherbergung von Missionsschwestern und Diakonen. Auch Fremdenzimmer gab es dort. Ein drittes Haus auf dem Areal war das Wirtschaftsgebäude, in dem das zweite Missionszelt sein Winterquartier hatte.

Als Missionszögling musste Hermann Dunst natürlich auch regelmäßig Nachtwachen im Gemeindesaal halten. Eines Nachts wurde eingebrochen. Dunst hatte sich im Nebenraum des Saals ein bisschen hingelegt und einen altertümlichen weißen Schlafrock angezogen, als er nebenan im Gemeindesaal Geräusche hörte. Er stand auf, spähte in den Saal hinein und sah, wie jemand gerade die Instrumente des Bläserchores in einen Sack packte. Leise ging er von hinten auf den Dieb zu und packte ihn beim Genick: „Freund, wie bist du hereingekommen?"[bf] Völlig überrumpelt ließ der Mann das Diebesgut fallen und erschrak noch heftiger, als er die weiße Gestalt vor sich erblickte. Hermann Dunst fragte ihn spontan: „Bist du bereit, deine Sünde zu bekennen und dich zu Gott zu bekehren?" Zitternd und ohne langes Überlegen stimmte er zu. Nach dem gemeinsamen Bekehrungsgebet entließ Hermann Dunst den Dieb. Der kam allerdings nie wieder.[196] [bg]

---

bf   ... frei nach Matthäus 22,12

bg   Im Rückblick auf seine Elim-Zeit samt ihren harten Anforderungen und manchmal seltsamen Begleitumstände betonte H. Dunst noch als Hundertjähriger ihren zeitlos prägenden Segens-Schub und wünscht allen Generationen etwas von dieser Qualität. Auch der kritische Umgang mit Untugenden des Lehrmeisters änderte für Dunst nichts am Gesamtbild der gerade auch durch Vietheer vermittelten Herrlichkeit Gottes: „Ich sage den jungen Leuten immer: Wenn du ein abenteuerliches Leben willst, komm zu Jesus, dann hört das Abenteuer nicht mehr auf! Also, ich habe Abenteuer über Abenteuer erlebt [...]!" Mit dieser Leidenschaft verkörperte H. Dunst gleichsam das vielzitierte Lebensmotto der Ur-Elimer: „[...] bis die Hand am Schwert erstarrt!" [Telefonat mit H. Dunst, Mai 2007, Notizen des Lektors. Knapp vier Wochen später, am 19. Juni 2007, ging Hermann Dunst 101-jährig heim zu Gott; zwei Tage davor hatte er noch gepredigt.]

Abb. 13:
Einer der Missionszöglinge, Oskar Lardon, heiratete Mitte der 30er Jahre die älteste Tochter Vietheers.

Natürlich predigten die Missionszöglinge auch. Um gleich und unmittelbar seinen Schützlingen seine Eindrücke mitteilen zu können, pflegte sich Vietheer auf einen Chorstuhl hinter die Kanzel zu setzen, was damals nicht so ungewöhnlich war. Wenn er mit der Leistung oder Länge der Predigt nicht einverstanden war, zupfte er den Sprecher hinten an der Jacke. Der wusste dann, dass er zum Schluss kommen musste. Gefiel Vietheer die Rede jedoch, konnte er seinen Schützling auch anfeuern, indem er von seinem Platz aus „Halleluja, Preis dem Herrn!" o. ä. rief.[197]

Ein anderes Beispiel für die universale Einsetzbarkeit der Missionszöglinge stammt aus dem Jahr 1948. Beim ersten Ausbildungs-Camp der Elimbewegung nach dem Krieg hatte sich Vietheer aus logistischen Gründen für HARTENSTEIN/SACHSEN als Ausbildungsort entschieden. Hintergrund war, dass in der dortigen Gemeinde einige Mitglieder Bauern waren, von denen man sich Hilfe bei der Verpflegung erhoffte. Als die jedoch nicht eintraf, schickte Vietheer den Prediger der Hartensteiner Gemeinde, Bruder MEISSNER, mit einigen der Nachwuchskräfte los. Sie sollten von einem Bauern der Gemeinde zum anderen ziehen und Verpflegung besorgen. Als sie am Nachmittag mit ein paar Steckrüben und Kartoffeln zurückkamen, war die Enttäuschung groß. Der Pastor der Hartensteiner Gemeinde musste sich sogar schwere Vorwürfe gefallen lassen: „Du bist Prediger dieser Gemeinde und bringst es nicht fertig, die Kellervorräte deiner Gemeindemitglieder für das Reich Gottes zu requirieren?" Man bedenke: Das war 1948, also kurz nach dem Krieg, als überall in Deutschland die Lebensmittel sehr knapp waren; da hatten auch die Bauern nichts zu verschenken. Doch am nächsten Tag zog Vietheer selbst mit den jungen Helfern los, wie er sich ja für keine Aufgabe, die er von andern verlangte, selbst je zu schade war. Als aber auch er nicht erfolgreicher war, lag für ihn die Sache klar auf der Hand. Er schimpfte abermals den Hartensteiner Prediger Meissner aus: „Da hast du dir eine Gemeinde von Geizhälsen erzogen!" Der Prediger war schuld, das stand fest. Dass die Bauern eventuell tatsächlich nicht mehr hergeben konnten, kam für ihn nicht in Frage.[198]

Ganz oben in Vietheers „Ausbildungsprogramm", vor jedem theologischen Know-how und aller pastoralen Begabung, stand eindeutig der Nachweis echter Hingabe und großer Einsatzbereitschaft. Auch von dieser Praxis und Prägung her rührte die bis vor wenigen Jahren übliche Mentalität in deutschen Pfingstgemeinden, bei Nachwuchskräften nicht zuerst nach Begabung, Veranlagung und persönlicher Eignung zu fragen, sondern nach Einsatzbereitschaft und Fleiß. Wer sich bei Vietheer über das normale Maß einsetzte und so Hingabe und Opferbereitschaft signalisierte, hatte schon fast den Nachweis seiner Berufung erbracht. Die heute übliche „gabenorientierte Mitarbeit" war damals jedenfalls ein Fremdwort. Man vertraute darauf, dass Gott nicht die „Begabten beruft, sondern die Berufenen begabt."[bh] Und die Berufung machte man vor allem an der Einsatzfreude fest.

Als sich in jener Anfangszeit ein junger Mann, der eine Berufung zum Dienst verspürte, bei Vietheer melden wollte, bekam er diese Grundhaltung zu spüren. Auf der Suche nach Vietheer war er nach Lauter gereist und hoffte, ihn in der Missionszentrale im Haus Elim anzutreffen. Da aber gerade eine Zeltevangelisation am Ort vorbereitet wurde, fand er ihn nicht in der Zentrale. Also ging er, wie er war, nämlich gut angezogen und mit Köfferchen in der Hand, direkt zum

---

bh Dies ist ein beliebtes Zitat von Reinhold Ulonska, Altpräses des BFP. Ulonska war 1972-1996 Erster Vorsitzender der „Arbeitsgemeinschaft der Christengemeinden in Deutschland" (ACD) und nach deren Umbenennung in „Bund Freikirchlicher Pfingstgemeinden" (BFP) 1982 dessen Präses.

Zeltplatz. Als er so dastand und sich zu orientieren versuchte, kam Heinrich Vietheer auf ihn zu und fragte ziemlich direkt: „Was willst du?" Ohne zu wissen, dass er mit Vietheer sprach, antwortete er: „Ich suche Missionsdirektor Vietheer. Ich möchte gern hier auf der Bibelschule studieren. Man hat mich von der Missionszentrale hierher geschickt, weil Herr Vietheer hier sein soll." – „Wenn du was tun willst, da drüben ist Werkzeug, du kannst gleich mithelfen beim Zeltaufbau." – „Nein, nein, ich bin zum geistlichen Dienst berufen, nicht zum praktischen", gab er zur Antwort. Da kam er aber an den Falschen: „Dann kannst du gleich wieder gehen. Wenn du einen höheren Dienst suchst als diesen hier, bist du bei uns an der falschen Adresse. Übrigens, Heinrich Vietheer brauchst du nicht mehr zu suchen, der steht gerade vor dir."[199]

Für harte praktische Arbeit war sich Vietheer ohnehin nie zu schade. Wenn das Zelt aufgebaut wurde, konnte er auch selber zu Spaten und Schaufel greifen, um beim Ausheben des 60-80 cm tiefen Grabens bzw. von Bodenlöchern zur Verankerung des tragenden Gerüsts mitzuhelfen. Wenn ihm dabei einer der Mitarbeiter müßig oder ungeschickt vorkam, konnte Vietheer auch barsch werden und ihn als „faulen Hund" bezeichnen.[200]

Aber nicht nur Untätigkeit konnte barsche Reaktionen hervorrufen, sondern auch banale Versehen. So musste sich ein Mitarbeiter, der für einen graphischen oder orthographischen Fehler bei Missionsmaterial verantwortlich war, die ärgerliche Frage gefallen lassen: „Bist du überhaupt bekehrt?"[201] Vietheer war dafür bekannt, dass er im Eifer des Gefechts nicht selten wenig sachlich reagierte, allerdings nahmen das seine „Missionszöglinge" zu jener Zeit auch nicht so tragisch, wie es für heutige Ohren klingen mag.

Neben der Einsatzbereitschaft achtete Vietheer bei seinem Nachwuchs auch auf weitere sogenannte Sekundärtugenden wie „Sparsamkeit, Pünktlichkeit, persönliche Anspruchslosigkeit und das mehr Sein als Scheinen".[202] Menschen, die so lebten, schätzte er sehr, wie etwa Eva von Tiele-Winkler, die schon erwähnte große Diakonissenmutter von Miechowitz/Oberschlesien. Als er einmal mit WILHELM FETLER, einem Freund, im Zug saß, traf er sie überraschend im Speisewagen: „Da [saß] die liebe Schwester Eva mit ihrer Schwester Anni und tranken die beiden bescheiden eine Tasse Kaffee."[203] Als Fetler sie zum Essen einlud, machte ihre Reaktion ihm klar, dass sie sich das niemals selbst gegönnt hätte: „‚O nein, nun bekomme ich hier so ein schönes Mittagessen!' Sie sagte es ein paar Mal und bedankte sich so herzlich bei Bruder Fetler."[204] Auch bei GEORG MÜLLER und JOHN WESLEY erkannte Vietheer diesen genügsamen Geist:

> *„Georg Müller, er war ein Mann voll Glaubens und Heiligen Geistes, und wie einfach hat er gelebt! Für sich hat er so wenig wie möglich gebraucht. Wesley, ein Mann voll Geistes, wie einfach hat er gelebt und gab bald alles, was er an Geld bekam, für das Reich Gottes. Er gab so wenig als möglich für sich aus."*[205]

Wenngleich die jungen Brüder mit dem betonten Wert von Sparsamkeit und Genügsamkeit sicher neutestamentliche Wahrheit vermittelt bekamen, war Vietheers deutliche Übertreibung des Punkts doch auch wieder eine Verkürzung biblischer Botschaft. Paulus konnte sich nicht nur in allem genügen lassen, er konnte auch Zeiten des Überflusses genießen[bi]. Das konnte Vietheer offensichtlich nicht und hatte auch kein Verständnis für derlei Ambitionen bei seinen Mitarbeitern. Das Ideal der Genügsamkeit und Pflichterfüllung schlug sich auch in der Besoldung nieder.

Die angehenden Predigerbrüder bekamen gerade mal ein Taschengeld, und sogar das war knapp bemessen. Selbst als Hermann Dittert 1928 zum zweiten Elim-Evangelisten berufen wurde, machte man ihm von vorneherein klar: Ein festes Gehalt könne er zunächst nicht garantiert bekommen; jeder Mitarbeiter müsse im Glauben leben und sich seinen Lebensunterhalt selbst von Gott erbitten.[206]

Jungen Schwestern, Frauen, die einen Ruf zum vollzeitigen Dienst verspürten, ging es nicht besser. Auch sie wurden, wie alle Mitarbeiter ab 1932, im Haus „Elim" durch Blockunterricht geschult und spielten eine große Rolle in der Elimbewegung. Immer wieder warb man gerade junge Frauen mit Annoncen im „Glaubensweg", ihr Leben ganz in den Dienst des Reiches Gottes zu stellen.[bj] Als

---

bi Philipper 4,10-14

bj In der Regel hatten die Annoncen immer den gleichen Wortlaut: *AUFRUF! Die Ernte ist groß, aber wenige sind der Arbeiter. Darum bittet den Herrn der Ernte, dass er Arbeiter in seine Ernte sende. Matth.9,37.38. Wir beten um aufrichtige und zuverlässige, von sich selbst gelöste und ganz dem Herrn hingegebene Mitarbeiterinnen. Schwestern, die ganz dem Herrn dienen möchten und den ganzen Weg mit Jesus gehen wollen, finden ein herrliches Arbeitsfeld in unserer Bewegung. Meldungen mit näheren Angaben erbeten an Schwester Olga Beyer, Lauter im Erzgebirge, Haus „Elim."* Aus: Der Glaubensweg 7/31, S.84, ebenso in Ausgabe 2/35, S.24; 4/35, S.48; 11/35, S.132 u.a.

Gemeindeschwester oder als „Glaubensweg-Schwester" wurden sie dringend gesucht. HILDE FRANKE, die in der Pionierarbeit Chemnitz stationiert war, übernahm anfangs auch die biblische Unterweisung der Neubekehrten.[207] Doch in der Regel lag das Tätigkeitsfeld der Gemeindeschwestern mehr im diakonisch-praktischen Bereich oder in der Verantwortung für den Kindergottesdienst.

Eine besondere Rolle spielten die schon erwähnten „Glaubensweg-Schwestern". Ihr vorrangiger Dienst war der systematische Verkauf des Blatts. Sie gingen von Haus zu Haus und warben Abonnenten, führten evangelistische Gespräche, gaben seelsorgerlichen Rat und luden zu kommenden Evangelisationen ein. Sie trugen eine Diakonissentracht, weshalb sie auch „Haubenschwestern" genannt wurden. Ihr einziger Unterhalt war der Erlös aus den Verkäufen des „Glaubenswegs". Die Hälfte des Kaufpreises durften sie für sich behalten, den Rest mussten sie in der Missionszentrale abgeben. Bei einem Verkaufspreis von 20 Pfennig verblieben also je 10 Pfennig bei ihnen. Da die durchschnittliche monatliche Verkaufszahl bei etwa

Abb. 14:
Rebekka Leubechers „Zu Hause" in Rastenburg

124

Abb. 15:
Heinrich Vietheer und Hermann Dittert mit einigen „Glaubensweg-
schwestern" Anfang der 30er Jahre.

500 Exemplaren lag, belief sich ihr Verdienst auf rund 50 Mark.
Nicht viel Geld. Und selbst das wurde noch geschmälert, weil die
Schwestern manche ihrer Zeitungen auch verschenkten, dann jedoch den halben Preis aus eigener Tasche bezahlen mussten. Aus
Kostengründen und weil ihr Wohnsitz infolge ihres bevorzugten Einsatzes vor Großevangelisationen immer wieder wechselte, wohnten
sie meist bei Geschwistern oder gar im Gemeindesaal.

REBEKKA LEUBECHER war während ihrer Zeit in Rastenburg/Ost-
preußen in einem „Verschlag" neben der Kanzel untergebracht. Wie
kärglich das Leben als Glaubensweg-Schwester oft war, erwähnt sie
über die Arbeit in DORNDORF/RHÖN: „Mit nur zwei Schnitten [...] in
der Tasche als Tagesration gingen wir von Tür zu Tür."[208]

Auch die Frauen, die als Gemeindeschwestern dienten, konnten
keine großen Gehälter erwarten.

Im Übrigen waren sämtliche Mitarbeiter unter Androhung frist-
loser Entlassung gehalten, die Annahme persönlicher Geschenke zu
verweigern. Dahinter stand aber weniger Sparsamkeit als die Absicht, Unbestechlichkeit im geistlichen Dienst sicherzustellen.[209]

Die tiefe Prägung dieser *Tugenden* wie *Anspruchslosigkeit, Hingabe, Einsatz und Sparsamkeit* blieb bei vielen Mitarbeitern lebenslang haften. Noch Jahrzehnte später hörte man älter gewordene Elimleute bei diesen Themen häufig mit einem gewissen Stolz sagen:

> *„Ich bin noch von echtem altem Elim-Schrot-und-Korn ...!"*[210]

In der Tat hat sich diese Prägung auch in der schweren Nachkriegs- und Pionierzeit bezahlt gemacht und beispielsweise nicht unwesentlich dazu beigetragen, dass der heutige BFP aus kleinen Anfängen, die viel Verzicht forderten, ein blühender Gemeindebund geworden ist.

Welche Blüten die *übertriebene Sparsamkeit* treiben konnte, zeigte sich dagegen bei einer Auseinandersetzung zwischen Vietheer und Reinhold Siebeneich (s. o.), als dieser schon einige Zeit im Predigerdienst stand. Durch die Strapazen hinter ihm liegender Dienste hatte Siebeneich seinen Koffer bei der Bahn aufgegeben, um ihn nicht vom Bahnhof zur Gemeinde schleppen zu müssen. Das kostete 70 Pfennig Aufschlag. Als Vietheer den jungen Prediger begrüßte und dies herausfand, tobte er: „Du hast Gott bestohlen. Wie kannst du annehmen, dass die Zeltmission derlei Luxus finanziert? Das Geld erstattest du der Kasse!"[211] Sicher, Vietheer verlangte nichts von anderen, was er nicht selbst bereit war zu tun. Noch in späteren Jahren trug er seine Koffer immer selbst. Nie wäre er auf die Idee gekommen, Geld auszugeben, um sie transportieren zu lassen.[212] Andererseits machte er sich dadurch, selbst in Kleinigkeiten des Alltags, zum absoluten Maßstab.

Auch Missionszögling OTTO RIES erlebte Ähnliches, als er sich wegen des kühlen Herbstwetters von seinem eigenen Taschengeld (!) einen Hut gekauft hatte. Vietheer zeigte sich darüber völlig verständnislos und verlangte die sofortige Rückgabe des Hutes.[213] Und eine Glaubensweg-Schwester musste sich deutliche Kritik gefallen lassen, als sie gewagt hatte, sich von ihrem Taschengeld eine Schokolade zu kaufen. Schelte kam auch vor, wenn man nicht genug „Glaubensweg"-Zeitschriften verkauft hatte.[214]

Vietheers Einfluss auf die Privatsphäre konnte sogar bis in Partnerschaftsfragen reichen. Als ein Missionszögling ihn um seine Meinung über eine junge Christin bat, die er sehr mochte, antwortete Vietheer: „Ach was, die ist nichts für dich, aber achte doch mal auf diese junge Schwester da im Chor."[215] Das tat er dann auch und – heiratete die vorgeschlagene Frau sogar. Einen Grund, das zu bereuen, hatte er allerdings nie.

Während der Hartensteiner Sommerschulung 1948 (s. o. und Nachkriegszeit) hatte Vietheer die strenge Regel ausgegeben, dass „Pussieren" nicht geduldet würde, sondern die sofortige Heimfahrt zur Folge hätte. Tatsächlich kam es auch zu entsprechenden „Überraschungen" und Konsequenzen. Vietheer beobachtete da seine Schützlinge sehr genau. Als er einmal die Teilnehmer zur Gebetseinheit in Gruppen nach draußen schickte, lief er selber das Gelände ab und achtete sowohl auf die Einhaltung der Gebetszeit als auch auf die Verhaltensregeln zwischen Mann und Frau.[216]

Diese Anekdoten zu Vietheers Neigung, seine Mitarbeiter bis ins Privatleben hinein zu gängeln, deuten *Schwachpunkte* in seiner Persönlichkeit an, die im Laufe der Zeit immer mehr zum Problem wurden.

Harte Schale, weicher Kern

Vietheers Mitarbeiter hatten es wegen dessen grober Art nicht immer leicht mit ihrem Missionsleiter. In seiner besten Zeit vor dem Zweiten Weltkrieg wurden schroffe Momente immer wieder mit freundlichen und gewinnenden Gesten und Zuwendungen ausgeglichen – hinter seiner harten Schale schimmerte damals immer wieder sein weicher Kern durch.

Da konnte er im Übereifer einen empfindsamen und freundlichen Mann wie Waldemar Wilde, der ja selber zum 4-köpfigen Vorstand der Zeltmission gehörte, öffentlich demontieren, so dass dieser sogar mit dem Gedanken spielte, sich das Leben zu nehmen.[217] Andererseits ließ er aber auch keinen Zweifel daran aufkommen, dass er diesen Bruder sehr liebte. Im Nachruf anlässlich seines frühen und tragischen Todes ehrte er ihn in überzeugender Weise und bekennt:

> *„Was war er für ein wirklicher Herzensbruder und treuer Freund! Wie konnte man sich auf ihn verlassen! [...] Was mir persönlich Waldemar Wilde gewesen ist und was ich in ihm verloren habe, kann ich gar nicht aussprechen. Ich möchte dasselbe sagen, was einst David seinem Freunde Jonathan nachrief: ‚Es*

ist mir leid um dich, mein Bruder Jonathan, ich habe
große Freude und Wonne an dir gehabt, deine Liebe
ist mir sonderlicher gewesen, denn Frauenliebe ist
(2. Samuel 1,26)"[218]

Vietheers weicher Kern zeigte sich hin und wieder auch in der Fähigkeit zur Entschuldigung, wenngleich das nicht oft vorkam, vor allem nicht mehr nach dem Krieg.

Im Fall von LUDWIG GRAF, einem ähnlich erfolgreichen Evangelisten wie er selbst, stellte er diese Fähigkeit jedoch unter Beweis. Kurz vor dessen Tod 1935 suchte er ihn auf und entschuldigte sich für eine überzogen harte Verurteilung[bk] Jahre zuvor im „Glaubensweg".[219]

Auch FRITZ FRIES gegenüber konnte sich Vietheer viele Jahre nach einem Zwischenfall entschuldigen. Fries hatte sich 1930 im Alter von 20 Jahren bei einer Elim-Evangelisation bekehrt und war bald zum Kreis der „Missionszöglinge" gestoßen. 1933, auf einer Tagung in der Missionszentrale Lauter, hatte er eine Vision: Er sah eine lange Reihe von uniformierten Männern in Reih und Glied marschieren. Nach einer Weile erkannte er, wie der Weg diese Männer in einen Abgrund führte, in den sie alle hineinstürzten. Fritz Fries legte dieses Bild selber aus und meinte, dahinter Adolf Hitler, der erst kürzlich an die Macht gekommen war, mit seinem NS-System zu erkennen. Vietheer war empört über diese Auslegung und wies ihn öffentlich streng zurecht: „Wie kannst du nur so einen Unsinn erzählen? Seit Hitler an der Regierung ist, haben die Straßenkämpfe aufgehört, und wir werden bei unseren Zelteinsätzen nicht mehr von Kommunisten gestört. Endlich können wir wieder in Ruhe arbeiten [...]!" Als sich die Ereignisse dann aber genau so entwickelten und in die Katastrophe führten, erkannte Vietheer seinen Fehler und bat Fritz Fries unter Tränen um Vergebung.[220]

Nach dem Anschluss an die Baptisten und den bald folgenden Kriegsereignissen (s. u.) verschob sich die „Balance" zwischen weichem Kern und harter Schale zusehends in Richtung einer recht düsteren persönlichen Wahrnehmung. Machtverlust, Eheprobleme und die ungeheure Verrohung der gesellschaftlichen Atmosphäre infolge der Kriegseinwirkungen hatten in seiner Seele Spuren hinterlassen.

---

bk vgl. Hermann Dittert: „Unser Verhältnis zu Evangelist L. Graf" in: *Der Glaubensweg*, 5/1932, S.58

Hermann Dittert beschreibt die Konsequenzen dieser Lebensphase Vietheers als „geistliche Rezession."[221] Karl-Heinz Neumann (s. o.), skizziert den Eindruck, den Vietheer nach dem Krieg auf seine Umwelt machte, so: „Wer ihn nicht kannte, musste ihn für böse und finster halten."[222]

Das war er natürlich nicht, aber seine Schale wurde rauer und rauer. Er spürte das auch selbst und beschrieb sich in seinen Umgangsformen gern als „Bauern".[223] Gepflegteren Umgangsformen, wie sie Hermann Dittert oder Paul Rabe praktizierten, stand er skeptisch gegenüber.

Man konnte ihn auch schnell falsch verstehen, weil sein Humor manchmal recht zweideutig ausfiel. Einmal hatte er jüngere Mitarbeiter zu sich nach Hause eingeladen. Dabei spornte er die jungen Leute kräftig an: „Esst euch mal richtig satt!" Als sie das auch taten und alles leer aßen, meinte er in bösem Ton zu seiner Frau: „Jetzt sieh dir nur mal an, wie die jungen Leute hier bei uns gefressen haben!" Das sollte ein Scherz sein. Es kam aber so täuschend echt rüber, dass eine ziemliche Beklemmung eintrat.[224]

Beklemmungen dürfte auch sein Verhalten gegenüber der sehbehinderten Schwester UNGER in Berlin ausgelöst haben. Nach dem Krieg hatte Vietheer einige Predigtdienste in der Lazarus-Krankenhauskapelle und war im Haus dieser Schwester untergebracht, da sie mit ihrer Familie zum alten Bekanntenkreis gehörte. Nach einem langen Tag kam er zurück und hatte großen Hunger. Doch statt eines Essens gab es geistliche Lieder. Schwester Unger setzte sich ans Klavier und fing an zu singen: „Meine Heimat ist dort in der Höh' ...". Irgendwann reichte es Vietheer; er ging zum Klavier, knallte den Deckel herunter und rief der Schwester, die ja kaum etwas sehen konnte, zu: „Schwester, der Dreck liegt hier in der Ecke!" Das sollte eine Aufforderung sein, sich von himmlischen Sphären wieder mehr den Notwendigkeiten des irdischen Lebens zuzuwenden, nämlich ihrem hungrigen Gast nun endlich mal was zu Essen auf den Tisch zu stellen.[225]

Während der Sommerbibelschule in HARTENSTEIN (s. u.) sprach Vietheer einmal über Himmel und Hölle. Als er versuchte, die Hölle zu beschreiben, meinte er: „Jetzt stellt euch mal Heinrich Himmler in der Hölle vor ..." Karl-Heinz Neumann begann daraufhin laut zu lachen. Vietheer reagierte schnell und drastisch: Er legte seine Bibel aufs Pult, schob seine Brille auf die Nase und schaute strafend über sie hinweg. Die folgende öffentliche Standpauke über die Unverschämtheit, mitten in der Predigt so affektiert zu lachen, war derart bedrohlich, dass der Gescholtene vor Schreck seine eigene Brille in der Hand zerbrach. Am nächsten Tag entschuldigte sich Neumann kleinlaut vor der ganzen Schülerschaft. Und da brach dann auch sofort wieder Vietheers andere, freundliche, liebevoll-väterliche Art durch. Unverzüglich quittierte er die Äußerung sehr großherzig, ja, er verteidigte den jungen Mann fast noch, indem er die Sache wieder zur Lappalie herunterspielte.[226] Karl-Heinz Neumann erlebte Vietheer danach noch öfters in einer ihm nie zugetrauten Freundlichkeit und Anteilnahme.

Vor allem, wenn man ihm sein Herz ausschüttete, von seinen Nöten und Versuchungen oder von ausbleibendem Sieg berichtete, konnte Vietheer sehr mitfühlend, ja, fast zärtlich sein. Da er selbst oft tief gefallen war, erweckten Bedrängnisse dieser Art in ihm eine große Barmherzigkeit, auf die auch er stets neu angewiesen war.

Die Barmherzigkeit Gottes war es dann auch, die ihn bei seinen eigenen Predigten nicht selten sprichwörtlich zu Tränen rührte. Wie ergriffen konnte er über die Gnade Gottes, das Kreuz und Golgatha sprechen! Diese Gnade war es, auf die er sich mit der Last des eigenen Versagens immer wieder mit voller Wucht warf. Auch in Vietheers Briefverkehr schimmerte diese seelsorgerliche Seite immer wieder durch, ganz besonders bei Personen, die durch andere Christen verletzt worden waren und nun Zuflucht und Rat bei ihm suchten. Da konnte Vietheer sich sehr herzlich ausdrücken und das auch mit der Tat zum Ausdruck bringen.

Einem Bruder, den er nur von einem Brief her kannte und der nach vielen Jahren des Dienstes in der Gemeinschaftsbewegung enttäuscht alle Ämter niedergelegt hatte, antwortete er sogleich warmherzig und gewinnend:

„Geliebter Bruder im Herrn ! Haben sie herzlichen Dank für Ihren so lieben Brief. Ja, mein geliebter Bruder, da müssen Sie sich nicht wundern [...]"

Und er schließt den Brief ebenso herzlich:

„Gott segne Sie, mein teurer Bruder, und setze Sie weiterhin zum Segen. Ihr H.V."[227]

Da er selbst viel Ablehnung und Anfeindung erlebt hatte, konnte er gleichermaßen Bedrängte schnell in sein Herz schließen und das auch zeigen.

Trotz seiner oft rauen und groben Art hatte Vietheer doch einen außergewöhnlichen Einfluss auf Menschen, speziell auf solche, die ihn noch nicht gut kannten. Er strahlte eine große natürliche Autorität aus, der man sich kaum entziehen konnte. Das war auch in seinen Evangelisationen ein Schlüssel zum Herzen der Zuhörer.

Bei einer Evangelisation in CHEMNITZ 1947 ereignete sich eine der typischen Situationen, von denen man später sagte: „Das konnte sich nur ein Hein Vietheer erlauben!" (Originalton K.-H. Neumann).

Das Gemeindehaus war bis auf den letzten Platz besetzt, der Gottesdienst hatte schon begonnen und der Chor gerade das letzte Lied vor der Predigt gesungen, da ging hinten noch einmal die Saaltür auf. Eine gut gekleidete, offenbar aus besserem Hause kommende Dame trat ein und schaute sich unsicher nach einem Platz um. Da sie aber nicht sofort einen fand und zunächst hinten stehen blieb, fiel sie Vietheer auf, der gerade seinen Predigttext vorlesen wollte. Er schob seine Brille auf die Nase, schaute die Frau streng an und winkte sie mit dem Finger sehr bestimmt nach vorne: „Du da, komm doch mal hierher ...!" Die Frau erschrak. Sie war ja an diesem Abend überhaupt das erste Mal in der Gemeinde, und viele Augen waren jetzt auf sie gerichtet. Aber statt auf dem Absatz umzudrehen und rauszulaufen, wurde sie tatsächlich wie magnetisch vorwärts gezogen. Vietheer wies ihr einen noch freigebliebenen Platz ganz vorn an: „Da setzt du dich jetzt hin. Jetzt muss der Chor, weil du zu spät gekommen bist, noch einmal sein Lied singen. Morgen kommst du dann pünktlich!" Der Chor sang noch mal ein Lied, dann predigte Vietheer. Und gerade diese Frau bekehrte sich an dem Abend, wurde später getauft und ein treues Gemeindemitglied.[228]

Ganz ähnlich erging es der Frau von HERMANN KNORP, dem Chorleiter der Chemnitzer Gemeinde. Sie war zum großen Leidwesen ihres Mannes nicht gläubig und weigerte sich standhaft, mit in die Gemeinde zu gehen. Jedes Mal, wenn Vietheer in die Stadt kam, fragte er nach: „Na, Hermann, hast du deine Frau endlich mitgebracht?" – „Nein." – „Na, dann sieh mal zu, dass du sie endlich beibringst!" Es kam der Tag, an dem Hermanns Frau endlich mitkam. Ganz stolz und froh meldete der das sogleich, als Vietheer zur Abendveranstaltung auftauchte. „Na, dann stell sie mir gleich mal vor, deine Frau!"

sagte dieser. Als Hermanns Gattin kam, stand Vietheer von seinem Platz auf, musterte sie von oben bis unten, rückte seine Brille auf die Nase und schaute sie furchterregend an, was sie natürlich sofort einschüchterte: „So, du bist also dem Knorps Hermann seine Frau. Hast du dich denn auch bekehrt? Bist du ein Gotteskind?" – „Nein", antwortete sie kleinlaut. „Na, dann will ich dir mal etwas sagen. Wenn du dich nicht bekehrt hast und kein Gotteskind bist, dann bist du das größte Scheusal, das auf Gottes Erdboden herumläuft!" Versteinert stand die Frau vor ihm und wusste nicht, wie ihr geschah. Doch als Vietheer das kurze Gespräch zu Ende brachte und sie aufforderte, sich jetzt hinzusetzen, tat sie genau das und blieb dort den ganzen Abend ganz ruhig sitzen. Am Ende des Abends gehörte ausgerechnet sie zu denen, die ihr Leben Jesus gaben, und wurde zu einem treuen Gemeindemitglied.[229]

Ähnlich schroff konnte Vietheer auch mit ganzen Gemeinden umgehen, wenn sie seiner Meinung nach nicht ganzen Einsatz brachten.

Als man ihn nach dem Krieg in ÖLSNITZ/SACHSEN zur Evangelisation eingeladen hatte, war er vom Besuch des ersten Abends sehr enttäuscht. Nach dem Abend stauchte er die Gemeinde zusammen: „Was habt ihr euch dabei gedacht, mich einzuladen, ohne dass ihr kräftig Gäste mitgebracht habt? Ich bin viel unterwegs und habe meine Zeit nicht gestohlen!" Nach dieser klaren Ansage entließ er die Gemeinde aber nicht nach Hause, sondern machte unmissverständlich klar: „Jetzt beten wir, dass der Herr uns eine Ernte schenkt und die Gäste kommen!" Damit legte er sich vor der Kanzel aufs Podium und fing an, herzergreifend zu weinen und zu beten. Nachdem er so die Gemeinde mitgerissen hatte, stand er auf, ging durch den Saal und rief den Geschwistern anfeuernd zu: „Betet! Betet! Betet!" Dieser spontane Gebetsabend dauerte bis etwa Mitternacht. Der Erfolg blieb nicht aus. Am nächsten Abend war das Haus voller Gäste. Solche Gebetsabende konnte Vietheer auch an anderen Orten spontan anberaumen, und wenn jemand mittendrin nach Hause gehen wollte, ließ er das nicht zu, sondern motivierte einzelne Glaubensgeschwister etwa so: „Du bleibst! Wir sind hier in einer Warteversammlung und flehen um den Heiligen Geist. Auf, bete bis zum Durchbruch!"[230]

Anlehnung an das methodistische Kirchenmodell

Mochten die Missionszöglinge noch Vietheers strenge Ausbilderhand zeitgeschichtlich relativ normal finden, so wurde sein Führungsstil von erfahreneren Mitarbeitern zunehmend als unangenehm erlebt. Mitte der 30er Jahre waren viele Weggefährten der ersten Zeit schon selbst jahrelang im Dienst, hatten eigene Bevollmächtigung erlebt und sich zu selbstständigen Persönlichkeiten entwickelt. Mit diesem Fortschritt an Lebenserfahrung und Reife hielt Vietheers Leitungsstil nicht Schritt. Einen Umgang auf Augenhöhe gab es auch ihnen gegenüber nicht. Vietheer blieb der unumschränkte „Chef".

Dieser „Abstand" zu seinen Predigerbrüdern lag sicher einerseits an Vietheers Neigung, alle Fäden in der Hand zu behalten. Andererseits entsprang die Konstellation aber auch seiner grundlegenden Überzeugung. Er hatte bei den Methodisten eingehend Gelegenheit gehabt, ein funktionierendes Kirchenmodell kennen zu lernen. Daraus war seine Überzeugung gewachsen: „Die Methodisten haben die beste Kirchenordnung, nur fehlt ihnen das Leben."[231] Nach diesem Muster verfuhr Vietheer dann beim Aufbau der Elimbewegung, und dazu gehörte in gewisser Weise auch ein bischöfliches oder apostolisches Verständnis des Leiters, der er ja selbst war. So gesehen, war sein direktiver Umgang mit den Kollegen ein Ausdruck der Überzeugung, dass es eine zentrale, übergeordnete Leiterpersönlichkeit geben müsse. Darin unterschied er sich gravierend vom Wesen der befreundeten schwedischen Pfingstbewegung mit ihrer streng kongregationalen Gemeindeordnung.[bl]

Vietheers Auffassung wurde noch dadurch verstärkt, dass er in dem Bewusstsein lebte, alle Gemeinden selber gegründet zu haben.[bm] Er betrachtete sie in gewisser Weise als seine Frucht, sein ihm anvertrautes Gut. Die von ihm eingesetzten Prediger waren folgerichtig wohl mehr Verwalter dieses Guts als ein wirkliches Gegenüber.

Zum methodistischen Kirchenmodell gehörte damals auch die relativ kurze Verweildauer *der Prediger* an einem Ort. Hinzu kam bei

---

bl Die *kongregationale Struktur* (eines Gemeindebundes o.ä.) arbeitet mit größtmöglicher Selbstständigkeit der lokalen Gemeinden

bm Einem Polizeibeamten gegenüber antwortete er auf die Frage, ob er für alle Elimgemeinden die Verantwortung trage: „Ja, und ich habe dieselben auch alle gegründet." Vgl. Vietheer, Heinrich: *Unter der guten Hand Gottes*. Berlin 1962, S.146.

den Methodisten oft auch noch ein Überraschungsmoment. Es trat immer dann ein, wenn eine Versetzung nicht vorher mit der betreffenden Person abgesprochen worden war, und das kam nicht selten vor. Methodistische Pastorenkonferenzen konnten aus diesem Grund spannende Angelegenheiten sein, da manchem hier seine überraschende Versetzung bekannt gegeben wurde. So ging auch Vietheer bei seinen Predigern vor. Wechsel von einem Ort zum andern wurden zentral von ihm veranlasst, wobei eingehende vorherige Absprachen meist fehlten. Stellenwechsel glichen daher meist eher Versetzungen.

Strukturell war diese Versetzungspraxis in den *Elim-Gemeinden* dadurch möglich, dass die Gemeinden *juristisch keine selbstständigen Vereine* waren, sondern lediglich „eingetragene Zweige" der Zeltmission Berlin-Lichterfelde e. V., deren Direktor Vietheer war.[232] Die Prediger der lokalen Gemeinden waren alle persönliche Mitglieder des e. V. und wurden nicht von den Gemeinden gewählt, sondern von der Leitung (Vietheer) „bestellt". Selbst Gemeindeälteste, die ja keine Mitglieder des e. V. waren, konnten in manchen Fällen nur mit Vietheers Zustimmung eingesetzt werden.[bn] Bis kurz vor dem Zweiten Weltkrieg verblieb kein Prediger länger als drei oder vier Jahre in ein und derselben Gemeinde.

Vietheer machte bei seiner Versetzungspraxis allerdings auch Unterschiede. Mit verheirateten und schon länger bewährten Brüdern ging er zumindest konsultativer um als mit jungen, ledigen Missionszöglingen. Die allerdings wurden nicht groß gefragt, wie Otto Ries zurückschauend berichtet:

> *„Es war ja so, daß durch einen Wechsel oft noch vier bis fünf andere Predigerwechsel nötig wurden. Es ging ja alles von Lauter aus, dort bestimmte ja Bruder Vietheer sonderlich über alle jungen unverheirateten Brüder, und da gab es kein langes Fragen oder Bereden, sondern man bekam die Order, am nächsten Sonntag übernimmst du die Gemeinde Soundso. Da durften wir nicht fragen, ob es uns paßte oder ob man die Gemeinde erst fragen müsse."*[233]

---

bn So z. B. in Dresden 1935, als vormalige Vertrauensbrüder „mit Einwilligung des Missionsleiters" zu Gemeindeältesten „ernannt" wurden, vgl. Dittert, H.: Wege und Wunder Gottes, Lauter 1936, S.61.

Vor dem Zusammengehen mit den Baptisten wurde auf Vietheers persönlichen Wunsch hin sogar eine komplette „Predigerumbesetzung" vorgenommen. Dieser Stil scheint für den damaligen Geschäftsführer der Baptisten, PAUL SCHMIDT (s. u.), immerhin bemerkenswert, wenn nicht gar fremd gewesen zu sein. Rückblickend schreibt er an Vietheer: „Du selber wolltest noch eine allgemeine Versetzung der Prediger vornehmen, was dann auch geschehen ist, auch so, wie es bei euch üblich war, ohne besondere Wahl durch die einzelnen Gemeinden und besonderen Wunsch der Brüder Prediger."[234]

Da Vietheer am Anfang der Elimbewegung negative Erfahrungen mit Predigern gemacht hatte, durch die sogar Gemeindespaltungen entstanden waren, mag er die Versetzungspraxis auch als Mittel zur Erhaltung der Einheit angesehen haben. Die kurze Dienstzeit an einem Ort beugte jedenfalls der Bildung einer „Hausmacht" des Predigers vor.

Vietheers methodistische Prägung äußerte sich auch ganz allgemein darin, dass er die Entwicklung der lokalen Gemeinden aufmerksam beobachtete. Er konnte durchaus in konkrete Abläufe vor Ort eingreifen, wenn er es für nötig hielt. Das empfand er als Teil seiner pastoralen Verantwortung. Dazu gehörte auch die Aufsicht über Lehreinflüsse. Er achtete strikt darauf, dass die lokalen Gemeinden nur Kontakte mit Predigern und Kreisen aufnahmen, die nach seiner Meinung zum Profil der Elimbewegung passten. Auch das hatte er ja anhand seiner eigenen Person bei den Methodisten gelernt.

Besonders misstrauisch und vorsichtig war er bei Kontakten zu den sogenannten freien Pfingstlern. Wie genau er es damit nahm, mag ein Konflikt erhellen, den er deswegen mit WILHELM KOWALSKI hatte.

Kowalski war, aufgrund der Predigernot in der Anfangszeit, um 1928 nach Dresden berufen worden. Sein Hintergrund war die große „Christliche Gemeinde Immanuel" in Königsberg (s. o.), die sich 1931 mit ihren fast 1.000 Mitgliedern und vielen Stationen der Elimbewegung anschloss. Die Königsberger Gemeinde hatte sich 1927/28 aus dem Verbund der Mülheimer Pfingstbewegung gelöst und zahlreiche Kontakte zu freien Pfingstkreisen aufgebaut.[235] Diese Kontakte wollte Kowalski auch in Dresden weiter nutzen, stieß damit aber auf erbitterten Widerstand Vietheers. Vietheer unterstellte ihm offensichtlich den Versuch, die Dresdener Gemeinde von der Zeltmission zu lösen.[236] Da Kowalskis unmittelbarer Vorgänger eben das im Schilde geführt hatte, war Vietheer hier sicher besonders misstrauisch. Hermann Dittert beurteilte Kowalskis Dienst später positiver und bedauerte die Trennung von ihm.[237]

Als man sich von Kowalski trennte, kam es tatsächlich zur befürchteten Gemeindespaltung in Dresden.[238] Das führte zu einem nachhaltigen Zerwürfnis, das beim Anschluss der Königsberger Gemeinde 1931 noch ein Nachspiel hatte.

Kowalski hatte Dresden nach der Trennung von der Elimbewegung wieder verlassen und war als Evangelist tätig gewesen. Im Februar 1931 hatte ihn ein Hauskreis in LÖTZEN/OSTPREUSSEN zu einer Groß-Evangelisation eingeladen. Durch den erfolgreichen Verlauf konnte anschließend ein Raum gemietet und eine Gemeinde gegründet werden. Die „Christliche Gemeinde Immanuel" in Königsberg unterstützte diese Entwicklung und unterzeichnete für die neu entstandene Gemeinde den Mietvertrag. Die junge Gemeinde berief Kowalski zu ihrem Prediger, der am 10. Mai 1931 von HEINRICH WEHLER, dem Hauptprediger der Königsberger Gemeinde, eingeführt wurde.

Als es dann im Herbst 1931 im Zusammenhang mit der nicht spannungsfreien Trennung von Prediger Wehler zum Anschluss der Königsberger Gemeinde an die Elimbewegung kam, entstand auch die Frage, was mit den vielen Stationen dieser Gemeinde geschehen sollte. Waren sie automatisch auch Elimgemeinden oder musste jede für sich eine Entscheidung treffen? Im Fall Lötzen kam es zu eigenständigen Gesprächen, die Bruder NOSELEIT von der Lötzener Gemeinde eingefädelt hatte. Mit ihm trafen Paul Rabe und andere Elimvertreter zusammen, um einen Anschluss an die Elimbewegung zu beraten. Es kam aber zu keiner Einigung. Das lag einerseits daran, dass ein Teil der leitenden Lötzener Brüder weiterhin zum abgesetzten Prediger Wehler der Königsberger Gemeinde hielten. Genauso wichtig war aber das Zerwürfnis zwischen Vietheer und dem Lötzener Prediger, eben Wilhelm Kowalski. Der wollte angesichts der gespannten persönlichen Beziehung natürlich nicht mehr in die Elimbewegung zurück. Wie schon in Dresden endete das Ganze in einer Gemeindespaltung. Kowalski verweigerte die Herausgabe der Schlüssel für das Gemeindehaus. Die Wogen gingen schließlich so hoch, dass die Befürworter des Anschlusses an die Elimgemeinden die Gemeindesaal-Tür von einem Schlosser öffnen ließen und den Saal für sich vereinnahmten. Sie fühlten sich dazu berechtigt, weil ja die Königsberger Muttergemeinde den Mietvertrag unterzeichnet hatte und nun selbst zur Elimgruppe gehörte. Die Auseinandersetzungen blieben selbst der Öffentlichkeit nicht verborgen, und es wurde darüber in der Presse berichtet.[239]

Diese Begebenheit mag verdeutlichen, dass Vietheer die Vorgänge und Kontakte der lokalen Gemeinden sehr aufmerksam verfolgte und da, wo er Gefahren sah, auch beherzt eingreifen konnte.

Wenngleich Vietheer die Entwicklungen in den einzelnen Gemeinden genau beobachtete und mitunter auch selbst steuerte, konnte er sie andererseits auch in verblüffender Form mit ihrer Verantwortung allein lassen.

Das zeigte sich beispielsweise 1928 beim Kauf des Grundstücks an der *Bachstraße* in Hamburg.

Paul Rabe als *Prediger* und Reinhold Siebeneich als *Diakon* hatten Vietheer klargemacht, dass die Gemeindearbeit nicht länger mit der sogenannten Wanderhalle möglich sei. Schließlich handelte es sich bei der Halle ja nur um eine leichte Holzkonstruktion, die eher einem stabilen Zelt als einem festen Gebäude glich. Sie baten um Unterstützung beim Kauf eines Grundstücks. Vietheer half, aber nur mit seiner Unterschrift unter den Kaufvertrag. Für ihn war klar:

„Bezahlen müßt ihr selber als Gemeinde. [Paul], du bist ja bei der Bank angestellt [gewesen[bo]] und mußt nun sehen, wie du die 35.000 Mark bekommst"[240]

Das war die ganze Unterstützung. Der arme Paul Rabe machte daraufhin zwei Tage lang mit Reinhold Siebeneich Hausbesuche bei wohlhabenden Gemeindegliedern und bat um Spenden. Erfolglos. In der nächsten Bibelstunde bekannte RABE seine Not vor etwa 200 Versammlungsbesuchern: „Heute kann ich nicht predigen, ich weiß nicht aus noch ein. Es geht um 35.000 Mark, die gezahlt werden müssen, und das Geld ist nirgends zu kriegen."[241] Eine nicht geringe Irritation befiel die Gemeinde. Niemand verstand, wie man einen Kaufvertrag über so eine Summe abschließen konnte, ohne einen Pfennig zu haben. Tatsächlich steht dieses Vorgehen wohl auch für die Unerfahrenheit der jungen Brüder bei der Überlegung: Wie startet man ein Bauprojekt und wie bindet man die Gemeinde ein? Eine

---

bo Paul Rabe müsste zu diesem Zeitpunkt (1928) schon vollzeitig bei der Gemeinde angestellt gewesen sein (s.o.) und war höchstwahrscheinlich nicht mehr bei der Bank beschäftigt. Möglicherweise handelt es sich bei dieser Angabe um eine Erinnerungslücke.

Abb. 16:
Die fertig aufgebaute Halle in der Bachstrasse um 1930.

echte Strategie war jedenfalls nicht erkennbar, und Vietheer hatte außer der Unterschrift auch keinen hilfreichen Rat erteilt.

Doch in dieser Situation zeigte sich wieder, dass die Elimbewegung eine Geistes- und Gebetsbewegung war. Alle knieten nieder und flehten wegen der verfahrenen Situation zu Gott. Eine eindeutige und vollmächtige prophetische Botschaft brachte dann die Wende in dieser Gebetsstunde:

> *„Das Geld ist da. Es ist in euren Händen. Steht auf und legt es auf meinen Altar und preist mich!"*[242]

Das taten die Geschwister auch und zeichneten noch am gleichen Abend 22.000 Mark. Das restliche Geld kam in den nächsten Tagen zusammen. Der Knoten war geplatzt! Die Unzulänglichkeit der leitenden Brüder war wieder eine Gelegenheit Gottes gewesen, seine Macht zu demonstrieren.[243]

138

Vietheer und die Gestapo

Vietheers einseitige, die Prediger mitunter etwas deklassierende Perspektive bei der Gesamtverantwortung für die Bewegung, verband sich wiederum mit einem echt fürsorglich-väterlichen Zug seiner Persönlichkeit.

Bald nach Hitlers Machtergreifung im Januar 1933 bekam die Elimbewegung, wie alle kirchlichen Kreise, die Wogen des beginnenden Kirchenkampfes zu spüren. Die Elimprediger und -gemeinden gerieten in Berührung mit SA, Gestapo und Behörden des Ministeriums für Kirchenangelegenheiten.

Und da zeigte sich eben die sympathische Seite in Vietheers patriarchalisch empfindendem Wesen. Pausenlos war er im Einsatz, um sich schützend vor die Gemeinden und Mitarbeiter zu stellen:

> *„Immer und immer wieder mußte ich nach Berlin nach der Albrechtstraße, dem Hauptsitz der Gestapo. Ich war schließlich schon ganz bekannt dort."*[244]

Abb. 17:
Gottesdienst mit 2 Chören (einer davon in weiß vorne rechts) in der aufgebauten Wanderhalle, Hamburg um 1930.

Dort hatte Vietheer immer wieder Rede und Antwort zu stehen für Zwischenfälle wie diesen: Ein Spitzel hatte eine Elimgemeinde besucht und danach Anzeige erstattet. In bösartiger Weise hatte er das Lied „Weggerollt" als getarnte Verhöhnung der Nazi-Rollkommandos dargestellt. Vietheer wurde vorgeladen und mit dem Vorwurf konfrontiert. Als er merkte, woher der Vorwurf einer Verhöhnung rührte, scheute er sich nicht, vor dem Gestapo-Beamten das entsprechende Lied einfach vorzusingen:

> *„Weggerollt, weggerollt, weggerollt,*
> *meine Sündenlast ist ganz weggerollt!*
> *Jedes Weh wurde gut durch des Lammes Blut!*
> *Weggerollt, weggerollt, weggerollt,*
> *meine Sündenlast ist ganz weggerollt!"*

Konsterniert antwortete der Beamte: „Na ja, na ja, ist schon gut, ist schon gut. Ich musste es Ihnen doch sagen, man hatte es mir doch geschrieben."[245]

Wie sehr er sich für seine Mitarbeiter ins Zeug legen konnte, bewies Vietheer auch in PLAUEN, wo sie einen Elim-Prediger ins Gefängnis geworfen hatten. Sofort fuhr er dorthin und begann vor den Beamten ohne große Vorrede:

> *„Meine Herren, jeder kann sich mal irren, hier haben*
> *Sie sich ganz gewaltig geirrt [...] Dieser Prediger da,*
> *den Sie da eingesteckt haben, ist ein ganz harmloser*
> *Mann, das dürfen Sie mir glauben. Ich verlange da-*
> *her seine sofortige Entlassung."*[246]

In diesem Ton wagten damals nicht viele mit der Gestapo zu reden. Das konnte einen Kopf und Kragen kosten. Aber es wirkte, wenngleich die Freilassung noch einige Tage auf sich warten ließ.

Es konnte jedoch auch schwierig und gefährlich werden. Den jungen Prediger von MAGDEBURG konnte Vietheer nur unter großen Mühen herauspauken. Der hatte eine Anweisung der Gestapo vor Ort entweder nicht richtig verstanden oder nicht ernst genommen. Jedenfalls wurde dessen fehlende Willfährigkeit nach Berlin gemeldet und Vietheer vorgeladen. Der Beamte ließ ihn überhaupt nicht zu Wort kommen, sondern brüllte ihn nur in einem fort an und schloss: „Dieser junge Mann ist als Prediger natürlich erledigt!"[247] Mehr zum

Schein für die Gestapo setzte Vietheer ein strenges Schreiben an den Bruder auf und sandte die Kopie nach Berlin zur Gestapozentrale. Sicher, der Bruder war in Magdeburg nicht zu halten, aber anstatt ihn dauerhaft aus dem Dienst zu nehmen, setzte ihn Vietheer einfach anderswo wieder ein – ein großer Vertrauensbeweis dem jungen Mann gegenüber und auch ein großes Risiko. Dies machte er ihm auch sehr klar:

> *„Wenn du noch mal wieder solche Unweisheit begehst, daß es nach Berlin gemeldet wirst, dann fliegst du bestimmt ins KZ, und ich mit!"*[248]

Auch als Kurt Rollin in Leipzig wegen einer Bauspenden-Sammelaktion in Schwierigkeiten geraten war,[249] riskierte Vietheer Kopf und Kragen. Er fuhr nach Leipzig, um mit dem betreffenden Staatsanwalt über die Angelegenheit zu sprechen. Der Mann im Vorzimmer meinte jedoch lakonisch zu ihm: „Der Staatsanwalt lässt sich von Ihnen gar nicht sprechen." Der leicht erregbare Vietheer ließ sich aber nicht abwimmeln und setzte sich mit seiner energischen Reaktion durch: „Ich bestehe darauf, dass ich dem Staatsanwalt vorgeführt werde!" Solches Auftreten konnte auch ins Auge gehen, noch viel mehr jedoch die Szene, die er dem Staatsanwalt machte, als er dann doch vorgelassen wurde. Als dieser ihm für Kurt Rollin ein Strafmaß von vier Wochen Gefängnis mitteilte, verlor Vietheer die Beherrschung:

> *„Herr Staatsanwalt, so geht es aber doch auch nicht, daß ein solch unbescholtener Mann wie dieser junge Prediger, der solche ehrbaren Eltern hat, die völlig unbescholten sind, daß solch ein Mann auf die Anklagebank kommt. Das geht doch nicht!"*

Und dann haute er unwillkürlich mit der Faust auf den Tisch. Natürlich erschrak er im nächsten Augenblick selber über diesen emotionalen Ausbruch und versuchte die Situation zu retten:

> *„Entschuldigen Sie, Herr Staatsanwalt, ich habe Sie doch nicht beleidigen wollen [...], aber ich muß mich doch einmal irgendwo aussprechen."*

Das machte Eindruck, und tatsächlich drehte der Staatsanwalt die Sache so, dass Vietheer wenigstens als Zeuge geladen wurde. Als dann die Verhandlung eröffnet wurde, spielte er Vietheer den Ball zu: „Ehe wir in die Verhandlung eintreten, gebe ich dem Herrn Zeugen das Wort." Das nutzte Vietheer weidlich aus und hielt eine nicht gerade kurze, sehr engagierte Rede:

> *„Endlich war ich fertig. Dann war es wunderbar, es sagte keiner ein Wort. Eine absolute Stille."*

Schließlich stand der Staatsanwalt auf und unterstrich, dass die Worte Vietheers einen außergewöhnlichen und nachhaltigen Eindruck hinterlassen hätten. Rollin wurde nicht verurteilt; man erließ nur eine Geldstrafe.[250]

Vietheer selbst wusste, welches Risiko er in seinen Auseinandersetzungen mit der Gestapo oft einging:

> *„Ich muß auch zugeben, daß ich oftmals in diesen Kämpfen am Rande der Hölle gewandelt bin."*[251]

Das schreckte ihn aber nicht ab, für Mitarbeiter oder zum Wohl der Elimbewegung forsch mit der Gestapo umzugehen.

Als er in BRESLAU das Gebäude einer verbotenen freireligiösen Gemeinde gekauft hatte, wurde ihm mitgeteilt, dass die Innenausstattung der Gestapo gehöre. Da setzte sich Vietheer in Bewegung und überrumpelte den Gestapobeamten mit den Worten:

> *„Sehr verehrter Herr Beamter, Sie wissen doch das Motto der Nationalsozialistischen Bewegung: ‚Gemeinnutz geht vor Eigennutz.' Da Sie dafür [gemeint war die Inneneinrichtung] doch nichts bezahlt haben, können Sie doch jetzt nicht gut Geld dafür verlangen. Wenn ich das der Gemeinde sagen müßte, was sollten da bloß die Menschen denken, das geht doch unter keinen Umständen."*[252]

Damit hatte er gewonnen, er konnte alles kostenlos behalten.

Während des Kriegs, als er im besetzten POLEN in einem Privathaus evangelistische Abende abhielt, wäre ihm diese unverblümte Art allerdings fast zum Verhängnis geworden. Ein hoher SS-Funktionär, ein sogenannter „Amtswalter" und Mitglied des Reichstags, war abends nach einer solchen evangelistischen Versammlung auf ihn zugetreten und hatte ihn kritisiert. Vietheer wusste nicht, dass er ein hoher Beamter war und hatte auf seine Kritik an Bibel und Verkündigung unbefangen geantwortet:

> *„Für mich ist die Bibel Gottes Wort und nach diesem untrüglichen Wort Gottes werden mal alle Menschen gerichtet werden."*[253]

Dann klopfte er dem Mann freundlich auf die Schultern und meinte, er solle man am nächsten Abend wiederkommen. Da war er natürlich an den Falschen geraten. Am nächsten Abend wurde Vietheer abgeführt und ins Gefängnis geworfen. Dort machte man ihm klar: „Geben Sie alle Hoffnung auf, Sie werden der Gestapo übergeben, und was das bedeutet, werden Sie doch wohl wissen. Da verschwinden Sie auf Nimmerwiedersehen!"[254] Nur durch die Fürsprache seines Hauptmanns vom Ersten Weltkrieg, der nun Oberlandesgerichtspräsident in Ostpreußen war, kam er nach einigen Wochen Gefängnis wieder frei.

Vietheer und das Dritte Reich

Die Machtergreifung Hitlers am 30. Januar 1933 wurde zunächst von vielen Christen freudig begrüßt. Das galt auch für Vietheer. Entsprechend ärgerlich wies er (s. o.) eine prophetische Botschaft von Fritz Fries zurück, die Hitler als Verführer enttarnte. In der Juli-Ausgabe 1934 des „Glaubenswegs" ließ er Aussagen von Alfred Rosenberg zitieren, aus denen man den Eindruck gewinnen konnte, die NSDAP verpflichte sich zur konfessionellen Neutralität und sichere freie Betätigung des kirchlichen Lebens zu.

Auch Goebbels wurde mit den Worten angeführt: „Wir lassen die Kirche in Ruhe."[255] Selbst Mussolini fand lobende Erwähnung, weil er an allen Schulen Italiens den Gebrauch des Neuen Testaments empfohlen hatte.[256]

Sogar nach dem ersten Verbot einer Elim-Zeltarbeit durch sächsische Behörden 1934 blieb Vietheer bei seiner positiven Einschätzung. Darüber kann man sich nur wundern, wenn man Hermann Ditterts Notizen über den Versuch berücksichtigt, das Verbot rückgängig machen zu lassen. Dittert schreibt über die achtstündige Wartezeit auf dem Flur im Gestapo-Gebäude:

> *„[...]Menschen mit einer Intelligenz verratenden Physiognomie wurden durch bewaffnete Hitler-Schergen an uns vorübergeführt, die Arme auf dem Rücken und die Hände gefesselt. Uns schauderte. Im inneren Gebet und durch Geistesbezeugung wurde uns bewußt, daß wir uns in einer staatlich gelenkten Mordzentrale befanden."*[257]

Während seiner Amerikareise 1934/35 (siehe unten) machte Vietheer es sich zur Angewohnheit, an jedem Ort, wo er mehrere Tage sprach, den ersten Abend für einen Deutschlandvortrag zu verwenden. Dass er immer wieder nach den politischen und kirchlichen Zuständen im Hitlerreich gefragt wurde, sah er als gute Möglichkeit, viele Fragen auf einmal zu beantworten. Vietheer zeigte sich entsetzt über die seiner Meinung nach völlig verzerrte Darstellung von Hitlerdeutschland im Ausland. Seine Botschaft war daher immer die gleiche: Es werde unverschämt gelogen über den Reichskanzler Adolf Hitler, und es bestünde völlige Freiheit zur Verkündigung des klaren Evangeliums.[258] Er stritt auch Christenverfolgungen in Deutschland ab:

> *„Vielmehr haben die Christen mehr Freiheit und Vorrechte als je zuvor. [...] Hitler ist der Retter von Deutschland und Europa [...] ein wunderbarer Mann. [...] Das deutsche Volk dankt Gott für Hitler, und die abfällige Kritik gegen seinen Plan ist größtenteils kommunistische Propaganda."*[259]

Das war 1934/35, als schon erste Verbote gegen freikirchliche Gemeinden in Deutschland ausgesprochen worden waren. Auch die *Barmer Erklärung*, die den Kirchenkampf und die Auseinandersetzung mit dem NS-Staat ans Licht gebracht hatte, war schon publiziert.

Dennoch mag dieser Einschätzung eine gewisse Blauäugigkeit zugrunde gelegen haben. Aber dass Vietheer Hitler noch im Mai 1936 während einer Afrikareise in VIA SUEZ über die Maßen lobte, macht schon stutzig:

*„Ich persönlich kann nur jeden Tag Gott danken, daß
Gott uns in seiner Gnade einen Adolf Hitler gesandt
hat, der uns mit seiner SA, das heißt mit seinen Ge-
treuen, vor dem drohenden Bolschewismus errettet
hat und noch heute bewahrt. Menschlich gesprochen,
hätten wir seit Jahr und Tag den schweren Bolschewismus in ganz Deutschland, wenn nicht diese neue
Regierung im letzten Augenblick kraftvoll das Ruder
in Deutschland ergriffen hätte."*[260]

Machte Vietheer solche Aussagen im Ausland bewusst, um sich als
regimetreu zu erweisen und damit die Unabhängigkeit der Elimbewegung zu sichern? Die Frage ist erlaubt, da er selber bis Mai 1936,
dem Zeitpunkt dieser Aussage in Afrika[bp], ausreichend Kontakt mit
der Gestapo gehabt und die Repressalien und Überwachung des Regimes zu spüren bekommen hatte. Schon im Oktober 1935 war ihm
zudem klar geworden, dass die kleineren Kirchen demnächst verboten würden und auch die Elimbewegung gefährdet sei.[261] Diesen
Hinweis hatte er von einem Bruder FELDMANN erhalten, der zu einer
freien pfingstlichen Gemeinde in Hamburg gehörte, die durch das
Wirken des schwedischen Predigers Bertil Forsgreen (s. o.) entstanden war.[262] Forsgreen selber war im gleichen Jahr von der Gestapo
aus Deutschland ausgewiesen worden.[263]

Möglicherweise unterschied Vietheer auch zwischen Hitler auf
der einen Seite, der weiterhin vollkommen integer erschien, und den
Behörden, die ihm Schwierigkeiten machten, auf der anderen Seite.
Diese Unterscheidung war im Dritten Reich recht volkstümlich geworden und äußerte sich z. B. durch die Redewendung „Wenn das
der Führer wüsste ...!". Christen, die nicht die ganze Härte des Regimes am eigenen Leib erdulden mussten, neigten ebenfalls zu dieser Sichtweise, auch wenn uns das heute unverständlich erscheint.

Dass Vietheer lange an den guten Kern des Dritten Reiches
glaubte, scheint auch dadurch nachvollziehbarer, dass alle Verbots-
bemühungen der Nazis bezüglich „Elim" erfolglos blieben. Dabei gab
sich die Gestapo alle Mühe: Mit folgender Argumentation wollte man
das Kirchenministerium zum Handeln zwingen:

---

bp Oben zitierte Aussage hatte ein Reverend Exel B. Undgreen offensichtlich der Gestapo zugespielt, entweder unwissend oder möglicherweise, um Vietheer zu schützen,
vgl. Zehrer, Karl: Die Evangelischen Freikirchen und das Dritte Reich, Diss. (masch.),
Leipzig 1978, S.432

- Die Elimgemeinden würden von ihren überwiegend minderbemittelten Mitgliedern unverschämter Weise zehn Prozent des Einkommens als Abgabe fordern.
- Sie würden „Volksgenossen verwirren".
- Besonders würden sie intensive Jugendarbeit betreiben.
- Auch verurteile die Elimbewegung nicht „die Rassenmischung durch die Ehe zwischen Deutschblütigen und Juden oder Farbigen". Mit ihrer Sicht, dass diese Frage „vor das Gottesgericht gehöre, [...] aber nicht von Menschen gerichtet werden dürfe",[264] verstoße sie gegen die Nürnberger Gesetze. (Dieser Vorwurf belegt im Übrigen, dass sich die Elimbewegung trotz aller Rücksichtnahmen auf die Empfindlichkeiten des Regimes letztlich nicht korrumpieren ließ!)

Das Reichskirchenministerium gab dem Drängen der Gestapo jedoch nicht nach. Die Elimbewegung blieb legal.

Zweite Amerikareise

In die Zeit des Dritten Reichs fällt auch Vietheers zweite große Auslandsreise nach Amerika, diesmal in die USA.

Von Anbeginn seines Dienstes hatte Vietheer viele Kontakte ins Ausland und unternahm auch immer wieder Reisen, vorwiegend ins europäische Ausland.

Intensiv war seine Zusammenarbeit mit der schwedischen Pfingstbewegung um Lewi Pethrus (s. o.).[bq] Während Vietheer von den Methodisten die Kirchenstruktur übernommen hatte, lehnte er sich bei der Ausbildung von Predigern und in der Lehre stark an das schwedische Vorbild an. Dagegen kam ihre äußerst kongregationale Kirchenstruktur für ihn nicht in Frage. Schon 1921/22 hatte Vietheer eine längere Dienstreise nach Schweden unternommen und dabei in Göteborg, Malmö und Stockholm sowie vielen kleineren Orten gesprochen.[265] Von dieser Reise her stammten viele Kontakte, die in der Aufbauphase der Elimbewegung von großem Nutzen wa-

---

bq   Die Dynamik der schwedischen Pfingstbewegung faszinierte Vietheer. Lewi Pethrus' Gemeinde in Stockholm etwa zählte nach 10-jährigem Bestehen Mitte der 20er Jahre bereits 5.167 Mitglieder, und Ende der 20er Jahre gehörten 530 Gemeinden zur Pfingstbewegung. Damit war sie größer als alle anderen Freikirchen zusammen – vgl. Enquist, Per Olov: Lewis Reise, München 2003, S.322-3223

ren. So wirkten schon 1927/28 Brüder wie Lewi Pethrus, Tage Sjöberg, Hilding Johannsson und Ivar Eriksson in der Hamburger Elimgemeinde.[266] 1928 dienten schwedische Brüder bei der Einsegnung von Hermann Dittert zum Evangelisten mit.[267] Ebenfalls 1928 übernahm man den „Glaubensherold" von dem Schweden Ivar Eriksson. Ab 1931/32 spielten Tage Sjöberg, Hilding Johansson, Ivar Eriksson und auch Lewi Pethrus als Gastlehrer in Lauter eine wichtige Rolle in der Entwicklung der Theologie der Elim-Bewegung.[268]

Auch in die USA hatten sich mit der Zeit Kontakte ergeben, sodass Vietheer im Herbst und Winter 1934/35 eine längere Reise dorthin unternehmen konnte. Sie dauerte insgesamt gut sieben Monate und war damit sicher seine längste Auslandsreise überhaupt.

Das Schiff lief Anfang Oktober 1934 in Bremerhaven aus und erreichte NEW YORK bereits am 12. Oktober. Die Überfahrt war durchweg stürmisch, und als nach einem Gewitter auf See ein herrlicher Regenbogen über dem Ozean stand, war sich Vietheer sicher, dass der Zweck der Reise eine Vertiefung der Beziehungen zu den deutschsprechenden Christen in den USA sein sollte.[269]

Von New York aus reiste er zunächst über Toledo nach CHICAGO. Hier besuchte er eine Konferenz, auf der auch die Frage des engeren Zusammenschlusses der deutschsprachigen Gemeinden eine wichtige Rolle spielte. Vietheer begrüßte das sehr und ermutigte zu weiteren Schritten. Ihm war die Stärkung des Deutschtums wichtig, weshalb er mehrere deutschstämmige Brüder einlud, in den Elimgemeinden der Heimat zu dienen.

Wo er „echt Amerikanisches" zu hören bekam, konnte er „absolut innerlich nicht mit".[270] Möglicherweise zielte das auf Stilfragen der Verkündigung, noch mehr aber sicher auf das Verhalten der Gemeinde im Gottesdienst. In einer deutschen Gemeinde in BENTON HARBOR /MICHIGAN kämpfte Vietheer gegen Zwischenrufe und „amerikanische" Oberflächlichkeit:

„Die ersten Tage der Evangelisation waren insofern schwer, als in den Versammlungen gar keine Ruhe und Stille war. Die lieben Geschwister waren es gewöhnt, in allen öffentlichen Versammlungen sich auf allerlei Weise bemerkbar zu machen, auch während der Ansprache. Das konnte ich natürlich nicht dulden, und ich mußte ganz energisch werden. Es kann ja keine Erweckung geben, wenn es in der Evangeli-

sation so laut zugeht [...] Viele Hindernisse gab es in der Gemeinde wegzuräumen. O, wie sah es da unter den Bekehrten aus! Wahre Zerbrechung kannten die Geschwister nicht und hatten sie bis dahin auch nicht gewollt. O, wie hat mich das ins Gebet getrieben. Wenn Unbeugsame nicht ausgeschieden werden, kann der Geist Gottes nicht zu seinem Recht kommen."[271]

Diese Erfahrungen festigten in Vietheer die Überzeugung:

„Es ist wirklich nicht leicht, eine deutsche Gemeinde auf klarer biblischer Grundlage zu gründen hier in den Vereinigten Staaten."[272]

Wie deutsch Vietheer geprägt war und wie sehr er in Amerika mit kulturellen Unterschieden zu kämpfen hatte, zeigte sich auch beim Besuch eines Gottesdienstes von Farbigen:

„Auch hatte ich Gelegenheit, einer Negerversammlung beizuwohnen. Ich hatte schon allerlei gesehen und gehört, aber so etwas doch noch nicht. Man kann es nicht beschreiben, was wir da sahen und hörten. Die Neger und Negerinnen klatschten beim Singen ihrer christlichen Lieder und Hymnen in die Hände, einer schlug die Trommel dazu. Auch stampften alle mit den Füßen als Begleitung zu ihrem Gesang. Und dann die Predigt! Noch nie habe ich einen Menschen so predigen gesehen und gehört! Der gute Prediger aus Äthiopien stampfte dauernd mit dem Fuß, daß es nur so dröhnte, und dauernd schlug er klatschend mit der Hand aufs Podium und aufs Geländer. Mir fing mein Kopf an zu brummen. Ja, ja, es geschieht allerlei unter der Sonne. Man sagte mir, daß die Neger auch noch tanzen in ihren Versammlungen. Das sah ich in dieser Versammlung aber nicht."[273]

Neben diesen nicht leicht verdaulichen kulturellen Neuheiten erlebte er in Chicago und Umgebung aber auch viel Beeindruckendes, was für deutsche Verhältnisse geradezu paradiesisch erschien.

Besonders faszinierte ihn das gigantische *Moody Bible Institute* in Chicago. Sowohl auf der Hin- wie auf der Rückreise besuchte er diese Stätte:

> *„1.000 Tagesschüler und 1.200 Abendschüler, 100 verschiedenste Unterrichtsfächer, Fernunterricht, Lehrer aus 12 Denominationen [...] und den Moody-Sender, der Bibellehre, evangelistische Musik und aufrüttelnde Ansprachen weithin ausstrahlte."*[274]

Das verfehlte seine Wirkung nicht. Noch zweimal nach seiner Rückreise brachte Vietheer im Glaubensweg lange Artikel über dieses Zentrum[br]. Neben den großen Studentenzahlen des Moody-Instituts war er auch ganz begeistert über dessen ausgedehnte Medienarbeit:

> *„Man kann, wenn man will, in Amerika bald den ganzen Tag entschieden christliche Ansprachen und herrliche Gesänge hören, besonders von dem großen Moodyschen Bibelinstitut in Chicago. [...] O, wie herrlich, den ganzen Tag kann jeder in Amerika, wenn er will, das Evangelium hören in Gesang, Musik und Ansprachen und Zeugnissen, und viele Millionen hören es auch täglich durch das Radio."*[275]

Während einer Evangelisation in CLEVELAND/OHIO besuchte er auch das nahe OBERLIN, wo *Charles Finney* gewohnt hatte und begraben lag. Finney war (s. o.) ein großes Vorbild Vietheers, der bekannte:

> *„Nächst der Bibel bin ich durch kein Buch so gesegnet worden als durch das Buch: ,Charles Finneys Lebenserinnerungen und Reden über geistliche Erweckungen*[bs]*."*[276]

Als er an dessen schlichtem Grab stand, war er sehr bewegt:

---

br Vgl. Glaubensweg 9/35 und 11/35

bs Vermutlich meint Vietheer hier Finneys „Memoires" (1876), deutsch von E. V. Felitsch (1902), 1927 erschienen unter dem Titel „C. G. Finney's Erinnerungen und Reden" (bearb. v. Karl Engler), Düsseldorf 1921, und 1987 unter dem Titel „Erwekkung – Gottes Verheißung und unsere Verantwortung", Verlag Gottfried Bernard, Siegen.

„Ich kann nicht sagen, wie tief mein Herz bewegt
war, als ich ergriffen vor diesem Stein stand. Einer
der Allergrößten in Gottes Augen liegt doch dort in
Oberlin begraben. O, Gott, schenke mir und uns al-
len etwas von der Entschiedenheit und dem geistes-
mächtigen Feuer, das den lieben Finney beseelte bis
an sein Ende. Wahrlich, er redet noch, wiewohl er
gestorben ist.“[277]

Wie betrübt war er aber trotz des imponierenden Äußeren, nämlich
eines christlichen Colleges mit 1.500 Studenten und einer großen
Kirche mit 1.700 Sitzplätzen, von der geistlichen Rezession in Oberlin:

> *„Leider ist das wahre geistliche Leben so gut wie aus-*
> *gestorben [...] wie traurig: Ikabod, die Herrlichkeit*
> *Gottes ist dahin.“*[278]

In Chicago und Umgebung blieb er bis nach Weihnachten, also über
zwei Monate. Am 26. Dezember 1935 stieg er dort in den Zug und
fuhr in zweieinhalb Tagen nach LOS ANGELES. Da ihm der Schlafwa-
gen zu teuer war, nahm er ein normales Abteil und musste dort die
drei Nächte verbringen. Wenngleich er die Amerikaner positiv als
„durchweg sehr zuvorkommend und sehr frei in jeder Weise"[279] erlebte, wartete auch in Los Angeles manches Fremde auf ihn.

Dort angekommen, ließ er sich recht bald das armselige Holz-
haus in der AZUSA STREET 312 zeigen, von wo ab April 1906 die stär-
ksten Ausstrahlungen der *weltweiten Pfingsterweckung* ausgegangen
waren.

Einer der ersten Orte, die er besuchte, war der berühmte „ANGE-
LUS TEMPLE". Das dazugehörende riesige Glaubenswerk der bekannten
Glaubensfrau AIMEE MCPHERSON sprengte natürlich abermals die bekannten Dimensionen. Der sogenannte Angelus-Tempel hatte rund
5.300 Sitzplätze, und auf der angeschlossenen Bibelschule studier-
ten etwa 800 Bibelschüler. Von Aimee McPherson war Vietheer
durchaus fasziniert:

> *„Sie ist ohne Frage eine begabte Frau mit einer groß-*
> *en Rednergabe und hervorragendem Organisations-*
> *talent".*[280]

Die erste Predigt von ihr war für ihn ein Erlebnis, da sie ihre Predigt nicht mit erzählenden Beispielen illustrierte, wie sonst üblich, sondern mit Gegenständen. Für eine Predigt über das Thema „Getreide für die Mühle" hatte sie eine große Holzmühle auf dem Podium aufgebaut. Während der Predigt wurden Getreidekörner zur Mühle getragen und dort gemahlen, begleitet von einer allegorischen Auslegung zu verschiedenen Getreidesorten. „Niemals habe ich etwas Derartiges gehört oder gesehen", zeigte sich Vietheer beeindruckt.

AIMEE MCPHERSON machte aber nicht nur durch ihre Verkündigung und ihr Organisationstalent großen Eindruck. Auch ihre Vielseitigkeit und die künstlerische Begabung erstaunten ihn. Nach einer Aufführung ihres Theaterstücks bzw. Musicals „Die Glocken von Bethlehem" stand für Vietheer fest:

> *„Diese Frau ist ein wahres Genie. Man staunt, was diese Frau an Arbeit bewältigt. Sie dichtet viele Lieder und vertont sie auch selber, schreibt biblische und musikalische Szenen, leitet den ganzen Angelus-Tempel und die Bibelschule, hält wöchentlich eine Anzahl Vorträge, singt viele Sologesänge usw."*[281]

Die Tatsache, dass eine Frau predigte und ein so großes Werk leitete, war für Vietheer natürlich fremd, aber er ordnete das in den amerikanischen Kontext ein, in dem schon damals „die Frau sehr große Rechte"[282] hatte. McPherson war dabei beileibe keine Einzelerscheinung, vielmehr traf er in Amerika häufig auf predigende Frauen. Das lag nach seiner Beobachtung daran, „dass nicht nur der Prediger das Wort Gottes verkündigt, sondern auch seine Frau [...] zum Prediger ordiniert"[283] wurde. Eine Praxis, die im Kontinentaleuropa der 30er Jahre biblisch kaum nachvollzogen werden konnte. Überhaupt verwundert Vietheers eher beeindruckte Berichterstattung über das Werk von Aimee McPherson, hatte doch nur wenige Jahre zuvor der „Glaubensweg" klargemacht, dass die leitenden Elimbrüder „[...] der Wirksamkeit [von McPherson] von jeher ablehnend gegenüberstanden, nicht zum wenigsten darum, weil sie, entgegen der Schrift, als Frau einer Gemeinde vorstand."[284]

Aber auch andere ungewöhnliche Gepflogenheiten traf Vietheer speziell bei Aimee McPherson an, z. B. dass ein 4 jähriges Kind „predigen" durfte, was allerdings mehr eine Aneinanderreihung von Versen war. Achselzuckend kommentierte er in einem Brief nach Deutschland: „Ja, das ist eben Amerika [...]"[285]

Vertrauter fühlte er sich da im „Bethel Temple", der über 1.000 Sitzplätze hatte. – Bedauerlich war für ihn das Fehlen einer deutschen pfingstlichen Gemeinde am Ort.

In Los Angeles bekam Vietheer auch Kontakt mit dem Prediger Dr. Sackett. Da er die USA-Beziehungen gern vertiefen wollte, lud er ihn und seine Frau ein, mit nach Deutschland zu kommen, um in den Elimgemeinden zu dienen. Das tat Dr. Sackett auch und begleitete Vietheer gleich auf dessen Heimreise 1935. Anschließend bereiste er für einige Monate verschiedene Elim-Gemeinden in Deutschland, wodurch diese „einen Begriff von amerikanischer Dynamik"[286] bekamen.

Abb. 18:
Vietheer und Dr. Sackett auf der Fahrt von New York nach Bremerhaven 1935.

Das Geld für die Überfahrt von Dr. Sackett und seiner Frau hatte Vietheer persönlich bezahlt. Dafür verwendete er seine Honorare aus Predigtdiensten in den USA.[287] Dies illustriert gut Vietheers Einstellung zum Geld. Er hätte die Spesen ja auch von der Kasse der Missionszentrale bezahlen lassen können. Doch für ihn war immer klar: Der Dienst und das Werk kommen zuerst und sind wichtiger als persönlicher Gewinn!

Seine Rückreise verlief dann wieder über Chicago und New York, wo er sich am 27. April nach Bremerhaven ausschiffte.[288]

Bezeichnend für Vietheer ist auch, dass er während der Überfahrt mit der „Europa" an den Sonntagen wieder Gottesdienste im Gesellschaftsraum der Ersten Klasse hielt. Unterstützt wurde er diesmal vom Dresdner Kreuzkirchenchor, der gerade auf der Heimfahrt von einer USA-Tournee war.[289] Am 3. Mai kam er schließlich wohlbehalten wieder in Deutschland an.[290]

Die in Amerika entstandenen Kontakte sollten sich für Vietheer noch auszahlen. Nach dem Zweiten Weltkrieg konnte er aufgrund dieser Kontakte noch ein weiteres Mal in die USA reisen.[291]

7. Kapitel

Zusammenschluss mit den Baptisten

Staatlicher Druck und Kontakt zu den Baptisten

Nach Vietheers Rückkehr aus den USA 1935 „kam es zu keinen neuen Gemeindebildungen mehr".[292] Der zunehmende Druck auf die christlichen Kirchen einerseits, aber auch die fortschreitende geistliche Vergiftung des deutschen Volks durch den Nationalsozialismus andererseits hatten zu einem deutlichen Rückgang der Elim-Dynamik geführt. Sieht man sich jedoch die Bilanz der Jahre 1926-1935 an, dann kann man PAUL SCHMIDGALL nur zustimmen, der diese Zeit so kommentiert:

> „Die Erfolge der Vietheerschen Evangelisationen ...
> waren überwältigend. Der Begriff ‚Erweckung' ist
> hier nicht überzogen."[293]

Allein in den zehn Jahren 1926-1935 war der Elim-Gemeindeverbund auf 42 Gemeinden mit Schwerpunkt Nord-, Mittel- und Ostdeutschland angewachsen.

Trotz dieses beeindruckenden Wachstums gehörten die Elimgemeinden natürlich zu den Randerscheinungen der kirchlichen Landschaft und waren durch die politische Situation in ihrer Eigenständigkeit besonders gefährdet. Erste Anzeichen für die sich einschränkende Bewegungsfreiheit zeigten sich schon 1933.[bt] Der eigentliche Kampf um die Selbstständigkeit begann aber erst 1934 und endete 1938 mit dem Aufgehen im Bund der Baptistengemeinden (s. u.).

Als die Elimgemeinden 1938 dem Baptistenbund beitraten, wurden 4.589 Beitritte von Elim-Mitgliedern gezählt.[294] Möglicherweise gab es mehr Mitglieder, die aber deswegen nicht dokumentiert wurden, weil nicht alle Elim-Mitglieder einen persönlichen Aufnahmeantrag bei den Baptisten stellten (s. u.) Dieter Hampel schätzt die damalige Mitgliederzahl jedenfalls auf rund 5.000.[295] Von den 42 Gemeinden blieben 26 relativ geschlossen bestehen, die anderen, kleineren Gemeinden wurden mit Baptistengemeinden verschmolzen und verloren damit ihren eigenständigen Charakter. Auch wurden durch den Zusammenschluss 24 vollzeitige Prediger der Elimgemeinden von den Baptisten übernommen.[296]

Das Zusammengehen mit den Baptisten war für Vietheer am Ende eine Notlösung und kam folgendermaßen zustande:

Im Juli 1934, als das Missionszelt gerade in Aue/Erzgebirge stand, kam völlig überraschend ein Verbot dieser Zeltarbeit. Als man deswegen in Dresden vorstellig wurde, um in Erfahrung zu bringen, aus welchem Grund das Verbot ausgesprochen worden war, bekamen die Elimvertreter einen Schock:

„[...] Ein Bediensteter kam und brachte einen etwa 7 cm dicken Ordner mit abgehefteten Papieren. [...]"[297]

Die Arbeit war also seit langem beobachtet worden. Unter Bezug auf die Akten nannten die Beamten folgende Begründungen für das Verbot:

1. Das laute *Chorgebet* in den Elimgemeinden hatte angeblich zu Beschwerden von Anwohnern wegen nächtlicher Ruhestörung geführt.
2. Die Evangelische Kirche hatte angeblich den *„öffentlichen Dienst"* der Elimgemeinden beobachtet (dazu gehörten sicher auch die

---

bt Filz, Herbert in: Die Christengemeinden Elim und ihre Stellung im Rahmen der Pfingstbewegung, Semesterarbeit [masch.], Leipzig 1963, S.13: „Schon 1933 wurden einige kleine Elim-Kreise in Thüringen verboten, jedoch nach einer klärenden Aussprache wieder zugelassen."

Hof- und Straßenmission sowie die Zeltevangelisationen) und darüber negativ beim Ministerium berichtet.[bu]

3. Das *Gebet für die Kranken* war offensichtlich der schwerwiegendste Grund. Hierzu lag nämlich ein Gutachten der nationalsozialistischen Ärzteschaft vor, in welchem das Gebet für Kranke als volksschädigend eingestuft wurde. Offensichtlich war bei diesem Gutachten aber nicht ausreichend zwischen Elimgemeinden und bestimmten Pfingstgruppen differenziert worden. In ihrer Verkündigung vertraten die Elimgemeinden durchaus eine solide, ausgeglichene Heilungslehre. Der Ärzteschaft hingegen war zu Ohren gekommen, in manchen Gemeinden werde gepredigt, „daß ein Christ, wenn er glaubt, nicht krank zu sein braucht, und wenn er es wird, sich keiner ärztlichen Behandlung unterziehen soll."[298] Diese Verkündigung interpretierte die Ärzteschaft als „fahrlässige Tötung"[299] und hatte die Elimgemeinden damit in Zusammenhang gebracht.

4. Daneben gab es noch einige weitere, nicht so bedeutende Gründe.[bv]

Insbesondere wegen des dritten Verbotsgrundes wurde daraufhin in den Elimgemeinden eine Umfrageaktion gestartet. Es wurden persönliche Heilungszeugnisse gesammelt. Von den etwa 100 Berichten, die in der Elim-Zentrale eingingen, wurden die aussagekräftigsten, die sogar von Ärzten bestätigt worden waren, ausgesucht und alsbald dem Ministerium vorgelegt. Ohne Erfolg. Die Zeltarbeit in Aue konnte nicht wieder aufgenommen werden.

---

bu K. H. Voigt erklärt dazu: „Im Frühjahr 1934 hat sich zuerst der lutherische sächsische Landesbischof Friedrich Coch (1887-1945) um ein staatliches Verbot der Elim-Bewegung bemüht, deren Schwerpunkt jetzt innerhalb des Gebietes seiner Landeskirche lag. Er warf Vietheer und seinen Mitarbeitern ‚Proselytenmacherei' und eine kirchenfeindliche Haltung seiner Bewegung gegenüber der Landeskirche vor." Vgl. Biographisch-Bibliographisches Kirchenlexikon, Band XXIV (2005) Spalten 1487-1492.

bv Interessante Analogie über den Argwohn totalitärer Staaten: Auch zu DDR-Zeiten schöpften staatliche Stellen zeitweilig Verdacht, wenn ihnen Elemente des Glaubenslebens suspekt erschienen. Dies geschah beispielsweise, wenn bei pfingstlichen Elim-Veranstaltungen in Zungen (geistgewirkten Sprachen gemäß dem Neuen Testament) „gelallt" wurde. Speziell bei bewegenden Konferenzen mit westlichen Verkündigern (z. B. in Berlin, mit R. Ulonska) spitzte man die Ohren, zeichnete auf und hakte beim Vorladungstermin nach. [Notiz vom Lektor, aus einem Telefonat mit Pastor Karl Schreiter, Berlin, im Juni 2007]

Dahinter steckte letztlich die Gestapo. Doch auch der Versuch, bei der Gestapo-Hauptzentrale in Berlin selbst eine Aufhebung des Verbots zu bewirken, schlug fehl. In der Folge kam es auch an anderen Orten immer wieder zu Behinderungen und Teilverboten der öffentlichen Arbeit lokaler Elimgemeinden. Der Gemeinde in Leipzig etwa wurde, zumindest zeitweise, „jedes öffentliche Auftreten und jede Propaganda in öffentlichen Versammlungen, in der Presse, in Flugblättern und Flugschriften verboten".[300]

Man war also gewarnt. 1935 befürchtete Vietheer sogar ein komplettes Verbot der Elimbewegung in ganz Deutschland. Der schon genannte Bruder Feldmann von einer freien Hamburger Pfingstgemeinde hatte ihm die Information zukommen lassen, dass die Regierung alle kleineren christlichen Kirchen unter 5.000 Mitgliedern verbieten lassen wolle. In einem internen Schreiben an die Elim-Prediger vom 23. 10. 1935 erteilte Vietheer daraufhin die Anweisung, man solle alles aufnehmen, „was nur irgend zu uns gehören will [auch Kinder über zwölf Jahren], ohne zu vermerken, dass es ein Kind ist. Auch alle zweifelhaften Geschwister, die ihr vielleicht schon früher gestrichen habt".[301]

Diese interne Anweisung muss wohl nach einer gewissen Zeit durchgesickert sein und ist beim Reichskirchenministerium gelandet, hatte aber offensichtlich keine negativen Auswirkungen. Jedenfalls konnte die Arbeit der Elimgemeinden selbständig weitergeführt werden. Ob die Mitgliederzahl dabei eine Rolle gespielt hat, bleibt ungewiss.

Im September 1937 ordnete die Nazi-Regierung ein Treffen aller Schriftleiter kirchlicher und freikirchlicher Presseorgane an, um gewisse Fragen zu klären. Dieses Treffen fand vom 5.-8. Oktober 1937 unter Leitung von PROF. HINDERER in WITTENBERG/ELBE statt[302] und führte dazu, dass Vietheer als Herausgeber des „Glaubenswegs" PAUL SCHMIDT, den Geschäftsführer der Baptisten und Herausgeber des baptistischen Blatts „Der Wahrheitszeuge", persönlich kennen lernte.

Im gleichen Jahr hatte vom 30. März bis 3. April[303] in Hamburg eine Theologische Woche der Baptisten stattgefunden, während der eine neue Ausrichtung des Baptistenbundes beschlossen worden war. Man hatte dort die Entscheidung getroffen, in ökumenisch sammelnder Haltung auf alle täuferisch gesinnten Kreise zuzugehen und die Chancen einer Sammlung zu einem vergrößerten täuferischen Gemeindebund auszuloten.

Vor dem Hintergrund dieser baptistischen Beschlusslage ging Schmidt während des Schriftleiter-Treffens in Wittenberg auf Vietheer zu und bot ihm diesbezügliche Gespräche an. Auch wenn zu diesem Zeitpunkt keine aktuelle Bedrohung der Elimarbeit vorlag, sah Vietheer, dass die Zukunft durchaus ungewiss war. Da Schmidt überdies ein relativ hohes Maß an Selbstständigkeit und Freiheit nach einem Anschluss in den Raum stellte,[bw] war solch ein Zusammenschluss unter günstigen Konditionen natürlich eine echte Perspektive in unsicherer Zeit. Daher kam es unmittelbar nach der Tagung, am 8. Oktober, zu einem Treffen Vietheers mit dem Präses der Baptisten, FRIEDRICH ROCKSCHIES, in Berlin.[304] In diesem Gespräch wurden die ungefähren Grundzüge einer Vereinbarung skizziert. Nach diesen ersten Sondierungsgesprächen hielt es Vietheer für sehr wichtig, den gesamten Elimvorstand sowie zwei oder drei andere leitende Brüder zu weiterführenden Gesprächen hinzuzubitten. Dabei zeigte er ein ihm nicht immer zugetrautes Maß an Teambewusstsein. Eine einsame Entscheidung wollte er in dieser Angelegenheit keinesfalls treffen:

„Dann sagte ich endlich zu den Brüdern: ‚Gut, ich will sechs von meinen Elimpredigern nach Leipzig berufen und euch beide Brüder auch [Rockschies und Schmidt]. Dann sollt ihr diesen sechs Brüdern das sagen, was ihr mir gesagt habt. Und wenn diese Brüder mit eurem Vorschlag des Zusammenschlusses einverstanden sind, dann werde ich auch ja sagen. Sagen sie nein, dann sage ich auch nein."[305]

Zu den sechs Elimbrüdern gehörten wohl Oskar Lardon, Otto und Ernst Ries[306] sowie Waldemar Wilde[307], während die eigentlichen Verhandlungsführer in der Folge neben Vietheer nur Oskar Lardon und Waldemar Wilde waren.[308] Eine wesentliche Rolle scheint Oskar Lardon gespielt zu haben, der zu Schmidt einen besonders guten Draht gehabt haben muss.[bx]

---

bw Vietheer zitiert Schmidt mit den Worten: „Oh …, es kann alles so bleiben, wie es ist"; (Brief Heinrich Vietheers an Dieter Hampel vom 16.10.64, S.1).

bx Dies kam Vietheer später, nach dem späteren Zerwürfnis mit Lardon (s.u.) verdächtig vor; vgl. Vietheer, Heinrich: Brief an Dieter Hampel vom 16.10.1964, S.1 (Archiv des BFP).

Die Vereinbarung sah unter geringen Auflagen[by] den Erhalt der Elim-Gruppe innerhalb des vergrößerten Baptistenbundes vor. Vietheer bekam den Status des „Verbindungsmannes" und „Betreuers" der Elimgemeinden[bz] zugesprochen, was faktisch dem Vorsitz einer Gemeindegruppe gleichkam. Im Protokoll der Gespräche zur ursprünglich geplanten Form der Aufnahme hieß es:

> *„Dabei schwebte uns vor, daß innerhalb des Bundes*
> *eine Beibehaltung der bisherigen Eigenorganisation*
> *und Arbeitsweise ratsam sei und daß Brd. Vietheer*
> *die Aufsicht über das Werk und die Verbindung mit*
> *uns durchführe."*[309]

Diese gefundene Basis war konsensfähig, und die Verhandlungen entwickelten sich auf einen entsprechenden Abschluss zu.

Schwieriger Zusammenschluss

Klärung alter Konflikte.
Das offensive Vorgehen der Baptisten in Bezug auf die Elimgemeinden muss angesichts deren Geschichte zunächst verwundern. Die Ablehnung Vietheers und der Elimbewegung durch die Evangelische Allianz sowie die heftigen Vorwürfe der Methodisten gegenüber dem „Proselytismus" (Abwerbung von Mitgliedern) waren ja bestens bekannt und erst einige Jahre alt. Zudem hatten die *FeG-Gemeinden*, auf deren Anschluss man auch und ganz besonders (vergeblich) hoffte, gerade erst mit Friedrich Heitmüller den prominentesten Gegner

---

by Die Auflagen bestanden darin, dass Chorgebet und Zungenreden in öffentlichen Versammlungen unterbleiben sollten. Die Verkündigung der Geistestaufe wurde dagegen freigestellt, ebenso ihr Gebrauch und der Einsatz von Geistesgaben. Außerdem wurde vereinbart, dass die monatliche Abrechnung der einzelnen Gemeinden über das baptistische Bundeshaus in Berlin erfolgen sollte (vgl. dazu: Hampel, Dieter, „Welche Erwartungen hatten und haben die Elimgemeinden innerhalb unseres Bundes an den Bund?" Unveröffentlichtes Referat auf der Theologischen Woche des BEFG in der DDR am 15.4.1983 in Schmiedeberg, S.13+14). Der Verzicht auf Zungenreden und Chorgebet war zu diesem Zeitpunkt aber offensichtlich schon eine gängige Praxis, die Vietheer, wohl aus Frucht vor Ansatzpunkten für die Gestapo, selbst angeordnet hatte (vgl. ebd., S.6).

bz Schmidt, Paul: Brief an Heinrich Vietheer vom 17.1.1946: „Wir verabredeten [...], daß du der gute Verbindungsmann und Betreuer sein sollst und als solcher Bundesbeamter und Bundesevangelist werdest."

Vietheers in ihre Reihen aufgenommen. Hinzu kam, dass hier und da auch lokale Baptistengemeinden mit Elimgemeinden in Konflikt geraten waren und jetzt Bedenken anmeldeten.[ca] Und dann war da natürlich noch Vietheers ganz großer Krach mit Hermann Dittert[cb], der daraufhin erst ein halbes Jahr vorher zu den Baptisten gewechselt war.

All dies kam nun zusammen und wollte bewältigt werden. Inhaltlich hatte man sich recht schnell annähern können – jetzt wurden vor allem die offenen Rechungen aus früheren Konflikten zum großen Hemmschuh für einen Verhandlungsabschluss.

Die Schlichtungsbemühungen zogen sich über Monate hin.

Es zeugt von dem außergewöhnlichen Verhandlungsgeschick und der ausgeprägten diplomatischen Begabung Paul Schmidts auf Seiten der Baptisten, dass diese fast unüberwindlich scheinenden Probleme zumindest formal alle geklärt werden konnten. Nicht umsonst hatte Schmidt in baptistischen Kreisen das Image eines „rastlosen Diplomaten".[310] Nicht unbedeutend für Zustandekommen und Gelingen dieser schwierigen Gespräche dürften aber auch Schmidts persönliche Kontakte gewesen sein. Zum Beispiel kannte er Friedrich Heitmüller schon länger durch das gemeinsame Engagement beim „Christlich-Sozialen Volksdienst"[cc] (s. o.). Mit dem methodistischen Bischof Otto MELLE verband ihn ebenfalls die gemeinsame Parteiarbeit im „Christlich-Sozialen-Volksdienst" und zusätzlich ein gemeinsames Wirken im Vorstand der VEF (Vereinigung Evangelischer Freikirchen), zu dem er seit 1929 gehörte.[311]

---

ca „Bedenken gegen den Anschluss sind weiterhin [nach einem halben Jahr Verhandlung!] in unseren Kreisen angemeldet worden" – Protokoll der 8. Sitzung der BL am 31.3.1938 in Berlin-Charlottenburg, Punkt 11, S.82, zitiert bei: Hampel, Dieter, Geschichte des Zusammenschlusses zwischen Baptisten- und Elimgemeinden, S.4.

cb Hermann Dittert hatte 1935 die Königsberger Gemeinde übernommen und dort in der Folge eine überaus gesegnete Gemeindeentwicklung erleben dürfen. Im Herbst 1936 war er für einige Wochen wegen evangelistischer Dienste abwesend. Vietheer übernahm für diese Zeit vorübergehend die Gemeindeleitung in Königsberg. Als Dittert zurückkam, fand er die Gemeinde in heilloser Unordnung wieder. Vietheer hatte sich bereits mit zwei der begabtesten Ältesten verkracht, die deswegen aus der Gemeinde ausgetreten und zu den Baptisten gegangen waren. Jetzt ging auch er, nachdem es „[...] erst zwischen meiner Frau und Vietheer, später zwischen mir und Vietheer zum Bruch [...]" gekommen war, vgl. Brief Hermann Ditterts an Dieter Hampel aus dem Jahr 1979, S.3.

cc Schmidt hatte für die Partei sogar von 1930–32 ein Reichstagsmandat inne; vgl. Voigt, Karl Heinz: Freikirchen in Deutschland (19. und 20. Jahrhundert), (Kirchengeschichte in Einzeldarstellungen III/6), Leipzig 2004, S.160

SCHMIDT berichtet über die engagierten Klärungsgespräche wegen Vietheer:

> *„An etlichen Orten haben vor Jahren auch starke Kämpfe zwischen der jungen (Elim) Bewegung und uns (Baptisten) stattgefunden. Etliche Gemeinden und Prediger haben darunter gelitten, und es gingen auch Mitglieder an die Elimgemeinden verloren. Noch stärker wirkten sich die Differenzen mit den Methodisten aus [...] Gegen Vietheer werden Vorwürfe erhoben betreffs seines Vorgehens und seines Charakters. Zwischen Bischof Melle, ihm und mir hat eine ausführliche, offene Aussprache stattgefunden, die ihre guten Wirkungen haben wird. Mit Prediger Heitmüller (Landeskirchliche Gemeinschaft) hat eine volle Versöhnung vor Monaten stattgefunden (1924 entzweit, nun 1937 geklärt). Vietheer gibt seine Fehlhaltungen zu, redet offen und ehrlich davon und hat in Ordnung gebracht, was nötig ist. Er ist eine suggestive Persönlichkeit, die stark wirkt und gewiß nicht immer bequem ist. Sein Einfluß auf Menschen ist immer noch groß. Und seine Wirkungskraft beachtenswert.“*[312]

SCHMIDTS maßgeblichem Bemühen ist es wohl gleichfalls zu danken, dass schließlich auch eine Einigung mit Hermann Dittert herbeigeführt werden konnte. Die Beilegung dieses Konflikts war die mit Abstand größte Hürde für den Vollzug der Vereinigung. Schon beim ersten Sondierungsgespräch anlässlich der „Presseschulungstage" in Wittenberg ging es „vornehmlich um Prediger Dittert".[313] In der Folge zeigte sich immer mehr, dass „ein Zusammengehen ... nur über die Klärung der Kontroverse Vietheer/Dittert möglich [war]. Dass die Einigungsbestrebungen in Fragen des Zusammenschlusses sich auf volle 7 Monate erstreckten, lag zu einem guten Teil an der mühevollen Streitschlichtung zwischen den beiden Brüdern."[314] Noch im Februar 1938 stockten aus diesem Grund die Beitrittsverhandlungen. Erst ein Schlichtungs-Gespräch unter dem Beisein einiger Brüder im März 1938 brachte eine notdürftige Bereinigung, deren Resultat sogar schriftlich festgehalten wurde[cd].

---

cd vgl. [Baptisten-] Bundespost Nr.1, März 1938 unter Punkt 8, S.86, zitiert bei Hampel, Dieter: Geschichte des Zusammenschlusses, S.8

Daraufhin stand dem Anschluss nichts mehr im Wege.

Vor allem die Versöhnung mit Heitmüller, die hier fast im Neben-satz erwähnt wird, mutet wie ein Wunder an. Im Rückblick stellt sich die Frage, ob diese Versöhnungen wirklich tief gingen und die Beziehungen nachhaltig bereinigt wurden. Eher scheint einem, dass die überragende Vermittlungsfähigkeit Schmidts mehr formale Klärungen herbeiführte als die an sich notwendigen tiefgreifenden Versöhnungen mit Buße, Vergebung und Umkehr. In der Folge zeigte sich jedenfalls immer dann, wenn Paul Schmidt nicht rasch zur Stelle sein konnte, um aufgebrochene Differenzen zu klären, wie brüchig die ganze Vereinigung wohl war. So scheute sich Friedrich Heitmüller nach dem Krieg nicht, in seiner Autobiographie die bekannten Vorwürfe gegen Vietheer zu wiederholen, wenngleich erkennbar bemüht, die Aussagen möglichst allgemein zu halten. Auch Vietheers Beziehung zu Hermann Dittert blieb trotz der offiziellen Sprachregelung de facto zerstört.

Einfluss der Gestapo.

Ein weiterer hinderlicher Faktor bei der Vereinigung war der Einfluss der Gestapo auf die Verhandlungen.

Auf ihre Veranlassung hin traf mitten in die Anschluss-Vorbereitungen eine alles verändernde Bestimmung des Kirchenministeriums ein.[ce] Dieses war zuvor, wie amtlicherseits vorgeschrieben, von den Baptisten über die „Anschluss"-Gespräche in Kenntnis gesetzt worden. Mit einer Stellungnahme war gerechnet worden; dass nun jedoch weitreichende Bedingungen gestellt wurden, war für alle eine große Überraschung.[cf] Das Ministerium lehnte einen Anschluss in

---

ce „Dann kam ganz unerwartet zu uns die Mitteilung durch das Kirchenministerium, dass das Reichssicherheitshauptamt [die Gestapo] mit der von uns geplanten Zusammenlegung nicht einverstanden war [...]" Brief Paul Schmidts an Vietheer vom 17.1.1946; zitiert bei Hampel, Dieter: „Die Elimbewegung und ihre Stellung innerhalb des Bundes Evangelisch-Freikirchlicher Gemeinden in Deutschland K.d.ö.R.", unv. Seminarabschlussarbeit, Buckow/Märkische Schweiz, 1965, S.7-8

cf Ob es für die Baptisten wirklich eine Überraschung war, bleibt umstritten. Karl Zehrer weist darauf hin, dass die Baptisten bereits im September 1937, also noch vor den ersten Gesprächen zwischen Vietheer und Schmidt im Oktober 1937, beim Reichskirchenministerium (RKM) angefragt hatten, ob sich einzelne Glieder zuvor aufgelöster Glaubensgemeinschaften den Baptisten anschließen dürften. Zehrer merkt an, dass das RKM diese Anfrage offensichtlich als vorsorgliche Bitte um Auskunft für den möglichen Fall eines Elim-Verbotes verstand. Wenn diese Anfrage sich tatsächlich auf die Elimgemeinden bezogen hatte, konnte die geforderte Auflösung der Elimbewegung dann natürlich nicht mehr überraschen; vgl. Zehrer, Karl: Die Evangelischen Freikirchen und das dritte Reich, S.435.

der diskutierten Form ab und bestand darauf, dass die Elimbewegung komplett im Baptismus aufging.

Dies hatte zur Folge, dass nicht eine Gemeindegruppe beitrat, sondern jedes Elim-Gemeindemitglied einzeln seinen Übertritt zum Baptismus vollziehen musste. In den Orten, wo es nur kleinere Elimgemeinden gab, führte das zu einer Vereinigung mit der jeweils örtlichen Baptistengemeinde. Nur die größeren Elimgemeinden blieben trotz dieses Vorgehens relativ geschlossen erhalten.[315] Vietheer wurde nun zwar „Bundesevangelist", aber eine verbriefte und klar beschriebene Funktion als „Betreuer und Verbindungsmann" der Elimgemeinden kam auf diese Weise nicht zustande.

Ganz offensichtlich sollte die Elimbewegung von der Bildfläche verschwinden.

Diese Form der Vereinigung erfolgte dann auch tatsächlich im April und Mai 1938. Ob es nach der Intervention des Ministeriums mit diesen deutlich schlechteren Konditionen noch ein „Zurück" hätte geben können, bleibt fraglich. Jedenfalls wurde von dort unverhohlen mit Konsequenzen für die Elimgemeinden gedroht, falls der Anschluss nicht in der geforderten Weise vollzogen würde.[cg]

Hier dürfte der entscheidende Grund dafür liegen, dass ein so gearteter Anschluss zustande kam, der für Vietheer mit weitreichenden Konsequenzen verbunden war. Paul Schmidt hatte ihm die Nachricht von den neuen Bedingungen umgehend mitgeteilt und ihn aufgefordert, selbst beim Ministerium vorstellig zu werden. Das tat Vietheer auch, konnte aber keine Änderung mehr erwirken.

Offiziell war er jetzt nicht mehr Leiter der Elimgemeinden und außerstande, weiter in das lokale Geschehen hineinzuwirken. Er konnte keine Prediger(um)besetzungen mehr vornehmen, keinen

---

cg Im Brief des Kirchenministeriums vom 31.12.1937 – Akten-Nr. I 25578/37 – an die Baptisten heißt es entsprechend: „Nach Prüfung des Sachverhalts eröffne ich Ihnen, im Einvernehmen mit dem Geheimen Staatspolizeiamt, dass ich keine Bedenken dagegen zu erheben habe, wenn sich die Zeltmission Berlin-Lichterfelde (Elimbewegung) und all ihre angeschlossenen Einzelverbände und Gemeinden auflösen und ihren einzelnen Mitgliedern den Übertritt zu den Baptisten anheim stellen. Ich gebe anheim, dies der Leitung der Zeltmission Berlin-Lichterfelde, Herrn Vietheer, mit dem Bemerken mitzuteilen, dass die vorgeschlagene Regelung zur Vermeidung weiterer Nachteile wegen der bekannten in der Elimbewegung zu Tage getretenen Missstände für zweckmäßig erachtet wird." Auf Nachfrage der Baptisten, auf welche Missstände hier angespielt wurde, kam der Bescheid, dass es sich hierbei um „das religiöse Gehabe wie Zungenreden und Gebetskeller [gemeint ist das Chorgebet]" handele (vgl. Protokollsammlung der [Baptisten-]Bundesleitung vom 1.9.1936–21.2.1941, S.82). – Alles zitiert bei Hampel, Dieter: Referat anlässlich der Theologischen Woche in Schmiedeberg am 5.4.1983, S.16+17.

Einfluss auf Gehälter nehmen und keine „Besitzansprüche" auf lokale Gemeinden geltend machen. Diese Vereinbarung kam für ihn einer völligen *Entmachtung* gleich. Hermann Dittert fasst die Lage in das Bild, dass Vietheer nun ein „General ohne Armee" war, und fährt fort:

> *„Es muß für ihn ein traumatisches Erlebnis gewesen sein, mit dem er bis an sein Lebensende nicht fertig wurde."*[316]

Folgen der „Entmachtung" Vietheers

Das Aufgehen der Elimbewegung im Baptismus war für Vietheer, zumindest auf Dauer, eine ähnlich einschneidende Erfahrung wie der Bruch mit der Evangelischen Allianz 1924/25.

Zunächst deutete noch nichts darauf hin, dass die Folgen für ihn vergleichbar sein würden: nämlich völlige *Isolierung* und *Entzug der Wirkungsplattform*.

Vietheer musste diese Lösung erst einmal hinnehmen, was natürlich durch den bald hereinbrechenden Krieg mit seinen ganz anderen Herausforderungen einigermaßen „erleichtert" wurde. Aber schon 1941, bei den Verhandlungen zum Anschluss des *BfC*, des *Bundes der Brüdergemeinden*[ch], an die Baptisten, wurde Vietheer hellhörig. Die Vereinbarungen, die die Baptisten damals mit dem BfC trafen, ähnelten in überraschender Weise dem ursprünglichen Elim-Anschlußplan 1938. Warum war jetzt möglich, was vor drei Jahren unmöglich schien? Die Verfassung der Baptisten wurde geändert, und es *entstand* der *„Bund Evangelisch-Freikirchlicher Gemeinden"*, in dem die *Brüdergemeinden* den Status einer *eigenen Gemeindegruppe* bekamen, also genau das, was man Vietheer verweigert hatte. Das Kirchenministerium stimmte dieser Neuordnung am 30.10.1942 zu.[317]

Vietheer witterte hinter dieser *Ungleichbehandlung* Verrat und Betrug durch die Baptisten. Doch seine Stellung innerhalb des Baptismus war zum Zeitpunkt des Anschlusses des BfC 1941/42 wegen einer Ehekrise erschüttert, die sogar in ein Scheidungsverfahren

---

ch BFC damals = „Bund freikirchlicher Christen"

führte (s. u.) Er wurde unter Gemeindezucht gestellt und schied zeitweise ganz aus dem Dienst aus.[318] [ci]

Hermann Dittert sieht in dieser Lebensphase den Beginn einer schwerwiegenden *Veränderung in Vietheers Persönlichkeit*:

> *„Es vollzog sich bei ihm eine geistliche Rezession, die durch seinen permanenten Ehekonflikt sich entweder erklärte oder noch verstärkte."*[319]

Nun kamen damals ja auch mehrere Stressfaktoren für ihn zusammen:

Einmal war da der *Verlust der Rolle* als Vorsitzender einer dynamischen Gemeindebewegung, die ihm sehr viel bedeutet hatte.

Zweitens waren durch die Kriegseinwirkungen auch die *Dienst-Möglichkeiten* für einen Evangelisten deutlich eingeschränkt; Freiheit des Wirkens aber und die Erschließung immer neuer Arbeitsfelder waren für Vietheer bekanntermaßen so etwas wie ein Lebenselixier.

Der dritte Stressfaktor, sein *permanenter Ehekonflikt*, war zwar nichts Neues, wirkte sich aber in jener neuen Konstellation noch verheerender aus. Jedenfalls zerbrach die schon lange kriselnde Ehe in dieser Zeit, und Vietheer hatte eine Affäre mit einer Frau, die von Hermann Dunst als rothaarig und mit einem „Feuermal" im Gesicht beschrieben wird.[320] Es gab zumindest Gerüchte über eine geplante Verlobung, die aber wohl nie zustande kam, weil die Frau noch in den Kriegsjahren verstarb. Wahrscheinlich ist, dass wegen ihres Ablebens die Ehe Vietheers gar nicht rechtskräftig geschieden wurde. Jedenfalls fanden die beiden Eheleute am Ende des Kriegs wieder zusammen, wodurch auch eine dienstliche Rehabilitation Vietheers möglich wurde. Mathilde wohnte zunächst noch in Hamburg, wo sie dann ausgebombt wurde, Heinrich jedoch seit 1944 in MARKERSDORF bei Penig/Sachsen. 1945 zog Mathilde zu ihm.[321]

Für das Verständnis der weiteren Entwicklung ab Kriegsende ist der angedeutete Verfall in der Persönlichkeit Vietheers von großer Bedeutung. Seine schon früher vorhandene Reizbarkeit und Neigung zu verletzenden Bemerkungen dürfte sich nun gesteigert und

---

ci In einem Brief Schmidts an Vietheer bezieht sich Schmidt auf Vietheers „Ehescheidungsangelegenheit" und seine „Verlobungsgeschichten" und nennt sein darauf zeitweise folgendes Ausscheiden aus dem Dienst eine „bedauernswerte Stilllegung", vgl. Schmidt, Paul: Brief an Heinrich Vietheer vom 17.01.1946, S.2

ihn zusehends ungenießbar gemacht haben. Auch seine geistliche Vollmacht war in der Zeit nach dem Krieg nicht mehr vergleichbar mit seinen besten Tagen in den 20er und 30er Jahren. Selbst wenn die Generation, die ihn nicht von früher kannte, auch nach dem Krieg noch außerordentlich beeindruckt war von seiner Verkündigung, blieb den alten Weggefährten der Verlust an Kraft nicht verborgen.[cj].

Vietheers Ehekonflikt

Vietheers zeitweilige Trennung von seiner Frau und die Einleitung eines Scheidungsverfahrens hatten einen tragischen Hintergrund.

Während Heinrich Vietheer von Zeitgenossen als *„Mann voll Saft und Kraft"* (Hermann Dunst[322]) und als „Kämpfer von der Fußsohle bis zum Scheitel" (Hermann Dittert[323]), beschrieben wurde, war seine Frau Mathilde das gerade *Gegenteil*.

Ihr zartes, zurückhaltendes und stilles Wesen übte auf ihn einen faszinierenden Reiz aus. Auch andere Menschen mit einer ähnlichen „Kontrastpersönlichkeit" zogen ihn zeitlebens an. Das zeigte sich etwa in der Verehrung Pastor Pauls und der Bewunderung für Eva von Tiele-Winkler. Zu einem jungen Kollegen sagte er einmal: *„Meine Frau ist ein Lamm, ich bin ein Wolf!"*[324] Mathilde wirkte denn auch auf Außenstehende sehr ruhig, in späteren Jahren sogar fast verschüchtert. Neben dieser schon natürlichen Gegensätzlichkeit, die von beiden Partnern ein hohes Maß an Einfühlungsvermögen und Verständnis erfordert hätte, spielte in Mathildes Leben auch eine starke geistliche Prägung eine Rolle. Von ihrem *Vater*, der bekanntermaßen einen entschiedenen Kampf gegen das „Fleisch" führte, hatte sie die Ansicht übernommen, dass sexueller Kontakt nur zur Zeugung von Nachwuchs statthaft sei, alles andere sei „unheilig und verunreinigend."[325] Wie verschlossen sie sich gegenüber ihrem Mann zeigte, wurde wohl schon in der Hochzeitsnacht deutlich. Nach kirchlicher Trauung und anschließender Feier soll ihr Vater sie abends mit den Worten an die Hand genommen haben: „Komm, es ist spät geworden, wir gehen nach Hause."[326]

---

cj   Otto Ries äußerte 1949 Karl-Heinz Neumann gegenüber mit trauriger Miene etwa: „Auch wenn dich der Dienst von Bruder Vietheer sehr beeindruckt, so ist er doch lange nicht mehr das, was er einmal war." (Interview mit K.-H. Neumann, Erzhausen, Februar 2005).

Die „*Paulsche Prägung*" in Bezug auf den *ehelichen Verkehr* war nicht unbekannt; sogar in der „*Berliner Erklärung*" (s. o.) wird im Zusammenhang mit der Kritik an Pauls sogenannter „*Sündlosigkeitslehre*" wie folgt auf sie angespielt:

> „*Eine weitere traurige Folge falscher Heiligungslehre ist die mit ihr verbundene Herabsetzung des biblischen, gottgewollten ehelichen Lebens, indem man mancherorts den ehelichen Verkehr zwischen Mann und Frau als unvereinbar mit wahrer Heiligung hinstellt.*"[327]

Vietheer bestätigte diesen Einfluss von Pastor Paul. In seiner Biographie, die 1962, wohl erst nach Mathildes Tod, erschien, führte er seine permanente Ehekrise bitter auf die falsche Lehre von Pastor Paul zurück.[328]

Sogar mit ungewöhnlichen Mitteln versuchte Vietheer die Liebe und Zuneigung seiner Frau zu gewinnen. Während er sonst immer gegen Schmuck und eitle Pflege des Äußeren predigte, brachte er seiner Mathilde zuweilen Schmuck mit, wenn er von einer Dienstreise kam. Er bekam dafür aber nicht den erhofften romantischen Abend, sondern Kommentare wie: „Der Kuss gebührt dem Vater!"[329]

Wie verzweifelt Heinrich Vietheer über seine Lage gewesen sein muss, beweist ein Saunagespräch mit einem Bruder. (Zu dem Zeitpunkt war er schon über siebzig.) Er bekannte, wie er einmal in seiner Not zum Arzt gegangen sei und darum gebeten hatte, entmannt zu werden. Dieser hatte aber mit dem Hinweis abgelehnt, dann würde Vietheer verfetten.[330] Doch schon allein das Ansinnen zeigt, wie weit der Mann zu gehen bereit war, um nicht immer wieder in Sünde zu fallen.

Die Sorge des Arztes hatte übrigens ihre Berechtigung, denn Vietheer wog in diesem Alter sicher an die 100 Kilo, war allerdings mit rund 1,85 Metern Körpergröße auch nicht gerade klein. Er war zeitlebens eine wuchtige, imponierende Erscheinung.

Vor diesem für ihn schier unlösbaren Hintergrund erklären sich die Tabubrüche in Vietheers Biographie etwas mehr.

Während des Zweiten Weltkriegs eskalierte die Situation dann, wie beschrieben, und führte zu einer zeitweiligen Trennung. Am Ende des Kriegs kam es zwar zu einer Versöhnung, aber zu keiner

Besserung. Wie demütigend muss es für Vietheer gewesen sein, wenn er nach einer Entgleisung seine Schuld vor teilweise viel jüngeren Brüdern bekennen musste! Das tat er aber mit großer Aufrichtigkeit und wirklichem Zerbruch. Da flossen Tränen, und er rang um Vergebung. GÜNTHER STENGEL, der Vietheer Ende der 50er Jahre erlebte (s. u.), zieht eine treffende Linie zwischen Vietheers Verzweiflung über seinen fehlenden Sieg in diesem Bereich und seiner Härte gegen sich selbst sowie andere: Seine Strenge mit sich selbst, seine Energie im Gebet, seine Hingabe im Dienst, seine Arbeitswut, all das könnte auch ein Ausdruck dafür gewesen sein, dass er meinte, wieder etwas wett machen zu müssen. Diese These klingt einleuchtend. Wollte er Versagen im moralischen Bereich tatsächlich durch Disziplin und Einsatz kompensieren? Könnte hinter der Härte gegen sich und eben auch andere zum nicht unerheblichen Teil dieser ungelöste Konflikt liegen?

Tragisch bei Mathilde wirkte auch ein an sich positiver Wesenszug, der schon in ihrer Kindheit aufgefallen war: ihre *Prinzipientreue.* ERNST GIESE, ein Kenner der Familie Paul, beschreibt ihre Schul- und Ausbildungszeit so:

> *„Leicht hatte sie es nicht gehabt, denn die Wahrheit ging ihr über alles. Als einmal in der Schule sie ein Lehrer der Lüge bezichtigte, litt das Kind so sehr darunter, daß dem Vater nichts anderes übrig blieb, als den Lehrer aufzusuchen und den Sachverhalt zu klären."*[331]

In ähnlicher Weise dürfte sie an der einmal von ihrem Vater übernommenen theologischen Überzeugung in Bezug auf die eheliche Gemeinschaft festgehalten haben. Dazu hat sicherlich auch die häusliche Lebensgemeinschaft mit ihren Eltern bzw., nach dem Heimgang der Mutter, ihrem Vater, beigetragen. Vor Jonathan Pauls Tod im April 1931 lebten Heinrich und Mathilde bestenfalls die ersten Monate ihrer Ehe allein, nämlich als sie in Reval wohnten. Diese Zeit am Anfang der Ehe mag vielleicht auch für ihre Beziehung eine glückliche Zeit gewesen sein; jedenfalls dachte Vietheer später gern an diese Zeit zurück, wenn er sagt:

„Es war eine wunderbare Arbeit, das eine Jahr dort in Reval."[332]

Kaum waren sie nach Deutschland zurückgekehrt, brach der Erste Weltkrieg aus, den Vietheer „von Anfang bis Ende, vier Jahre und vier Monate[333]", mitmachen musste. Seine Frau verbrachte diese Zeit bei ihren Eltern in Berlin-Steglitz und versorgte die zwei Mädchen, die sie während der Kriegsjahre zur Welt gebracht hatte.

Nach dem Krieg blieb sie mit ihrem Mann bei den Eltern wohnen, was auch durch die Krankheit und schließlich den Tod ihrer Mutter bedingt war. Anschließend wollte sie ihren alten Vater nicht allein lassen – er sie aber offensichtlich auch nicht.

Darauf deutet ein Ereignis aus der Zeit hin, als seine Gesundheit schon angeschlagen war: Eine Familie aus Karlsruhe hatte eine freie Etage im Haus und bat ihn, bei ihnen einzuziehen. Er aber lehnte das Angebot dankend ab: „Mit Rücksicht auf meine Tochter kann ich es nicht annehmen!"[334]

Zwischen beiden scheint eine starke Beziehung bestanden zu haben, was offensichtlich zu Mathildes fehlender Ablösung vom Elternhaus führte und sich nachteilig auf die eheliche Beziehung auswirkte. Bekannte der Familie sagten jedenfalls über Mathildes Einstellung zur Ehegemeinschaft:

> *„Bruder V., so bezeugt mir einer unserer Pastoren, der mit ihm reiste und in seinem Haus lebte, liebte seine Frau sehr und sehnte sich nach ihrer Zärtlichkeit. Leider [aber] war ihr Vater in dieser Angelegenheit ihre absolute Autorität."*[335]

Vietheer wird vielleicht auch deswegen mit seinem Schwiegervater in der häuslichen Gemeinschaft nicht immer freundlich umgegangen sein. Ein Besucher Pastor Pauls wurde jedenfalls Zeuge einer entsprechenden Begebenheit:

> *„Wir hörten Schritte, diese kamen schwer die Treppe herauf. Schnell stand P. Paul auf, sagte mir nur: ‚Entschuldigen Sie bitte einen Augenblick, es kommt gerade mein lieber Schwiegersohn, ich möchte ihn begrüßen.' P. Paul hatte nun die Tür nicht ganz geschlossen, und so wurde ich Zeuge eines Beneh-*

mens, das mich noch heute mit Abscheu erfüllt. Der alte Mann ging dem Schwiegersohn mit ausgebreiteten Armen entgegen, um ihm den Willkommenskuß zu geben. Dieser aber schob ihn von sich. Abweisende, grobe Worte waren es, die ich aus seinem Munde hörte."[336]

Während es dem Besucher völlig unerklärlich erschien, wie sein verehrter Gastgeber behandelt wurde, mag Vietheers verzweifelte Ehesituation hier eine nicht unbedeutende Rolle gespielt haben.

Später konnte Mathilde ihr Verhalten als falsch erkennen und tat darüber Buße.[337] Da waren aber schon Jahrzehnte ihrer Ehe vergangen.

Doch auch in anderer Hinsicht war Mathilde nicht in der Lage, ausgleichend auf ihren Mann zu wirken: Sie konnte wohl kein wirkliches Gegenüber für ihn sein, auf das er hörte und von dem er sich korrigieren ließ.

Von Zeitgenossen, die Vietheer als „schwierig" erlebten, wurden schon vor der Hochzeit warnende Stimmen laut, die Pastor Paul

Abb. 19:
Familie Vietheer um 1933

drängten, seine Zustimmung zur Ehe zu verweigern. Gerechterweise allerdings muss man diese Stimmen, die offensichtlich aus den Reihen des Mülheimer Verbandes kamen, im Zusammenhang mit Vietheers Trennung von den Mülheimern sehen. Einhergehend mit dieser Trennung hatte Vietheer auch die für Weihnachten 1912 geplante Verlobung platzen lassen und war nach Reval abgereist. Als die Ehe 1913 nach einigen Turbulenzen dann doch zustande kam, trug sie von vornherein schwer an den familiären und theologischen Spannungen im Umfeld.

Wie stark diese Spannungen die Ehe überschatteten, macht Ernst Giese deutlich: Pastor Paul sei später häufig gefragt worden, warum er der Hochzeit überhaupt habe zustimmen können. Gieses Erklärung, Paul habe den Verlobungskuss als einen unmöglich zu brechenden „Verspruch für die Ehe"[338] angesehen, überzeugt zwar nicht wirklich, da es bei Vietheers Trennung von den Mülheimern noch zu gar keiner Verlobung gekommen war; aber seine Ansicht, die Zustimmung zur Hochzeit hätte zum „Verhängnis"[339] geführt, schockiert. Was muss da im Vorfeld der Ehe alles gesprochen worden sein? Wie viel Ballast schleppte Mathilde da wohl mit in die Ehe hinein? Ja, nahmen ihr die warnenden Stimmen geschätzter Personen letztlich die Hoffnung, in dieser Ehe glücklich werden zu können? Hatte sie später mit Gedanken zu kämpfen, sie sei ungehorsam gewesen, als sie zu diesem Mann „Ja" sagte?

Abb. 20:
Heinrich und
Mathilde Vietheer
um 1933

All solches kann sich wie zu einem Fluch zusammenbrauen, insbesondere bei so gewissenhaften Menschen wie Mathilde. Schon ihr langes Zögern vor dem ersten Verlobungsversuch und dann die nüchterne briefliche Verlobung beim zweiten Anlauf scheinen zu belegen, dass diese Beziehung von Anfang an nicht gerade von Romantik, beiderseitigem Verlangen und Leichtigkeit überfloss.

Nach fast fünfzig, überwiegend unerfüllten Ehejahren starb Mathilde Vietheer Anfang der 60er Jahre in Berlin.

8. Kapitel

Nachkriegszeit: Zerbrechende Einheit der Elim-Bewegung

... Gemeinden im Westen

Nach dem Krieg kam es bei Vietheer und den Elimgemeinden, zumindest im Gebiet der späteren DDR, zu einem *Erwachen.*

> *„Einmal könnte man es als ein geistliches Erwachen bezeichnen, in dessen Folge es kurzfristig noch einmal zu einem Aufschwung und Wachstum der Elimgemeinden in der ‚Ostzone' bis Ende der 40er Jahre kam. Aber andererseits war es auch ein Erwachen über den Zusammenschluß von 1938 im Vergleich zum Bundesschluß von 1941 [mit den Brüdergemeinden].“*[340]

Dieses „Erwachen" wurde maßgeblich durch Heinrich Vietheer gefördert. Er fühlte sich ungleich und unfair behandelt, aber nicht nur er, sondern auch andere Brüder der Elimgemeinden. Vietheer war sogar der Meinung, Paul Schmidt hätte die Nazis 1937/38 bewusst angeregt, die harten Bedingungen zu fordern, *„so daß die Baptisten alle Rechte bekamen und wir [Elim] gar nichts. Nach dem Zusammenbruch war dieser frühere Nazibeamte eine Zeitlang im Bundeshaus [der baptistischen Zentrale] beschäftigt. Das ist Tatsache.“*[341]

Jedenfalls kam es bald nach Kriegsende zu ersten Beratungen von Vietheer und führenden Elimbrüdern der „Ostzone" (Sowjetische Besatzungszone/SBZ), wie man sich jetzt den Baptisten gegenüber verhalten solle. Eine allgemeine Abstimmung mit allen Elimgemeinden, einschließlich derer im Westen, dürfte das aber nicht gewesen sein.

Am 31. Oktober 1945 legten Vietheer und einige Ost-Elimbrüder der BEFG-Bundesleitung ein am 28. Oktober 1945 beschlossenes *Papier* vor, in dem mehr Freiheiten für die Elimgemeinden gefordert wurden. Im Wesentlichen ging es ihnen um drei Punkte:

1. Wunsch nach selbstständiger *Gemeindeleitung.*
2. Wunsch nach eigener *Wirtschaftsführung.*
3. Wunsch nach uneingeschränkter Betätigung der Zungenrede und der *Geistesgaben.*

Ferner enthielt das Papier auch Vorwürfe, man sei übervorteilt worden und die Baptisten hätten sich nicht an die ursprünglichen Abmachungen gehalten.

Dem hielt Paul Schmidt jedoch in seinem Brief an Vietheer vom 17.01.1946 entgegen, dass die Baptisten sich später ganz im Gegenteil Vorwürfe der Gestapo anhören mussten, sie hätten die Vereinigung nicht so wie erwartet durchgeführt.[342]

In der Tat hatte der BEFG die großen Elimgemeinden in ihrem Bestand unbehelligt gelassen, was für die Gestapo nach einem getarnten Anschluss statt einer wirklichen Auflösung ausgesehen haben mag. Aber für Vietheer und die Elimprediger war das wohl auch nur recht und billig gewesen. Jetzt jedenfalls, frei von den staatlichen Zwängen, müsse man zu den ursprünglichen Absprachen zurückfinden.[ck]

---

ck Wie sehr die Meinungen über das Wesen des Zusammenschlusses auseinander gingen, konnte man schon 1938 an den unterschiedlichen Wortlauten der jeweiligen Veröffentlichungen ersehen. Während es im „Glaubensweg", den von Amts wegen erzwungenen Bedingungen zum Trotz, hieß: „Der Bund der Baptistengemeinden in Deutschland und die Christen-Gemeinden Elim haben sich *vereinigt*" (vgl. Glaubensweg 6/38, S.72), sprach das Bundeshaus in einem Brief an alle neuen „Baptistengemeinden" (!) – also die Elimgemeinden, die jetzt „Baptistengemeinden" genannt wurden – davon, dass „die Auflösung der Elimgemeinden und der Zeltmission Berlin-Lichterfelde e. V. [...] vollzogen" worden sei (Brief des Bundeshauses an die neuen Baptistengemeinden und Missionsstationen vom 8. Juni 1938, Archiv des BFP).

Damit hätte auch Vietheers persönliche Stellung neu bewertet werden können. Dass er sich mit der schwachen Rolle als „Bundesevangelist" und „Verbindungsmann" der Elimgemeinden nicht recht anfreunden konnte, war im Übrigen schon unmittelbar nach dem Zusammenschluss 1938 deutlich geworden. Bereits im Oktober des Jahres waren Vietheers Kompetenzüberschreitungen Gegenstand eines Vorstandstreffens der Baptisten gewesen. Darin wurde besonders seine Neigung kritisiert, weiterhin wie der Leiter der Elimgemeinden aufzutreten.[cl] Während der ersten Kriegsjahre war es dann ruhiger geworden, was aber überwiegend auf das zeitweilige Ausscheiden Vietheers aus dem geistlichen Dienst infolge der ehelichen Trennung zurückzuführen war. Als es in den späteren Kriegsjahren zu einer Bereinigung der persönlichen Verhältnisse gekommen war, hatte er wieder spürbar ins Geschehen eingegriffen.[cm]

Der Baptistenpastor J. MEISTER schildert Vietheers Einfluss und seine Sperrigkeit in dieser Zeit:

> „Während der letzten [Kriegs-] Jahre gestaltete sich die Zusammenarbeit mit Bruder Vietheer zunehmend schwieriger. Besonders in der Zeit des zu Ende gehenden Krieges und seit dem Zusammenbruch, wo es Bruder Schmidt nicht mehr möglich war, nach der früheren Weise rasch zur Stelle zu sein, versuchte Bruder Vietheer öffentlich und privat auf die früheren Elimgemeinden einen stärkeren persönlichen Einfluß zu gewinnen. Da und dort hat er selbstständig und eigenmächtig in das Geschehen der Einzelgemeinde eingegriffen. Es fanden Zusammenkünfte und Be-

---

cl Protokoll der 9. Sitzung der Bundesleitung am 17.10.1938 in Kassel, Punkt 7: „Vietheer gegenüber soll deutlich ausgesprochen werden, dass er als Bundesevangelist nach Weisung der Bundesleitung Dienst tun soll. Wenn er auch der Bundesleitung gegenüber in Sachen der früheren Elimgemeinden als Berater zu gelten hat, so darf dieser Auftrag nicht dahin führen, dass er die Leitung der früheren Elimgemeinden innehat." Zitiert bei: Hampel, Dieter: Geschichte des Zusammenschlusses zwischen Baptisten- und Elimgemeinden, unveröffentlichte Denkschrift für den Bund Evangelisch-Freikirchlicher Gemeinden in der DDR, o. O., o. J., S.9.

cm So erwähnt Paul Schmidt in seinem Brief an Vietheer vom 17. 1. 1946 sein letztes Zusammenkommen mit diesem und Präses Rockschies, das am 16. 1. 1945, also in der Endphase des Krieges, im Bundeshaus in Berlin stattgefunden hatte. Auch dieses Gespräch war schwierig gewesen.

sprechungen statt, die nicht nur den Charakter geistlicher Zusammenkünfte getragen haben, sondern bei denen die Loslösung aus dem Bunde und die Rückkehr zur früheren Selbstständigkeit als Ziel vorschwebten. Eine stärkere Propaganda zugunsten des sogenannten Elim-Gutes betonte mit Nachdruck die Dinge, die beim Zusammenschluß von beiden Seiten abgelehnt wurden. Hinzu kamen mündliche und schriftliche Äußerungen über unsere verantwortlich leitenden Brüder in richtender und verletzender Weise, die uns aufs Schwerste betrübt und geschmerzt [haben] und die die Basis des Vertrauens und die Möglichkeit einer Zusammenarbeit bedenklich erschütterten. Bruder Vietheers Vorgehen in der letzten Zeit erinnert an die verwerflichen Kampfmethoden des 'Glaubenswegs', die wir vor Gott und vor unserem Gewissen ablehnen."[343]

Die Auseinandersetzung mit den Baptisten nach dem Krieg, während der Vietheer kräftig Sachliches mit Persönlichem vermengte, bewies erneut seinen ausgeprägten Mangel an diplomatischen Fähigkeiten. Wie früher schon und auch später noch, war er hier ein schlechter Anwalt der – im Grunde legitimen und nachvollziehbaren – Anliegen.

Man musste ja *zugeben*, dass der „freiwillige" Verzicht auf die typisch pfingstlichen Elemente wie Zungenreden und Chorgebet nur durch die besondere Situation des Dritten Reichs möglich gewesen war. Weil diese Dinge der Gestapo ein Dorn im Auge waren, hatten sich Vietheer und die Elimbrüder hierin schon vor den Verhandlungen mit den Baptisten zurückgenommen. Aber in einer Situation ohne staatliche Repressalien konnte diese notgedrungene Selbstbeschränkung natürlich nicht dauerhaft durchgehalten werden.

Wenn man den politischen Druck zum Zeitpunkt der Vereinigung unvoreingenommen berücksichtigt, hatten die Baptisten in dieser Sache schon einen schwachen Stand. Mit nüchternem Blick auf die Elimgeschichte bis zum Zusammenschluss hätten sie erkennen müssen, dass ein dauerhafter Verzicht auf diese wesentlich zur pfingstlichen Frömmigkeit gehörenden Elemente nicht möglich war. Vietheers jetziges Pochen auf Einhaltung der Zusage, „alles könne so bleiben, wie es immer war",[344] knüpfte zwar formal an den Ist-Zustand der Elimgemeinden 1937/38 an, als Zungenreden und Chorgebet nur eingeschränkt stattfanden. Aber da er in den Vereinigungs-Gesprächen keinen Hehl daraus gemacht hatte, dass er die Geistestaufe lehre[cn], meinte er, jetzt sei es nur recht und billig, wenn auch die entsprechenden Folgen akzeptiert würden.

Anfang 1946 war Vietheer fest entschlossen zum Austritt aus dem Bund.

Er hatte eine Einladung von GEORG POPOFF erhalten, einem bulgarischstämmigen Prediger in Berlin, und war Anfang Februar zu einer 10-tägigen Evangelisation dorthin gereist. Popoff umwarb ihn, bei seinem schon 1943 in Berlin gegründeten[345] pfingstlichen Missionswerk *„The World Revival Mission/Alliance Church"* einzutreten, wenn möglich, mit der gesamten Elimbewegung. Um Popoff hatten sich bereits 26 Prediger gesammelt, die alle über dessen Mission bezahlt wurden. Weitere 14-16 Brüder dienten ehrenamtlich. Insgesamt wurden an die 100 Predigtplätze bedient, wenn auch viele davon noch sehr klein waren.[346]

Vietheer war begeistert und lud in einem Brief vom 4. Februar 1946 alle Elimprediger für den 1. März zu einer Konferenz und Besprechung mit diesem Missionswerk nach Berlin ein. Er zeigte sich überzeugt, dass der Austritt von den Baptisten das Gebot der Stunde sei, weil die Baptisten „jedes geistliche Leben" unterdrückt hätten und er selbst und auch alle Elimer „innerlich rückwärts gegangen" seien. Um wieder zurück in die erste Liebe zu kommen, sei die Trennung notwendig.[347] Auch Popoff selber wandte sich einen Tag später mit dem gleichen Anliegen schriftlich an die Elimbrüder.

Doch es formierte sich keine entsprechende Bewegung bei den Elimgemeinden und -predigern. Diese Option kam vielen wohl doch zu schnell und weckte möglicherweise auch sorgenvolle Gefühle, weil sie dann wieder Vietheer auf Gedeih und Verderb ausgeliefert gewesen wären. Paul Schmidt weist jedenfalls darauf hin, dass Vietheer schon in dieser Phase „mit vielen seiner Brüder nicht in guter Übereinstimmung lebte".[348]

---

cn Beim ersten Treffen zwischen Vietheer und Schmidt auf der Pressetagung im Oktober 1937 antwortete Vietheer Schmidt auf dessen Angebot der Vereinigung hin: „Wissen Sie denn gar nicht, wer ich bin? Ich predige die Geistestaufe, und die Baptisten sind dagegen." – „Oh, sagte Schmidt, wir wollen doch auch mehr vom Heiligen Geist." Brief Vietheers an Dieter Hampel vom 16.10.64, zitiert bei Hampel, Dieter: Welche Erwartungen hatten und haben die Elimgemeinden, S.5

Aktuell schienen eine interne Verbesserung und das Zugestehen von mehr Freiheiten im BEFG die sinnvollere Variante zu sein.

Am 11. Juli 1946 kam es daher doch noch im Haus „Bethel" in BERLIN-DAHLEM zu einem letzten Einigungsversuch mit dem BEFG. Neben Vietheer waren von den Elimgemeinden Otto Ries und Kurt Fiedler erschienen. Endlich konnte eine befriedende *Erklärung* verfasst werden. Aber in der Sache führte sie nicht wirklich weiter. Die Wünsche der Elimbrüder wurden jedenfalls nicht in rechtlich abgesicherte Übereinkünfte gefasst, sondern es wurde lediglich zu häufigeren Konsultationen aufgefordert.[349]

So blieb auch für Vietheer alles beim Status quo. Er bekam keine exekutiv verwertbare, neu definierte Verantwortung für die Elimgemeinden zugesprochen. Die Stellung des „Vertrauensmannes der Elimgemeinden" wurde jedoch offensichtlich bestätigt, ebenso wie die Funktion als Mitglied der Bundesleitung bei den Bundesratssitzungen.[350]

Angesichts der ursprünglichen Absprachen von 1937, die ja nur durch die Intervention der nazistischen Behörden nicht greifen konnten, war das enttäuschend.

So wurde es auch empfunden, umso mehr, als die Brüdergemeinden Rechte erhalten hatten, die im Großen und Ganzen auch für die Elimgemeinden übertragbar gewesen wären. (Der Konflikt und die Unzufriedenheit darüber prägten in der DDR übrigens bis in die 80er Jahre das Innenleben des BEFG.)

Die lange Debatte beweist, dass eine Änderung der BEFG-Statuten in Richtung der Elimwünsche 1945/46 nicht oder doch nicht ausschließlich an der Person Vietheers gescheitert sind. Die dadurch ausgebliebene Autorisierung Vietheers, für alle Elimgemeinden im BEFG verbindlich sprechen zu können, beförderte das Auseinanderbrechen der Elimbewegung als Ganzes natürlich nicht unwesentlich.

Hinzu kam die politische Spaltung Deutschlands, die Kontakte über die Zonengrenze zusätzlich erschwerte.

Ohne ein autorisiertes „Haupt" der Elimgemeinden, das ihre Identität in seiner Person zusammenhalten konnte, wuchs die Gefahr unterschiedlicher Entwicklungen.

Das zeigte sich spätestens zwei Jahre später, als die Hamburger Elimbrüder Lardon und Rabe an der sogenannten *„Einigungskonferenz"* der *Pfingstler* teilnahmen, die vom 10. bis 13. August 1948 in STUTTGART stattfand.[351]

Vietheer, für den die Elimbewegung trotz der geschaffenen Fakten moralisch unverändert weiterexistierte, reagierte empört über diese Teilnahme. Aber mehr noch störte ihn, dass die beiden Brüder auch die abschließende „Stuttgarter Erklärung" unterzeichneten. In diesem Dokument wurde das klare Ziel ins Auge gefasst, alle pfingstlich geprägten Gruppen zu vereinigen.[co]

Da sowohl Oskar Lardons Elimgemeinde in Hamburg-Eimsbüttel als auch Paul Rabes Gemeinde in der Bachstrasse-Hamburg offiziell zum BEFG gehörten, war die Unterzeichnung solch einer Absicht natürlich schon irritierend – nicht nur für Vietheer, sondern auch für den BEFG als Ganzes. Denn selbst noch 1954 gehörten die westlichen Elimgemeinden zum BEFG, abgesehen von der Gemeinde Lardons, der mit seiner Gemeinde offensichtlich schon 1948/49 ausgetreten war.[352]. Erst eine eindeutige Aufforderung Paul Schmidts an Paul Rabe, „Klarheit zu geben", ob sie „als Gemeinden im Bund verbleiben oder den Weg der endgültigen Konsolidierung der ACD[cp] mit den übrigen freien Pfingstgemeinden gehen wollen"[353], führte dann zum Austritt.

Auch Kurt Rollin, Elim-Prediger aus Leipzig, also der Ostzone, hat an der Stuttgarter Konferenz teilgenommen. Ja, offensichtlich ließ er sich, wie Oskar Lardon, sogar mit ins „Leitungskomitee" der dort gebildeten „AG"[cq] (Arbeitsgemeinschaft) wählen.[354]

Warum richtete sich Vietheers Kritik nur an Oskar Lardon und Paul Rabe, da doch Kurt Rollin ebenfalls teilgenommen hatte und sich auch einbinden ließ?

---

co Auf dieser Konferenz wurde der Versuch unternommen, die beiden pfingstlichen Strömungen in Deutschland – die Mülheimer und die „freien Pfingstler" (freikirchlich gesinnten) – zusammenzuführen. Teilgenommen haben an dieser Konferenz neben Repräsentanten einzelner lokaler Gemeinden auch Vertreter der größeren Zusammenschlüsse wie des Mülheimer Gemeinschaftsverbandes, der Freien Christengemeinden, der Volksmission und eben auch der Elimgemeinden von Lardon und Rabe. In der sogenannten „Stuttgarter Erklärung" erklärten die Anwesenden den Willen zur Einheit und zum Abbau trennender Gegensätze; vgl. Eisenlöffel, Ludwig David: Freikirchliche Pfingstbewegung in Deutschland, S.55-56.

cp ACD: „Arbeitsgemeinschaft der Christengemeinden in Deutschland": formierte sich 1954 juristisch zum e. V. und wurde 1982 in „Bund Freikirchlicher Pfingstgemeinden" (BFP) umbenannt.

cq Offiziell hieß die AG „Arbeitsgemeinschaft der Freien Pfingstgemeinden in Deutschland" (AFPD), wurde aber immer nur „AG" genannt, vgl. Eisenlöffel, Ludwig David: Freikirchliche Pfingstbewegung in Deutschland, Göttingen 2006, S.56

Möglicherweise hatte Vietheer ihm, im Gegensatz zu Lardon und Rabe, einen Auftrag zur Teilnahme gegeben, um den Kontakt mit dem Westen nicht abreißen zu lassen. Tatsächlich wurde Rollin auch von den westlichen Gruppen als „Verbindungsmann" in den Osten betrachtet und war deshalb wohl auch im „Leitungskomitee" erwünscht. Die „Stuttgarter Erklärung" hatte er aber nicht unterschrieben. Da hatten nur die Sprecher und Verantwortlichen der sieben Gruppen und Verbünde im Namen ihrer Kreise unterzeichnet.

In diesem Punkt muss man Vietheer Recht geben: Paul Rabe und Oskar Lardon konnten natürlich nicht für die Elimgruppe als Ganzes unterzeichnen. Wahrscheinlich wollten sie das aber auch gar nicht, sondern stützten sich lediglich auf ihre und möglicherweise weitere Elimgemeinden im Westen. Sprachen sie aber nicht für die gesamte Elimgruppe, dann musste ihre Unterschrift als einseitige Aufkündigung der alten Elim-Zusammengehörigkeit verstanden werden. Zumindest setzten sie sich damit der Vermutung aus, zwischen Ost- und West-Gemeinden einen Keil der Spaltung zu treiben. Allerdings gab es formal ja keine Elimgruppe im BEFG, sondern höchstens ideell. Möglicherweise spielte auch die sich abzeichnende politische Teilung Deutschlands eine Rolle. Im Falle einer dauerhaften Teilung Deutschlands war klar, dass eine gelebte Elim-Einheit sowieso nicht praktikabel war.

Neben dem irritierenden Vorgehen Lardons und Rabes wurde auch ERWIN LORENZ'[cr] Unterzeichnung für die Elimgemeinde scharf kritisiert, da er ja gar kein Elimprediger war, sondern seit 1946 eine freie Gemeinde in FRANKFURT leitete.

Angesichts dieser Entwicklung versammelte Heinrich Vietheer am 14. Februar 1949 verschiedene Elim-Prediger der Ostzone zu einer „Brüderbesprechung" nach Leipzig. Seit Stuttgart war ein halbes Jahr vergangen. Bedenkt man, dass Oskar Lardon Vietheers Schwiegersohn gewesen war (seine erste Frau, Vietheers Tochter, war während des Krieges verstorben), muss angenommen werden, dass Vie-

---

cr ERWIN LORENZ hatte 1934 die Leitung der beiden Gemeinden Benjamin Schillings in Berlin übernommen, die zu den freien Pfingstgemeinden gehörten. In dieser Funktion hatte er schon vor dem Krieg regen Kontakt zu verschiedensten freien pfingstlichen Gruppen aufbauen können. Die beiden Berliner Gemeinden wurden 1937 verboten, doch unter seiner Betreuung lebte man den Glauben auch weiterhin so tatkräftig wie möglich aus. Nach dem Krieg begann Lorenz eine intensive Sammlungstätigkeit, die zur „Erweiterten Brüderkonferenz" im Mai 1947 und auch zur schon erwähnten „Vereinigungskonferenz" 1948 geführt hatte. Lorenz wurde 1954 erster Vorsitzender der ACD und behielt dieses Amt bis 1972.

theer in der Zwischenzeit Kontakte zum Westen hatte. Wenn jetzt eine Erklärung verfasst wurde, mit der man gegen das Vorgehen Paul Rabes und Oskar Lardons protestierte, wird das nicht aus heiterem Himmel gekommen sein. Die „Notwendigkeit" einer schriftlichen Erklärung dokumentiert vielmehr, dass sich das Zerwürfnis in der Zwischenzeit eher noch vertieft hat.

Folgende Erklärung wurde dann in Leipzig verfasst:

„Wir protestieren dagegen
1. daß Lorenz für die Elimgemeinden mit unterschrieben hat. Dazu hatte er nie ein Recht, zumal er weder in der Elim-Gemeinde gearbeitet hat noch Angehöriger derselben war.
2. daß Rabe und Lardon für die Elimgemeinden unterschrieben haben. Sie hatten weder einen Auftrag noch eine Berechtigung dazu.
3. Wir nehmen auch dagegen Stellung, daß Männer aus den sogenannten organisierten sowie freien Pfingstkreisen in unseren alten Elim-Gemeinden in Hamburg mit dem Wort dienen.
Wir erwarten abschließend von den drei Obengenannten eine öffentliche Richtigstellung dieser Tatsachen."[355]

Diese Erklärung unterschrieben Otto Ries, Heinrich Vietheer, Kurt Fiedler, Herbert Weller, Eugen Schwenck, Albert Wiegratz, Kurt Meissner und auch Kurt Rollin.[356] Das waren damals die führenden Männer der Elimgemeinden im Osten. (ERNST RIES war zwischenzeitlich verstorben.) Ihre Unterschriften verstanden sie bezeichnender Weise als Meinung der „Elim-Prediger der Ostzone".[357] Hier klingt zum ersten Mal ein möglicher „Ost-West-Konflikt" innerhalb der Elimbewegung an.

Es überrascht, bei den Unterschriften der Leipziger Erklärung auch den Namen Kurt Rollin zu finden. Wie kam es, dass er ein halbes Jahr nach seiner Teilnahme in Stuttgart und seiner Wahl ins „Leitungskomitee" der dort gegründeten AG an einer Erklärung mitwirkte, die doch Absicht und Ziel der Stuttgarter Vereinigungskonferenz zumindest für die Elimgemeinden in Frage stellte?

Der Hintergrund war: Rollin hatte am 1. Februar 1949, also zwei Wochen vor dem Brüdertreffen in Leipzig, Erwin Lorenz, Arthur Bergholz und Oskar Lardon, die ebenfalls zum „Leitungskomitee" der „AG" gehörten, informiert, dass er von seinem Amt zurücktrete. Zwar begründete er das offiziell nur mit der politischen Lage in

Deutschland[358], aber dies kann schwerlich der einzige Grund gewesen sein. Sicher, durch die sowjetische Blockade Berlins 1948/49 wurden Reisen aus der Ost- in die Westzonen deutlich erschwert. Die Teilung Deutschlands nahm erkennbare Formen an und führte im Mai und Oktober 1949 ja auch zu zwei getrennten Staatsgründungen. Aber trotz der Reiseerschwernisse konnte man bis zum Mauerbau 1961 immer noch in den Westen reisen. Immerhin war es Rollin ja auch möglich gewesen, im August 1948 nach Stuttgart zu reisen, obwohl da die Berlin-Bockade[cs] schon in vollem Gange war.

Ein weiterer Grund für Rollins Unterschrift mag daher auch seine wachsende Einsicht gewesen sein, dass der Stuttgarter Weg zur Zerstörung der „Elim"-Einheit führen musste, zumindest dann, wenn die Ost-Gemeinden keinen Anteil daran nehmen konnten oder wollten. Man kann sich vorstellen, dass sich die ostdeutschen Elimgemeinden von ihren westlichen Partnergemeinden im Stich gelassen fühlten. Für sie im Osten war ja eine Teilnahme an neuen Formierungsprozessen wegen der politischen Lage nicht möglich.

Wie auch immer Kurt Rollin gedacht haben mag – fest steht, dass er 1956 von Leipzig nach HAMBURG-HARBURG übersiedelte und hier die einzige westliche Elimgemeinde übernahm, die noch im BEFG verblieben war.[359] Er blieb im BEFG und schloss sich auch später nicht der ACD an.

Leider verursachte die Leipziger Erklärung das genaue Gegenteil von dem, was sie hätte erreichen sollen: Der Riss wurde größer!

Paul Rabe dachte nicht an eine „Richtigstellung", sondern berief stattdessen die Elim-Brüder der Westzone zu einer *Brüderbesprechung* nach Hamburg. Dazu lud er auch Erwin Lorenz und Arthur Bergholz von der „AG" ein, was schon verdeutlichte, dass er die Sache nicht Elim-intern klären wollte. Vielmehr wurde durch ihre Präsenz schon eine mögliche neue Heimat angedeutet. Damit ließ Rabe die Leipziger Aufforderung ins Leere laufen. Einen Auftrag von Heinrich Vietheer, der „nichts mehr zu sagen hatte"[360], brauchte Rabe nach seinem Verständnis nicht mehr.

Faktisch lief dieses Vorgehen jedoch auf eine Spaltung der Elimbewegung hinaus. Dem „Ostbrüdertag" wurde in gewisser Weise ein

---

cs Im Zusammenhang mit den wachsenden Spannungen zwischen den drei westlichen Siegermächten und Russland kam es in Folge der Währungsreform am 24. Juni 1948 zur sogenannten Berlin-Blockade durch die russische Besatzungsmacht. Alle Zufahrtsstrassen und Eisenbahnlinien von den Westzonen nach Berlin wurden abgeriegelt. Die Blockade dauerte bis zum 12. Mai 1949.

„Westbrüdertag" entgegengestellt, dem mit der Einladung der führenden „AG"-Vertreter mehr oder weniger schon ein neues geistliches Zuhause anempfohlen wurde. Eine bindende Autorität irgendeiner Person über alle Elimgemeinden, auch die von Vietheer, wurde jedenfalls abgelehnt.

In verblüffender Weise war diese Auseinanderentwicklung ein Spiegelbild der politischen Ereignisse in Deutschland nach dem Krieg und führte auch zu ähnlichen Konsequenzen. Der Kontakt zwischen Ost-Elimgemeinden und West-Elimgemeinden erlitt jedenfalls einen Dämpfer, der erst in den 70er Jahren ganz überwunden wurde.[ct]

Wenn auch von einem „Abbruch der Beziehungen" höchstens vorübergehend gesprochen werden kann, so zerbrach die gemeinsame Elimbewegung als fassbare einheitliche Größe doch dauerhaft.

Eine Auswirkung wird die Leipziger Erklärung aber dennoch gehabt haben. Oskar Lardon und Paul Rabe mussten erkennen, daß sie sich durch ihre Sondierungen in Richtung eines neuen, pfingstlichen Gemeindebundes zumindest angreifbar machten. Schließlich gehörten sie ja in der Tat noch zu einem bestehenden Gemeindebund. Das wird der Grund gewesen sein, warum Oskar Lardon im April 1949 die Gründungsurkunde zum neuen Dachverband „Vereinigte Pfingstgemeinden in Deutschland"[cu], nicht mehr, wie noch die Erklärung vom Sommer 1948, unterschreiben wollte. Paul Fleisch sagt dazu:

---

ct Dieter Hampel drückte das 1983 so aus: „Diese Stellungnahme [nämlich die Leipziger Erklärung] kann sicherlich als ein Ja zum Bund [BEFG] verstanden werden. Sie war aber gleichzeitig ein Abbruch der Beziehungen zu den eigenen Gemeinden der einstigen Elimbewegung in der BRD. Daß diese Treue zum Bund auf Kosten der Beziehungen zu den westdeutschen Elimgemeinden und den Gemeinden, denen sie sich anschlossen, ein zu hoher Preis war, ist später in den 70er Jahren durch eine anders gelaufene Entwicklung korrigiert worden." Vgl. Hampel, Dieter: Welche Erwartungen hatten und haben die Elimgemeinden. S.12

cu Die entsprechende Erklärung findet sich bei Fleisch, Paul: Die Pfingstbewegung in Deutschland, S.383-384. Fleisch weist überzeugend nach (S.377-380), daß das Streben nach neuer Sammlung und Vereinigung pfingstlich geprägter Gemeindegruppen ein typisches Kennzeichen der frühen Nachkriegszeit war. Sowohl in den USA als auch in Großbritannien kam es zu entsprechenden Initiativen. Als lockeres Forum der europäischen Pfingstler wurden die regelmäßigen Pfingsteuropakonferenzen ins Leben gerufen (PEK). Vor diesem weltweiten Hintergrund müssen auch die entsprechenden Sondierungen im westlichen Deutschland bewertet werden.

„Die Erklärung sollte von allen 4 Vorstandsbrüdern
unterschrieben werden. Aber Lardon schlug vor, daß
nur Humburg und Lorenz unterschrieben, weil sie als
Elimgruppe noch in organisatorischen Bindungen zu
den Baptisten stünden, damit man ihnen nicht vor-
werfen könne, sie hätten sich, ohne die alten Bin-
dungen gelöst zu haben, schon vereinsmäßig neu ge-
bunden."[361]

Diese Vorsicht konnte die Beziehung zu Vietheer jedoch nicht ver-
bessern. Im Gegenteil. Vietheer erschien vielen ehemaligen Weggefährten im Westen zunehmend wie der „böse Russe" im politischen
Bereich, der diktatorische Ansprüche stellte. Leider gab er sich jedoch auch nicht gerade Mühe, diesen Eindruck zu vermeiden. Er
begann jetzt, wilde Briefe in den Westen zu schicken, und meinte,
damit ein Diener der Wahrheit und Wahrhaftigkeit zu sein. Immer
wieder gingen von ihm anklagende und verurteilende Rundschrei-
ben gegen Paul Rabe, Oskar Lardon und Erwin Lorenz an alle möglichen Brüder im Westen wie im Osten. Selbst so junge Brüder wie
Karl-Heinz Neumann erhielten solche Briefe. Neumann war 1949
von Vietheer mit der Leitung kleinerer Arbeiten an der Grenze von
Thüringen und Sachsen-Anhalt betraut worden. Da er diesen Dienst
vollzeitig versah, gehörte er als „Missionsschüler" auch zum Stab der
Elimprediger. Einmal musste Neumann sogar als Sekretär eines solchen Briefs fungieren. Vietheer schnappte sich ihn während einer
Elim-Brüdertagung, um ihm den Text zu diktieren, und sagte dazu
einleitend:

„Ich muß den Brüdern in Hamburg mal wieder eine
Ohrfeige verpassen, deren Schall man in ganz
Deutschland hören wird!"[362]

Hier war sie wieder, diese verhängnisvolle Neigung Vietheers zur
persönlichen Fehde. Statt sich auf die Sachprobleme zu konzentrieren, versuchte er die Integrität von Lardon und Rabe zu untergraben,
indem er alte Geschichten aus Vorkriegszeiten aufwärmte. Früheres
Verhalten wurde im Lichte der jüngsten Ereignisse als Vorstufe von
Verrat und Unehrlichkeit gebrandmarkt.[363]
    Wie verzerrt Vietheer einstige Situationen nun interpretierte,
zeigt sich besonders an seiner Einschätzung von Oskar Lardon. Des-

sen engagierte Beteiligung an den Vereinigungsgesprächen mit den Baptisten 1937/38 erschien ihm jetzt wie eine Vorstufe zum Verrat und zur Abschüttelung seiner Person:

„Er [Schmidt] steckte sich besonders hinter meinen Schwiegersohn, Prediger Lardon, der sich immer mehr entpuppte als ein ganz schlauer, hinterlistiger Judas".[364]

Lardons jetzige Ablösungsbewegung vom BEFG und damit von der Elimbewegung empfand er abermals als Judas-Verrat und veröffentlichte diese Sicht auch unverblümt in seinen Briefen und später in seiner Autobiographie:

„Niemals hatte auch Prediger Lardon das Recht, unsere Elimgemeinde Hamburg-Eimsbüttel zu einer Pfingstgemeinde umzutaufen und sie dem Prediger Waldvogel auszuliefern, zu verkaufen für einen Judaslohn".[365]

Diese verletzende Art von Kritik bestätigte die schon zitierte Einschätzung des Baptistenpastors J. MEISTER von 1945, dass Vietheer nach dem Krieg in die alten „Glaubensweg-Kampfmethoden" zurückfiel. Es schien, als hätte er alle Lektionen aus dieser unseligen Zeit wieder vergessen. Und man kann sich vorstellen, was derartige Verbalattacken von einem Mann wie Vietheer auslösten.

Trotz all seiner Ecken und Kanten war er in den Elimgemeinden bislang eine zwar kritisierte, aber doch geachtete Autorität. Ein großer Prozentsatz der Mitglieder in den Gemeinden damals war noch durch Vietheersche Evangelisationen zum Glauben gekommen.[366] Und selbst die angegriffenen Prediger scheuten eine offene Konfrontation mit Vietheer, weil sie ihn selbstverständlich nach wie vor verehrten. Trotz aller Konflikte und allem Entsetzen über seine Attacken liebten sie ihn immer noch. Daher war die sich vollziehende Abwendung von ihm für alle Beteiligten traumatisch.

So verwundert es nicht, wenn der spätere Präses des BFP, REINHOLD ULONSKA, über diese Zeit sagt:

„Als ich 1950-51 die ersten Brüderkonferenzen der (späteren) ACD besuchte, war Vietheer ein Dauerthema – leider ein schmerzliches!"[367]

In die Verrat witternde Argumentationskette Vietheers passt auch sein persönliches Klagen über fehlende materielle Unterstützung durch die westlichen Elimgemeinden. Obwohl er von Freunden und Bekannten aus dem Westen und auch aus der Schweiz immer wieder Pakete mit Lebensmitteln und Hilfsgütern erhielt, kam von den alten Elimgemeinden nichts zu ihm nach Leipzig, wo er bis 1950 wohnte – für ihn ein klarer Beweis der gesteuerten Entfremdung seiner Gemeinden von ihm. Dafür waren in seinen Augen Lardon und Rabe verantwortlich.[368]

Natürlich wurde so die Kluft vertieft und die Sorge, er wolle nur bevormunden, andere erniedrigen und überall reinfunken, kräftig genährt. Es konnte nicht verwundern, wenn die andern bei fortdauernder Polemik zu der Überzeugung gelangten, Paul Rabe und Oskar Lardon hätten völlig Recht gehabt, sich von diesem Mann zu lösen.

So wurde Hamburg ein zweites Mal nach 1924 zum Fiasko für Vietheer. Wie damals hatte er, als Differenzen auftraten, gedroht, statt zu werben, statt den Ausgleich zu suchen, die Konfrontation noch vertieft.

Das ist sein Versagen – aber es wäre einseitig, ihm allein die Verantwortung für den nun entstehenden Bruch zu geben. Die Hamburger Elimbrüder haben durch ihren individuellen Kurs auch Anlass zur Verärgerung gegeben, zumindest aus Sicht der östlichen Gemeinden. Selbst wenn tiefsitzende Frustration gegenüber Heinrich Vietheer schon damals eine ausschlaggebende Rolle gespielt haben mag, hatten sie sicher mit einer stärkeren Loyalität ihnen gegenüber gerechnet. Andererseits hatte Vietheer ja selbst direkt nach dem Krieg Chancen einer Trennung vom BEFG ausgelotet, weil er einen geistlichen Rückgang unter diesem Dach beklagte. Wenn nun die Westgemeinden eine Chance ergriffen, die sich den Ostgemeinden nicht mehr bot, taten sie an sich nur, was Vietheer zwei Jahre vorher nicht gelungen war: ein angemesseneres Dach für ihre Spiritualität zu suchen.

Noch während des Kriegs hatte es einen bemerkenswerten *Elim-Zusammenhalt* zwischen den Gemeinden in West und Ost gegeben. Das zeigte sich gerade auch im Dienst von PAUL RABE: Nachdem Otto Ries zum Militär eingezogen worden war und an die Ostfront kam, übernahm Rabe von Hamburg aus die pastorale Betreuung der Dresdner Elimgemeinde. Bis zur Zerstörung Dresdens im Februar 1945, während der das Gemeindehaus in Schutt und Asche gelegt wurde und über 60 Geschwister ihr Leben verloren[369], kam er 14-tägig (!) in die Sonntagsgottesdienste und predigte. Auch Taufen führte er in dieser Zeit durch.[cv] Das war ein enormer Aufwand und nicht ungefährlich dazu: Züge wurden in den späteren Kriegsjahren von Tieffliegern beschossen, sodass eine Fahrt von Hamburg nach Dresden ein heikles Unterfangen war. Dennoch hielt Paul Rabe bis zum Schluss an der Betreuung fest, die somit etwa zwei bis drei Jahre währte.

... Gemeinden im Osten

1944 war Vietheer nach Markersdorf gezogen und hatte im nahen PENIG die Leitung der dortigen Elimgemeinde übernommen, die er bis 1946 behielt.[370] Diese neue Gemeindeverantwortung markierte auch eine Rehabilitation zum Dienst, aus dem er ja wegen der Scheidungsangelegenheit für einige Zeit ausgeschieden war. Nach der Versöhnung mit seiner Frau zog diese 1945 zu ihm.

1946 konnte Vietheer eine Wohnung in Leipzig bekommen. Leipzig war für ihn von großer Bedeutung. denn im zerstörten Deutschland gab es nur begrenzte Transport- und Reisemöglichkeiten; von Leipzig aber fuhren noch Züge. Und mobil bleiben – das wollte Vietheer als Evangelist einerseits und „Elim-Verbindungsmann" andererseits unbedingt.

So ohne weiteres war jedoch keine Wohnung in Leipzig verfügbar gewesen. Man brauchte eine Aufenthaltsgenehmigung; erst dann konnten die Behörden eine Wohnung zuweisen. Für Vietheer war es eine Gebetserhörung, als sich eine Möglichkeit dazu eröffnete: Ein Flüchtling aus Breslau, der zur dortigen Elimgemeinde gehört hatte, kam auf Besuch. Im Laufe des Gesprächs stellte sich heraus, dass dessen Bruder für die Zuzugsgenehmigungen in Leipzig verantwortlich war. Durch diese Vermittlung bekam Vietheer innerhalb kürzester Zeit eine Dreizimmerwohnung samt Zuzugsberechtigung.[371]

Hier wohnte er bis 1950 und zog dann nach WEST-BERLIN.

Von Leipzig aus fing Heinrich Vietheer 1946 wieder an, Gemeinden zu besuchen und Evangelisationen zu halten. In den ersten

---

cv Waltraud Mattes, die seit 1939 die Gemeinde besuchte und die ganzen Kriegsjahre in Dresden miterlebt hat, wurde von Paul Rabe 16-jährig im Juni 1944 getauft (Interview 25.8.2006).

Jahren nach dem Krieg war das auch in der Sowjetzone noch gut möglich, wenngleich Zeltarbeiten nicht erlaubt waren und man, anders als im Westen, nur in eigenen Gemeindehäusern evangelisieren konnte. Vietheers Wirkungsgebiet nach dem Krieg lag von Anfang an schwerpunktmäßig im Osten, was zunächst sicher auch auf die politischen Umstände zurückzuführen war. Man konnte zwischen den Besatzungszonen nur erschwert hin- und herreisen, und ohnedies lagen die meisten Elimgemeinden in Sachsen und der übrigen Ostzone.

Bezeugt sind Evangelisationen mit Vietheer 1946 und 1947 in Chemnitz (dort bekehrte sich im ersten Jahr auch Karl-Heinz Neumann) und 1948 oder 1949 in Dresden.[372]

Und wo immer Vietheer damals zu Evangelisationen anreiste, waren die Gemeindehäuser wieder brechend voll.[373] Die geistliche Offenheit unter dem Volk war im Westen, aber auch in der Ostzone sehr groß. Hermann Dittert gibt für die *Elimgemeinde* Hamburg-Bachstrasse folgende Taufzahlen an: 1947: 87 Taufen; 1948: 141 Taufen; 1949: 146 Taufen.[374] Da im Osten keine Zelte zum Einsatz kommen konnten, waren solche Zahlen hier nur schwer zu erreichen. Dennoch war es beispielsweise möglich, 1947 in Dresden mit der ersten Taufe nach dem Krieg rund 70 Personen aufzunehmen. Bei einer Evangelisation mit Vietheer ein oder zwei Jahre später bekehrten sich ebenfalls ca. 70 Personen, wenn auch nicht alle davon in der Gemeinde blieben.[375]

1948 wirkte Vietheer als Hauptsprecher auf der zweiten (Nachkriegs-)*Glaubenskonferenz* in der Ostzone; sie fand in der Elim-Gemeinde Leipzig statt. Die Gemeinde hatte zu dieser Zeit, auch durch die vielen Flüchtlinge bedingt, über 500 Mitglieder. Dazu kamen noch etwa 100 Elimgeschwister aus anderen Gemeinden, die privat untergebracht wurden.

Durch diese geistliche Blüte in den ersten Nachkriegsjahren wurde auch der Bedarf an nachrückenden Predigern und Mitarbeitern immer größer. Deshalb entschlossen sich die Elimgemeinden in der Ostzone zu einer *Sommer-Kurzbibelschule* in HARTENSTEIN. Einziger Sprecher und Lehrer war Vietheer. An diesem vierwöchigen Kurs während der Sommerferien 1948 nahmen etwa 50-60 Personen teil.

Die weitreichenden Dienstmöglichkeiten für Heinrich Vietheer in den Elimgemeinden der Ostzone zeigen, dass seine Rehabilitation nach der Ehekrise gelungen war. Karl-Heinz Neumann bestätigt, dass Vietheer damals durchaus die Autorität eines Gesamtleiters hatte.

Dies zeigte sich auch daran, dass er bei den sogenannten „Vereinigungskonferenzen" des BEFG in der Ostzone immer wenigstens einmal predigen durfte, sozusagen als Vertreter der Elimgruppe. Das ertrugen die baptistischen Brüder und die Vertreter der Brüdergemeinde-Gruppe oft nur mit zusammengebissenen Lippen, da Vietheers Verhalten mitunter recht anstößig sein konnte. Auf der Vereinigungskonferenz 1950 in HALLE, die im Gebäude der dortigen Baptistengemeinde stattfand, begann er seine Predigt, nachdem er sich demonstrativ überall im Raum umgesehen hatte, mit den Worten:

> „Schön habt ihr's hier ja schon: Schöne Kapelle, schöner Chor, schöner Wald hier vorne (womit er die Blumentöpfe und Pflanzen unterhalb der Kanzel meinte), alles habt ihr hier sehr schön. Aber eins habt ihr nicht, und das ist der Heilige Geist!"[376]

In alter Manier behandelte er auch „seine" Elim-Prediger. In Leipzig erlaubte er es sich, den dortigen Prediger Kurt Rollin, der ja nun wirklich ein gestandener Mann war, vor andern nach Strich und Faden abzukanzeln. „Da blieb kein gutes Haar an ihm!"[377] Dass Rollin das wortlos schluckte, zeigt, wie groß die Autorität Vietheers noch war und wie unantastbar er für seine Weggefährten zunächst noch blieb.

Allerdings ließen jene im Sommer 1948 beginnenden Differenzen mit Paul Rabe und Oskar Lardon, die in den Elimgemeinden Sachsens ja bestens bekannt und geschätzt waren, seinen Einfluss dann doch merklich schwinden. Auch wenn es ihm im Februar 1949 noch gelang, eine „Ostfront" hinter sich zu scharen, nahmen anschließend auch die Reibungspunkte zu Elim-Predigern der Ostzone zu.

Die „Front" begann zu bröckeln.

Das lag sicherlich auch an Vietheers wiederholten „Schmähbriefen", die ja über den sachlichen Konflikt 1948/49 weit hinausgingen. Mit diesen persönlichen, diffamierenden und abwertenden Attacken wollten die Elim-Prediger im Osten sicher nichts zu tun haben. Der hierbei durch Paul Rabe und Oskar Lardon erstmals öffentlich gezeigte Widerstand gegen den „alten Herrn" mag seine zusätzliche Wirkung entfaltet haben. Die beiden hatten deutlich gemacht, dass sie sich nicht länger als Verwalter Vietheerschen Gemeinde-Eigentums empfanden.

Die Zeiten hatten sich geändert. Die Lebensleistung der Prediger erforderte entsprechende Berücksichtigung, Mitspracherechte und reale Teilhabe an der Verantwortung. Durch die Begleitung ihrer Gemeinden in den Kriegswirren und die langen Jahre des Gemeindedienstes hatten sich viele Brüder inzwischen eine höher einzuschätzende Autorität erworben als Vietheer. Dessen Hauptverdienste für einzelne Gemeinden lagen schon bis zu zwanzig Jahre zurück.

So kam es jetzt auch im Osten zu deutlicherem Widerspruch. Kurt Rollin, der noch um 1948 die erwähnte bloßstellende Kritik Vietheers widerspruchslos erduldet hatte, wird dabei sicher einer der Wortführer gewesen sein. Dass er einen besonderen Einfluss innerhalb der Elimgemeinden im Osten hatte, dokumentiert seine Berufung zum „Elim-Verbindungsmann" innerhalb des BEFG 1953.[378] Damit löste er unmittelbar Heinrich Vietheer in dieser Aufgabe ab. Im Zusammenhang mit den Spannungen zu den westlichen Elimgemeinden kam es 1950 zum Zerwürfnis zwischen Vietheer und Rollin, das am Ende so weit führte, dass Rollin zu keiner Aussprache und keiner Vermittlung mehr bereit war.[cw]

Die Folge für Vietheer war ein Bruch – nicht nur mit Rollin, sondern mit der gesamten Elimgruppe in der Ostzone. Er selbst erlebte das wieder einmal als ungerechtes „Kesseltreiben" gegen sich, das dann so stark geworden sei, dass er von Leipzig, wo Kurt Rollin Prediger war, nach BERLIN umziehen „musste".[379]

Nachdem so die Beziehungen zur Elimgruppe insgesamt zum Erliegen gekommen waren, war Vietheer ganz auf sich allein gestellt. Es verblieben ihm im Osten nur noch vereinzelte Elim-Kontakte, etwa zu Otto Ries in Dresden oder zu Kurt Fiedler, denen er weiter freundschaftlich verbunden blieb.

---

cw Das hat er Vietheer auch schriftlich mitgeteilt, als dieser ihn noch einmal sprechen wollte. Vietheer zitiert ihn jedenfalls, nach einer von Rollin erhaltenen Postkarte: „Ich wüsste nicht, was ich mit dir noch zu reden hätte." Zitiert nach Vietheer, Heinrich: Unter der guten Hand Gottes, Berlin 1962, S.134. Anmerkung: Dass Vietheer hier Rollin meint, wird aus dem Zusammenhang deutlich. Rollin war schon zwischen 1933-36 Prediger in Leipzig gewesen. In dieser Zeit trugen sich die im zitierten Buch unmittelbar vorher beschriebenen Ereignisse zu.

Otto Ries besuchte Vietheer Ende Juni 1954 in Berlin, anlässlich der großen Billy-Graham-Veranstaltung im *Olympiastadion*. Mit zwei oder drei weiteren Brüdern aus Dresden übernachtete er in Vietheers Westberliner Privatwohnung und gemeinsam gingen sie zur großen Evangelisationsveranstaltung mit dem amerikanischen Evangelisten, der erstmals in Deutschland weilte.[380] BILLY GRAHAM berichtet über diesen Tag:

> *„Trotz eines ergiebigen Dauerregens strömten 80.000 Leute in das Stadion – die größte Zusammenkunft nach dem Krieg, wie man uns damals sagte. Aus der Kollekte, die eine große Summe Ostmark enthielt, konnten wir entnehmen, daß rund ein Viertel der Besucher aus der DDR gekommen war."*[381]

Sechzehntausend Menschen trafen an diesem Abend eine persönliche Entscheidung für Jesus! Wie muss da Heinrich Vietheer zumute gewesen sein? Dachte er wehmütig an die ihm selbst versagte große Plattform der Evangelischen Allianz, die diese Veranstaltung trug? Trotz der sporadischen freundschaftlichen Kontakte mit Otto Ries und anderen wenigen kamen für ihn ausgedehntere Dienste wie Evangelisationen in Elimgemeinden nicht mehr in Betracht, vereinzelte Sonntags-Predigtdienste allerdings schon, etwa in Dresden anlässlich einer Taufe um 1955.[382] Aber nachdem ein Besuch in Dresden 1956 durch die Affäre mit einer Schwester katastrophal geendet hatte, verschloss sich ihm auch diese kleine Tür für immer.[383]

9. Kapitel

Weg in die Isolation

Gemeindearbeit Berlin und Ostkontakte

Seit seinem Umzug nach BERLIN 1950 stand Vietheer ziemlich alleine da: keine Kontakte, keine Unterstützung, keine Dienstplattform mehr. Nach den westlichen Gemeinden hatten sich jetzt auch die östlichen von ihm losgesagt. Mit Bitterkeit beobachtete er, wie die Ost-Elimprediger sehr bald wieder West-Brüder einluden, mit denen er sich überworfen hatte, darunter Oskar Lardon, Hermann Dittert und sogar Erwin Lorenz. Auch ehemalige Mitstreiter Vietheers wie Fritz Fries und Hermann Dunst, mit denen er aber keine direkten Auseinandersetzungen gehabt hatte, sprachen wieder auf Glaubenskonferenzen der Elimgemeinden in der Ostzone.[384] Die Isolation war menschlich, aber auch materiell schwierig. Vietheer erhielt ja kaum Pakete aus dem Westen, und aus dem Osten kam jetzt auch nichts mehr:

> *„Wohl fast alle Prediger bekamen dann von auswärts Lebensmittelpakete durch ihre Verbindungen. Ich nicht, weil ich alleine stand."*[385]

Das trieb Heinrich Vietheer ins Gebet, aber leider nicht in die Umkehr, in die Versöhnungsbereitschaft, in ein Nachgeben.

Wie eine Bestätigung seiner Gefühle, zu Unrecht abgelehnt zu werden, kam ihm ein Paket vor, das er genau in dieser Zeit erhielt. Der beigefügte Brief klärte ihn auf, welchen Hintergrund die Sendung hatte:

Auf seiner ersten USA-Reise 1934/35 hatte Vietheer, wie erwähnt, Dr. Sackett kennen gelernt und ihn sowie seine Frau anschließend mit nach Deutschland gebracht. Dieser Dr. Sackett hatte nach dem Krieg Kontakt zu einem Dr. U. A. MICHELSON bekommen, einem deutschstämmigen Juden aus Los Angeles, der schon länger in größerem Umfang Hilfsgüter ins zerstörte Deutschland schickte. Dr. Sackett hatte Dr. Michelson gebeten, auch Vietheer ein Paket zu schicken. Ja, mehr noch, Sackett hatte Vietheer sogar als Vertrauensmann und Verteiler für größere Lieferungen empfohlen.

So kam es, dass die Vier-Zimmer-Wohnung in Berlin schnell zur Umschlagstelle für viele Bedürftige wurde. Die erste größere Lieferung enthielt 5.300 kg Kleidungsstücke und 1.800 kg Schuhe, daneben einige hundert Kilo Kaffee, Lebensmittel und tausend fertige Care-Paktete.[386] All diese Gaben, deren Lieferungen sich in gewissen Abständen wiederholten, konnte Vietheer so verteilen, wie er es für richtig hielt. Dr. Michelson sah es auch gerne, dass die Verteilung mit der Verkündigung des Evangeliums einherging.

Mit einem Schlag hatte Vietheer ein großes, neues Arbeitsgebiet.

Hunderte von Leuten kamen nun in Vietheers Wohnung, um dort Gaben zu empfangen. Mit jedem Einzelnen sprach er vor der Ausgabe noch unter vier Augen und fragte alle unverblümt, ob sie gläubig seien. Er betete mit jedem und überreichte neben den Hilfsmitteln immer auch evangelistische Literatur. Auch Gottesdienste hielt er ab, zu denen Hunderte von Menschen kamen. Zwar fand er, dass die Verquickung von Hilfsmitteln und Evangelisation zu vielen Scheinbekehrungen führte, aber es entwickelte sich doch allmählich eine wachsende Gemeinde – interessanterweise eine ähnliche Situation wie 1910 bei seiner ersten Gemeindearbeit in Frankfurt (s. o.). Damals meinte er noch, bei Miss Patrick, die ihn in diese Arbeit gerufen hatte, darauf bestehen zu müssen, dass sie keine Hilfsmittel mehr im Gottesdienst verteile, da sonst viele Leute nur deswegen kämen. In seiner jetzigen Lage nahm er solche Effekte aber in Kauf.

Als die Hilfssendungen im Laufe der 50er Jahre aufhörten und sich die größte Not in Deutschland gelegt hatte, verliefen sich viele der Besucher wieder, was Vietheers ursprüngliche Erkenntnis eher neu bestätigte. Die Gemeinde welkte dahin.

Nun war Vietheer aber auch nicht mehr der Mann wie 1910. Er war alt geworden und – immer bitterer, was die Gemeindeatmosphäre in Berlin sicher nicht förderte. Seine Vollmacht war zwar nicht völlig gewichen, hatte aber doch erkennbar nachgelassen und konzentrierte sich weiterhin auf seine evangelistische *Gabe*. Ein Hirte war er auch jetzt nicht geworden.

Durch die Kontakte nach Amerika, insbesondere zu Dr. Michelson, der ihn später in Berlin besuchte, bekam Vietheer in den 50er Jahren die Gelegenheit zu einer weiteren Amerikareise. Dabei wohnte er auch im Haus von Dr. Michelson in Los Angeles.[387]

Letzte Kontakte und Wirksamkeit

Es wurde zusehends ruhiger um Vietheer. Nachdem die eigene Berliner Gemeinde am Verlöschen war und die Kontakte in die Ostzone nach 1956 ganz versiegten, suchte er nach neuem Wirkungsraum. Tatsächlich öffnete sich für ihn ab Mitte der 50er Jahre eine neue Tür – in der SCHWEIZ, wo er seit vielen Jahren Bekannte und Verbindungen hatte.

Zunächst entstand ein engerer Kontakt zur Gemeindebewegung *„GfU" (Gemeinde für Urchristentum)*, in deren Gemeinden er bei Bibeltagen, evangelistischen Veranstaltungen und Gottesdiensten sprach.

Während seines Dienstes in einer GfU-Gruppe in EBNAT-KAPPEL um 1955/1956 lernte ihn ADOLF RUTZ, der spätere Leiter der Freien Christengemeinden in der Schweiz, kennen. Vietheers Bibelarbeiten und Ausstrahlung beeindruckten den jungen Bruder, sodass er ihn auch in seine Gemeinde einlud. In den nächsten 2-3 Jahren entwickelte sich daraus nicht nur eine dienstliche Beziehung, sondern auch ein freundschaftlicher Kontakt.

Während verschiedener Dienste waren die beiden auch in einem gemeinsamen Zimmer untergebracht. Da konnte es vorkommen, dass Vietheer, damals schon 75-jährig, nachts um zwölf Uhr aus dem Bett stieg und unvermittelt laut zu beten anfing. Das sollte wohl eine Einladung an den jungen Bruder sein, ihn dabei zu unterstützen, denn er begann etwa mit den Worten:

„Oh, Herr, weck den faulen Adolf auf, laß ihn zu einem hingegebenen Diener Gottes werden!"[388]

Daraufhin stand Adolf wirklich auf und erwiderte die „freundliche" Einladung:

> *„Oh, Herr, laß diesen alten Grobian doch endlich*
> *sanftmütig werden, segne ihn und seinen Dienst!"*[389]

Und dann beteten sie mit großem Eifer bis gegen vier Uhr morgens. Vietheer zeigte sich befriedigt und meinte: „War das nicht eine erfrischende Gebetszeit?"[390]

Diese nächtliche „Ruhestörung" wirft ein bezeichnendes Licht auf Vietheer. Sicher war es nicht seine Absicht gewesen, Adolf einfach zu nerven. In seinem Alter dürfte ihn auch kein Kräfte-Überschuss dazu angetrieben haben, eine Nacht „durchzumachen". Wahrscheinlicher ist, dass er seinen jugendlichen Freund auf die Probe stellen und ihn geistlich erziehen wollte. Sein mitunter bizarr anmutendes Verhalten entsprang oft eben keiner bösen Absicht, sondern einem durchaus positiven Antrieb. Um das zu verstehen, musste man ihn aber besser kennen.

ADOLF RUTZ jedenfalls konnte äußeres Verhalten und innere Intention sehr wohl unterscheiden. Deswegen kamen die beiden auch recht gut miteinander aus. Vietheer gab Rutz immer wieder ernst gemeinte, wenn auch oft raue, ja, derbe Ratschläge für den Dienst, wollte ihn damit aber durchaus fördern. Dabei kam es zu Aufforderungen wie:

> *„Hüte dich vor allem vor süßen Brüdern, die dir ins*
> *Gesicht freundlich sind, aber hintenherum über dich*
> *reden und dir schaden ... und wenn du predigst, dann*
> *vermeide belangloses Blabla. Beziehe unerschrocken*
> *und klar Stellung und nenne Sünde Sünde."*[391]

1957 oder 1958 begleitete Adolf Rutz Vietheer zu einer *Glaubenskonferenz* nach Hamburg. Trotz heftigster Attacken von Vietheer hatte Oskar Lardon seinen Ex-Schwiegervater als Hauptsprecher für eine ganze Woche eingeladen.

Natürlich erstaunt eine derartige Einladung nach all dem Vergangenen und spricht eindeutig für Lardons Versöhnungsbereitschaft. Auch wenn Vietheer die ausgestreckte Hand damals gern annahm, konnte er sie doch nicht dauerhaft festhalten. Zu tief saß die Verbitterung und zu gefangen blieb er in seiner groben Art.

Die ganze Woche über sprach Vietheer an diesen Abenden und vermied bewusst Spitzen und Provokationen. Rutz gab er tagsüber Gelegenheit zu Bibelarbeiten vor recht großem Publikum.

Die damals von manchen Seiten skeptisch betrachtete *Frömmigkeit*, welche durch den Dienst von HANS WALDVOGEL in Hamburg und anderen Orten Deutschlands Eingang fand, hatte auch Adolf Rutz misstrauisch und vorsichtig gemacht. Als er aber an den Abenden erlebte, wie sich die *Herrlichkeit Gottes* über der ganzen Versammlung ausbreitete, wurde auch er überzeugt:

> *„An einem Abend kam die Herrlichkeit Gottes so machtvoll über die Versammlung, dass alle auf ihre Knie gingen und sich vor Gott beugten. Auch Vietheer kniete neben mir nieder. Es entstand eine große Stille. Ich aber saß skeptisch und bockbeinig auf meinem Stuhl und wehrte mich innerlich. Da kam plötzlich ein kleinwüchsiger Ältester nach vorne und brachte eine prophetische Botschaft. Er sagte: ‚In diesem Raum gibt es heute nur zwei Möglichkeiten. Entweder du freust dich mit über das, was Gott hier tut, oder du ärgerst dich und verpasst den Segen Gottes. Dann wirst du dich immer mehr verschließen und immer weiter verärgert werden. Gib deinen Widerstand auf und freue dich mit über Gott!' Diese Botschaft traf mich mitten ins Herz, und da konnte ich dann nicht mehr anders. Auch ich beugte mich vor Gott und ging auf meine Knie. Ich bat Gott um Befreiung von meinen Blockaden und erlebte dann auch seine Herrlichkeit."*[392]

Vietheers Dienstforum bei der Gemeinde für Urchristentum (GfU) zerbrach leider bald wieder an seinem schwer verdaulichen Umgang und seiner aufdringlichen Art der Verkündigung. FRITZ SCHMUTZ aus Bern, der ihm die GfU-Plattform angeboten hatte, bedauerte diesen Schritt nachträglich, weil es zu erheblicher Unruhe in den GfU-Gemeinden gekommen war.[393] Für den Schweizer Geschmack drängte Vietheer sein Publikum viel zu stark, was zu empfindlichen Reaktionen führte. Manche Menschen empörten sich und kamen nie wieder.

Auch Adolf RUTZ sah sich gezwungen, Vietheer nach manchen

Diensten zur Rede zu stellen. Seine Tagesform und seine Stimmungen waren sehr sprunghaft. An einem Tag konnte er sehr sanft und einfühlsam sprechen, am nächsten Tag war er aggressiv, schimpfte seine Zuhörer aus und sorgte dadurch für Bedrückung und Beklemmung. Kritik an seinem Predigtstil konnte Vietheer aber überhaupt nicht vertragen und versperrte sich. Als er sah, dass Adolf Rutz mutig genug war, ihm zu widerstehen, wenn es darauf ankam, und nicht alles tat, was Vietheer von ihm forderte, wurde er ablehnend und aggressiv.

Die Spannung spitzte sich zu, bis es auf einer Autofahrt zum Eklat kam. Vietheer konnte es nicht ertragen, dass dieser junge Mann sich das Recht nahm, seine eigene Meinung zu haben, und brüllte schließlich: „Früher wäre ich aus dem Auto ausgestiegen; das hätte ich mir nicht bieten lassen!" Statt zurückzuschrecken, antwortete Adolf gelassen: „Ja, du kannst ruhig aussteigen, wenn du willst; es wird schon jemand kommen, der dich mitnimmt."[394] Da war es aus mit der Freundschaft. Vietheer begann, vor ihm zu warnen: „Passt auf den Adolf Rutz auf, der wird euch alle noch mal verkaufen!"[395]

Diese Warnung passt natürlich zu Vietheers erwähnten Vorwürfen an Paul Rabe und Oskar Lardon und seinen frühen Auseinandersetzungen mit Emil Humburg. Die hierbei immer wiederkehrende Unterstellung eines unehrlichen Wegnehmens blieb charakteristisch für Vietheers Denken und Kritik an anderen.

Über Adolf Rutz hatte Vietheer auch Zugang zu deutschen Gemeinden um GÜNTHER STENGEL im *Bodensee-Gebiet* bekommen, mit denen Rutz seit etwa 1955 in engerem Kontakt war. Durch die Verbindung zwischen Stengel und Rutz entstanden später Gemeinden in FRIEDRICHSHAFEN, RAVENSBURG und LINDAU. Nach Vietheers Trennung von Adolf Rutz blieb seine Verbindung zu den deutschen Brüdern im Bodenseegebiet zunächst intakt. 1959 lud Günther Stengel Vietheer zu einer Evangelisation nach Lindau ein und dann noch ein zweites Mal nach Ravensburg 1959/60. Doch auch die deutschen Brüder merkten schnell: Vietheer verfügte zwar immer noch über eine Vollmacht, die mit der anderer bekannter Evangelisten Schritt hielt, aber man bekam ebenso seine Unberechenbarkeit und Aggressivität auf der Kanzel zu spüren. Stengel beschreibt Vietheers Dienst in Lindau mit den Worten:

> *„Er ging auf die Leute los wie ein Löwe und war nicht hinter der Kanzel zu halten, sondern lief teilweise bis*

198

in die Reihen hinein. Dabei konnte er auch Besucher direkt ansprechen und herausfordern."[396]

Vietheer war einfach ein Draufgänger, und entweder bezwang er seine Zuhörer und sie öffneten sich für den Glauben, oder sie empörten sich und blieben weg. Ein gleichzeitiges, feinfühliges Werben um die Zuhörer, wie es aus der besten Zeit Vietheers bekannt war, kam jetzt viel zu kurz.

So lief auch diese Dienstgemeinschaft bald aus. Sein Gebetsdienst jedoch blieb bis heute in Erinnerung, besonders die Art, wie er um die Verlorenen, aber auch für sich selbst zu beten verstand.

Nach dem Scheitern der Berliner Gemeinde, dem Ende der Dienstbeziehungen in die Ostzone, dem Zerbruch der Arbeitsgemeinschaft mit Schweizer Gemeinden und nun auch im Bodenseegebiet blieben für Vietheer nur noch vereinzelte, sporadische Kontakte. Diese erdrückende Isolation führte aber *nicht zu einer Besinnung*. Vielmehr hielt er seine Erfahrungen für nichts anderes als eine unumgängliche Folge des zunehmenden Laodizeageistes, der unweigerlich in die letzten Gerichte Gottes vor Jesu Wiederkehr münden müsse. Im Alter von 79 Jahren formulierte er seinen „Ausblick" in die Zukunft entsprechend:

„Ich habe immer geglaubt, daß die sieben Sendschreiben prophetisch sind und sie die ganze Entwicklung der Gemeinde Jesu zeigen, von Pfingsten bis zur Wiederkunft Jesu [...] Und so, meine ich, sind wir jetzt in der Endzeit, d. h. in der Endgemeinde Laodizea, von der der Heiland sagt: ‚Ich will dich ausspeien aus meinem Munde' [...] Wenn nun der Heiland sagt, er will die Laodizeagemeinde als Ganzes ausspeien aus seinem Munde, haben wir dann noch Hoffnung auf eine neue wirkliche, klare Geisteserweckung? [...] Dann müßte der Herr Werkzeuge erwecken, die den Mut haben, konsequent mit allen diesen falschen, schwärmerischen Kreisen zu brechen, die aber auch den Mut haben, den Herrn zu bitten um eine wahre biblische Taufe mit Heiligem Geist und Feuer, ohne jede Vermengung mit all den falschen Geistern."[397]

Er selbst sah sich ganz offensichtlich als so ein Werkzeug an und interpretierte die erfahrene Ablehnung als *Werk von Laodizea-Christen*. Mit diesen Kreisen konnte er nach eigenem Urteil nicht zusammengehen, und dazu zählte für ihn auch die ACD. Dies zeigte sich ganz konkret in einer letzten Begegnung mit K.-H. Neumann Anfang der 60er Jahre. Während einer ACD-„Brüdertagung" (heute würde man „Bundeskonferenz" sagen) auf der Bibelschule BERÖA hörte er von Veranstaltungen mit Vietheer im nahen FRANKFURT. Er machte sich auf den Weg, um den Bruder noch einmal wiederzusehen und zu grüßen:

> *„Als ich ihn begrüßte, schaute er mich prüfend an und sagte: ‚Dich kenne ich doch auch irgendwoher.' Ich klärte ihn auf, dass ich mich 1946 in Chemnitz bei ihm bekehrt hatte und unter seiner Leitung 1949 in den vollzeitigen Dienst gegangen war. Daraufhin wollte er wissen, was ich denn jetzt mache und woher ich käme. Als ich ihm erzählte, dass ich soeben von einer ACD-Konferenz käme, wendete er sich sofort ab: ‚Ach, du gehörst jetzt also auch dazu.' Auch mein Einwand, das hätte doch nichts mit ihm zu tun, das habe sich halt so ergeben, half nichts. Er ließ mich einfach mit den Worten stehen: ‚Ich habe noch zu tun.'*[398]

Reinhold Ulonska, der Vietheer in dieser Zeit auch zweimal hörte, einmal in der besagten freien Frankfurter Gemeinde und ein anderes Mal in der Hamburger „Maranatha-Gemeinde", beschreibt Vietheers damalige Vision so:

> *„Er wollte eine Art ‚Klare Super-Bewegung' ins Leben rufen und sprach davon, daß er in zwiefachem Geist die Bewegung gründen wird, eine Bewegung, von der es heißen konnte: ‚Der Eifer für Dein Haus hat mich gefressen'"*[399]

Bei aller Programmatik, die durch diese Predigten vermittelt wurde, konnte Ulonska jedoch das Gefühl nicht loswerden, als kämpfe Vietheer im Tiefsten um seine *Person* und seine *Vergangenheit*. So machte sich bei aller äußeren Polemik doch auch eine zunehmende innere Sehnsucht nach Frieden mit sich selbst und seinem Leben bemerkbar. Als er einmal im Kreise alter Weggefährten saß, brach diese Last seiner zerrissenen Biographie denn auch aus ihm heraus:

> *„Merkwürdig, alles, was ich in meinem Leben erarbeitet und aufgebaut habe, ging früher oder später in andere Hände über."*

Eine Schwester, die eine prophetische Gabe besaß, erwiderte ihm:

> *„Na, Bruder Vietheer, Sie wissen ja auch, warum."*

Seine betretene Antwort lautete:

> *„Ja, leider: Ich habe leider immer erst dann auf Gottes Stimme gehört, wenn eine Katastrophe kam".*[400]

Doch seltsam, trotz dieser inneren Sehnsucht nach Harmonie, die wie die meisten seiner versöhnlichen Empfindungen nur skizzenhaft und bruchstückhaft erkennbar wurden, schlug Vietheer weiter um sich und klagte an. Nur auf das Drängen von Brüdern, auf die er wenigstens noch etwas hörte, veröffentlichte er manche Angriffe gegen Einzelpersonen nicht in seiner *Autobiographie „Unter der guten Hand Gottes" (1962).*[401] Aber er fühlte sich weiterhin verraten, abgedrängt und ungerechterweise isoliert. Er meinte, alles und alle hätten sich gegen ihn verschworen. Daran änderte auch Vietheers zweite Ehe nichts, die er im Alter von über 80 Jahren noch schloss, nachdem seine erste Frau Mathilde gestorben war.

Seine zweite Frau, JOHANNA SALADAUSKI geb. Eitler, war verwitwet und stammte ursprünglich aus dem Erzgebirge. Sie wurde 1906 in Albernau/Kreis Zwickau geboren. Noch während ihrer Kindheit zog ihre Familie nach Hamburg, wo sie sich 1918 in Altona in einer Methodistengemeinde bekehrte. Erst 1954 wurde sie in einer täuferischen Gemeinde in Hamburg-NEUGRABEN getauft.[402] Im Laufe der Zeit wechselte sie zur PFINGSTGEMEINDE in der KIELER STRASSE (später „Missionswerk Arche", Pastor WOLFGANG WEGERT).

Vietheer lernte sie in HAMBURG kennen, wohin er 1965 oder 1966 gezogen war. Ende 1964 war er zunächst von Berlin in die Schweiz gegangen; dort wohnte er kurzzeitig in SPIEGEL bei Bern.[403]

Als er dann nach Hamburg kam, suchte er eine Haushälterin, aber offensichtlich auch jemand, der ihn pflegen konnte. (Mit über 80 Jahren wird er einige Alterserscheinungen zu bewältigen gehabt haben.) Dabei waren sie sich trotz des großen Altersunterschiedes (Vietheer war 23 Jahre älter als sie) näher gekommen und entschlossen sich zu heiraten.[404] Obwohl Johanna Gemeindemitglied war, wurde die Hochzeit nur standesamtlich vollzogen. Vietheer schloss sich auch nach der Hochzeit nicht wie seine Frau der Gemeinde in der Kieler Strasse an noch besuchte er die dortigen Versammlungen.

HEINRICH VIETHEER
im 80. Lebensjahr

Abb. 21:
Vietheer Anfang der
60er Jahre

Bis kurz vor seinem Tod war er offensichtlich mit sporadischen Versammlungen beschäftigt, die er selber anbot. Wolfgang Wegert und seine Frau besuchten 1966/67 eine solche, die in einer öffentlichen Schule stattfand. Es kam aber nur ein ganz kleiner Kreis zusammen.[405]

Schritt zur Versöhnung und Tod

Obwohl Vietheer über seine zweite Ehefrau sagte: „Mir ist mein Teil aufs Lieblichste gefallen!",[406] versöhnte ihn dieses späte private Glück nicht mit sich selbst und seiner Umwelt.

Im Gegenteil, er plante 1967/68 die Herausgabe eines zweiten Buchs, in dem er mit Oskar Lardon, Paul Rabe, Erwin Lorenz und auch manchen *Schweizer* Brüdern abrechnen wollte. Das Buch war bereits in Fahnen gedruckt, als Vietheer es nach einem Gespräch mit Oskar Lardon wieder einstampfen ließ.[cx]

Möglicherweise spielte bei Vietheers Entschluss auch die Kontaktaufnahme zu Reinhold Ulonska, von der dieser berichtet:

> *„Bruder Vietheer suchte mit mir Kontakt, vielleicht durch seine zweite Frau, die vor der Hochzeit mit ihm in Hamburg wohl alle meine Gottesdienste und Versammlungen besuchte [...] Er wollte mit mir über das Werk Gottes in Deutschland reden und sah in mir einen Hoffnungsträger für die ganze Bewegung. Sein Brief erreichte mich einige Wochen vor einem neuen Dienst in Hamburg, da sollte dann das Gespräch stattfinden. Aber da war er schon beerdigt!"*[407]

Stoppte Vietheer den Druck vielleicht auch nur vorläufig, um dieses Gespräch noch abzuwarten?

Fest steht, dass das Buch wieder eingestampft wurde und nicht erschien und dass Vietheer sich tatsächlich kurz vor seinem Tod anschickte, Versöhnung herbeizuführen. Sowohl von seiner zweiten Frau als auch von Paul Rabe und Erwin Lorenz wird bezeugt, dass Vietheer ungefähr drei Tage vor seinem Tod mitten in der Nacht aufwachte und nicht mehr einschlafen konnte. Die ganze Nacht betete er.

> *„Als seine Frau aufwachte, sagte er, der Herr habe zu ihm geredet, seine Vision für seine Zukunft (= eigene Bewegung) werde sich nicht erfüllen, er müsse zurück zu den Brüdern, sie um Verzeihung und um Aufnahme in die ACD bitten."*[408]

---

cx DIETER HAMPEL berichtet über ein Gespräch mit OSKAR LARDON Mitte der 70er Jahre: „Lardon sagte mir, dass er noch [kurz] vor dem Tode [Vietheers] mit Vietheer [...] gesprochen hatte. Vietheer bat ihn um die Beerdigung. Lardon [...] [gab] ihm das Versprechen aber nur unter der Bedingung, [...] [dass] er der Druckerei den Auftrag [...] [gäbe], das bereits in Fahnen gedruckte Buch wieder einstampfen zu lassen. Vietheer tat es." Zitiert nach: Hampel, Dieter: Brief an Bernhard Olpen vom 1.11.2006 (Poststempel), S.2

Reinhold Ulonska berichtet über den weiteren Verlauf:

> *„Bruder Lorenz hielt während dieser Tage eine Bibel-*
> *woche bei Bruder Rabe. Vietheer gehorchte der*
> *Stimme des Herrn, suchte die (vorher beschimpften)*
> *Brüder auf und bat um Vergebung und Aufnahme in*
> *die Bruderschaft. Lorenz und Rabe baten um Be-*
> *denkzeit, um sich (telef.) mit dem Vorstand der Be-*
> *wegung in Verbindung zu setzen und ihre Zustim-*
> *mung zur Aufnahme zu bekommen. Das war Vietheer*
> *allerdings nicht gewöhnt. Wenn er etwas beschloß,*
> *mußten es alle akzeptieren [...]"*[409]

Lorenz und Rabe dachten an einen Zeitraum von etwa einer Woche bis zu zehn Tagen, um eine Entscheidung herbeiführen zu können. So ging Vietheer zunächst ohne feste Zusage nach Hause. Etwa zwei bis drei Tage später starb er, sodass es formal zu keiner Aufnahme mehr kam.

Unbeschadet dessen wertet Reinhold Ulonska diesen so wichtigen Schritt Vietheers aber als Gnade Gottes:

> *„[...] offensichtlich hat Gott ihn zurechtgebracht und*
> *ihn von seiner ‚Selbst-Orientierung' frei gemacht.*
> *Welche Gnade! Gott ließ seinen eifernden Elia nicht*
> *im Stich und so unversöhnt in die Ewigkeit gehen.*
> *[...] Verbittert schlug er um sich, bis er in sich schlug*
> *und wieder die Stimme seines Herrn hörte – und*
> *verstand!"*[410]

Da er sich schier mit allen verkracht und die meisten seiner Wegbegleiter schwer beschuldigt und angegriffen hatte, wurde seine Beerdigung nicht zu einer großen Dankesfeier mit vielen Hunderten von Gefährten und Freunden. Ganz im Gegenteil. Es fand sich nur ein kleines Häufchen von Trauergästen ein, sodass Schwester BETTY KRIEG [cy], eine ehemalige Mitarbeiterin und spätere Gemeindeschwester in Dresden, betroffen sagte: „Dass er so vergessen starb, das hat er nicht verdient!"[411]

---

cy   laut mündlicher Angabe von Dieter Hampel 2006

Manche allerdings, die gerne gekommen wären, erfuhren erst zu spät von seinem Ableben, wie etwa Reinhold Ulonska, der zu dieser Zeit noch kein Telefon hatte, oder Adolf Rutz aus der Schweiz. Aber da Vietheer ja keiner Gemeinde angehört hatte, übernahm jetzt auch keine Gemeinde die logistische Aufgabe, Geschwister von überall einzuladen. Hätte Vietheer nicht vor seiner Beerdigung die Absprache mit Oskar Lardon getroffen (s. o.), wäre nicht einmal klar gewesen, wer denn die Beerdigung halten sollte. Es wäre niemand zuständig gewesen.

Heinrich Vietheer starb am 22. März 1968 und wurde am 28. März in Hamburg beigesetzt.

10. Kapitel

Eine Bilanz

Auch wenn es infolge einer langen Geschichte der Zerwürfnisse am Ende von Heinrich Vietheers Leben weder eine bewegende Beerdigung noch einen weithin hallenden Nachruf gab, fanden alte Weggefährten im Laufe der Jahre beeindruckende Worte, um seine Lebensleistung zu würdigen.

Hermann Dittert spricht sicher für viele von ihnen, wenn er schreibt:

> *„Mit innerem Leid muß noch gesagt werden, daß Bruder Vietheer durch seine übermächtige, geistig-seelische Wirkungskraft und durch die Faszination und Bewunderung, die er auslöste, für viele zu einem Idol wurde. Wie aber stellte sich Gott dazu? Er gibt seine Ehre keinem anderen! Es kam, was biblisch kommen mußte: Das Werkzeug wurde beiseite gestellt! Vietheer hatte jedoch mit seiner Zeltmission und einer langen Kette lebenskräftiger Gemeinden in seiner besten Zeit und schon lange vor der weltweiten charismatischen Bewegung bewiesen, daß eine freie Pfingstbewegung in Deutschland möglich ist trotz der unseligen ‚Berliner Erklärung'. Das bleibt sein geschichtliches, nicht abstreitbares Verdienst, und in diesem Sinne gedenken wir ehrend seiner und seines gewaltigen Pionierdienstes."*[412]

Auch Adolf Rutz drückt die trotz aller Spannungen in den Herzen vieler Zeitzeugen verwurzelten Empfindungen aus, wenn er sagt:

„Ich mochte Heinrich Vietheer. Und ich würde ihn auch heute noch umarmen, wenn ich ihn treffen würde. Der Segen, den er hinterlassen hat, ist sicher weit größer als der Schaden, den er anrichtete"[413]

Für die Nachwelt bleibt Heinrich Vietheers Leben und Wirken geprägt von dem Zwiespalt außerordentlicher Geisteskraft einerseits und dem Unvermögen zum Ausgleich und zur Befriedung andererseits. Sein Lebenswerk erfordert Respekt und Anerkennung, sein Leben selbst mahnt, unsere menschliche Schwachheit, Subjektivität und Versuchbarkeit ernst zu nehmen. Der Schreiber des Hebräerbriefes erinnert uns, dass das Ende eines Lebens entscheidend ist.[cz] Auch wenn im Leben eines Menschen beeindruckende „Zwischenspurts" und Erfolge zu finden sind, so kann doch der Abschluss des Lebens dies alles verdunkeln. Und umgekehrt, Gott sei Dank.

Es liegt manche Tragik auf Heinrich Vietheers Leben.

Teilweise wurde er Opfer einer Zeit, die von der erbitterten Spaltung der Gemeinschaftsbewegung rund um den pfingstlichen Aufbruch am Anfang des 20. Jahrhunderts geprägt war. Dadurch verschlossen sich ihm Türen zur unabhängigen evangelistischen Wirksamkeit, die seiner ganzen Veranlagung weit eher entsprochen hätten, als eine Gemeindebewegung zu leiten. In der Folge war er von dieser Aufgabe deutlich überfordert und ihr nicht dauerhaft gewachsen.

Hier lässt sich erkennen, welche Konsequenzen es für einen Menschen haben kann, wenn er nicht in seiner Berufung lebt bzw. die Grenzen seiner Berufung überschreitet. Ähnlich wie bei manch anderem wirkungsvollen Evangelisten auch, der so auf eine abschüssige Bahn kam, erklärt sich mancher Bruch in Vietheers Leben.

Während einige Evangelisten ihre Berufung dadurch überschreiten, dass sie aufgrund des großen Echos auf ihren Dienst meinen, sie seien auch zu Lehrern berufen, sehen wir in Vietheers Leben eher einen Sog in eine unpassende Rolle.

---

cz Hebräer 13,7

Immer wieder berichten Zeitgenossen, dass Vietheer in der Lage gewesen sei, Gemeinden förmlich aus dem Boden zu stampfen. Aber immer wieder bezeugen dieselben Leute auch, dass er „mit dem Hintern das umstieß, was er mit den Händen gerade aufgebaut hatte"[da]. Um in seiner Begabung und Berufung dienen zu können, musste Vietheer reisen, weiterziehen und die pastorale, leitende Aufgabe in andere Hände legen. Da, wo das nicht geschah, zerstörte er auf Dauer, was entstanden war. Je älter und bitterer er wurde, desto schneller vollzog sich dieser Kreislauf.

Dass Heinrich Vietheer dennoch mehr als ein Jahrzehnt Bewegungsleiter sein konnte, der Personalchef, Lehrer, Coach und Arbeitgeber in einem war, ist wohl nur mit der Ausnahmesituation am Beginn der Elimbewegung zu erklären. Der Alters- und Erfahrungsabstand zu den meisten Mitarbeitern einerseits, die erwecklichen Rahmenbedingungen der Weimarer Republik andererseits und die damit einhergehende, überwältigende Vollmacht Vietheers machten es für begrenzte Zeit möglich. Nach 1938 erkannte er aber nicht die Zeichen der Zeit und blieb unbeweglich in seinem Führungsstil gefangen. Er erkannte nicht Gottes Reden, das beim Zusammenschluss mit den Baptisten so deutlich geworden war: die Leitung abzugeben und wieder in seine eigentliche Berufung als Evangelist zu finden.

Vietheer litt aber auch an den Folgen eines übertriebenen Heiligkeitsstrebens, das zwar so beeindruckende Charaktere wie Jonathan Paul hervorbrachte, andererseits jedoch die menschlichen Bedürfnisse tragisch unterschätzte. Nicht zuletzt überschattete der daraus resultierende, fast 50 Jahre währende Ehekonflikt Vietheers gesamtes Leben und führte zu zahlreichen Tabubrüchen. Dadurch nahm aber nicht nur seine Vorbildfunktion in erheblichem Maße Schaden, sondern auch seine geistliche Vollmacht. Durch die wiederholten Grenzüberschreitungen im sexuellen Bereich sank wohl auch die moralisch-ethische Hemmschwelle in anderen Bereichen.

Die Gründe für die Tragik, die sich dadurch über sein Leben breitete, sind also einerseits in von Vietheer nicht zu beeinflussenden Rahmenbedingungen zu sehen, andererseits aber auch in einer Überschätzung der eigenen Berufung sowie einem chronischen Mangel an Kritikfähigkeit. Er wollte Mentor für andere sein, hatte

---

da   Richard Krüger (Aussage im Unterricht des Theologischen Seminars BERÖA, Erzhausen, 1989)

aber selber niemanden, auf dessen Urteil er wirklich gehört hätte. Augenscheinlich liebte er die Gemeinschaft mit Menschen, denen er sich überlegen fühlte, mied aber die Nähe zu Wegbegleitern, die auf einer Stufe mit ihm standen. Wirkliche Freundschaften auf Augenhöhe konnten sich somit wohl nie bilden. Das führte am Ende in Einsamkeit, Isolation und das Gefühl, ein Märtyrer zu sein, der wegen des Bekenntnisses der Wahrheit verfemt wurde.

Was für eine Gnade, dass er aus diesem selbstgebauten Gefängnis durch Gottes Reden so kurz vor seinem Tode noch herausfand!

Er kämpfte mit Gott und Menschen – und der Herr erbarmte sich seiner letztendlich!!

Das ist Trost und Ermutigung für alle, die im Laufe des Glaubenslebens abgestürzt sind, enttäuscht wurden, Brücken abgebrochen haben und sich dann in der Sackgasse wiederfanden. Der Gute Hirte will uns dort nicht stehen lassen.

Zugleich aber ist das Leben Vietheers auch ein Ansporn, dass sich ganzer Einsatz für Gottes Sache lohnt.

Was durch Heinrich Vietheers Dienst aufgebaut wurde, bis heute Bestand hat und weiter wirkt, ist beeindruckend. Auf seinem Leben lag über weite Strecken eine nur selten anzutreffende Vollmacht und Kraft. Nicht zuletzt diese unbestreitbare Tatsache wird es sein, dass bis heute diejenigen, die ihn kannten und liebten, nie vergessen haben, dass sie einem außergewöhnlichen Mann begegnet sind. Selbst die, die auch unter ihm gelitten haben, haben sich diesen Respekt bis zuletzt bewahrt und können mit Hermann Dittert sprechen:

> *„Wir wünschen unserem Bruder einen guten Platz im Himmel um des willen, daß er Unzähligen geholfen hat, Himmelsbürger zu werden. Wir aber dürfen und wollen nicht richten, sondern lieber mit David bitten: ‚Erforsche mich, Gott, und erfahre mein Herz; prüfe mich und erfahre wie ich's meine, und siehe, ob ich auf bösem Wege bin, und leite mich auf ewigem Wege" (Psalm 139,23+24)*[414].

Vietheers Nachversammlungen

Der folgende Abschnitt zu den viel kritisierten Nachversammlungen in Vietheers Evangelisationen ist seinem Buch *„Unter der guten Hand Gottes" (S. 86-90)* in der Zusammenfassung von Gottfried Sommer[415] entnommen: In seiner Biographie führt Heinrich Vietheer auf, wie bei seinen Veranstaltungen Nachversammlungen abliefen.[db] Er betont, dass mit ihnen nicht schon am ersten Abend der Evangelisation begonnen wurde, da die Suchenden doch zuerst das Wort Gottes gehört haben müssen, da der Glaube aus der Predigt kommt. So wurden die Nachversammlungen meist nach einer Woche der Veranstaltungsreihe begonnen, manchmal schon einige Tage vorher.

Er gab sie immer in den Evangelisationsversammlungen bekannt mit dem Aufruf, dass er am Abend eine kurze Nachversammlung halten würde, erstens für Gläubige, die für die Heilsuchenden beten wollten, zweitens für solche, die sich der Vergebung ihrer Sünden noch nicht ganz gewiss wären und sich bekehren wollten. Nachdem der Rest der Versammlung gegangen war, bat er die Gläubigen, die Augen zu schließen und innerlich zu beten. Diejenigen, die ihr Leben Jesus übergeben wollten, wurden gebeten, aufzustehen. Diesen legte Vietheer dann vier Fragen vor, die hier im Wortlaut wiedergeben werden:

1. Wissen Sie, dass Sie ein Sünder sind? Nicht, dass Sie so in Bausch und Bogen sagen, wir sind ja allzumal Sünder. Nein, sind Sie überzeugt, dass Sie ein Sünder sind und dass Ihre Sünde zwischen Ihnen und Ihrem Gott steht, und wenn diese Sünden nicht wegkom-

---

db Vietheer, *Unter der guten Hand Gottes*, S.86-90.

men, Sie dann getrennt bleiben von Gott und ewig verloren sind? Haben Sie das erkannt, dann sagen Sie laut: JA.

2. Wollen Sie den Heiland ehrlich um Vergebung bitten um all Ihrer Sünden willen, die Sie in Ihrem ganzen Leben getan haben? Wenn das Kind zur Mutter kommt und bittet die Mutter ehrlich um Vergebung, dann kann die Mutter vergeben, aber nicht eher. Wollen Sie jetzt so ehrlich zum Heiland kommen und Ihn aufrichtig um Vergebung bitten im Bewusstsein Ihrer Sünde, dann sagen Sie bitte laut: JA.

3. Wollen Sie von dieser Stunde an mit jeder Sünde brechen, soweit Sie die Sünde erkannt haben? Dann bitte sagen Sie laut: JA.

4. Wollen Sie von dieser Stunde an Jesus Christus bekennen in der Welt als Ihren persönlichen Heiland und Erretter? Ich frage nicht, ob Sie die Kraft dazu fühlen. Es mag Ihnen unmöglich erscheinen. Aber ich frage Sie, ob Sie den Willen dazu haben? Johannes 1,12 heißt es, allen, die ihn aufnahmen, gab Er Vollmacht, Gotteskinder zu werden. Wenn Sie es ehrlich wollen, dann nehmen Sie Jesus auf in Ihr Herz, und Er gibt Ihnen die Kraft. Noch mal, wollen Sie ab heute Jesus bekennen als Ihren persönlichen Heiland, dann sagen Sie bitte: JA.

Danach hielt Vietheer eine kurze Ansprache über die Bedeutung des Gebets und betete dann selbst zuerst, wobei er Gott für seine persönliche Errettung dankte und für die Suchenden bat, dass Gott sie erretten möge, so wie er ihn errettet habe. Dann betete er mit jedem einzelnen, legte ihm die Hand aufs Haupt und ließ jeden Gott um Vergebung bitten. Wenn dieser das getan hatte, betete Vietheer wieder zu Gott und dankte Ihm für Seine Verheißung für diejenigen, die zu Ihm kommen, und dankte für ihre Errettung. Dabei bat er Gott, dass Er in ihnen kindlichen Glauben an Sein Wort wirken und ihnen Frieden ins Herz geben möge. Dann las er den nun Neubekehrten 1.Johannes 1,9 vor und sprach ihnen die Vergebung zu und vergewisserte sich, dass sich jeder der Zuhörer der Vergebung gewiss wäre. Damit entließ er die Anwesenden „in den guten Kampf des Glaubens" und bot den Neubekehrten ein kleines Büchlein mit dem Titel: „Praktische Winke für das neue Leben aus Gott" an.

Zeittafel

Wichtige Daten zur Zeitgeschichte	Heinrich Vietheers Lebensdaten
1880-84: Höhepunkt der deutschen Auswandererwelle in die USA infolge Sozialistengesetz und wirtschaftlicher Schwierigkeiten	23.1.1883: Heinrich Vietheer wird in Uetersen/Holstein geboren
1890: Wilhelm II. entlässt Bismarck	1901-1904: Wehrdienst
1904/07: Außenpolitische Lage Deutschlands verschlechtert sich dramatisch (Triple Entente)	1904/05: Entscheidung für Christus im Berliner CVJM
1906: Pfingsterweckung in der Azusa Street/Los Angeles	1906/07: Beruflicher Aufenthalt in Mülheim/Ruhr
1907: Pfingstversammlungen in Kassel unter Leitung Heinrich Dallmeyers	1907: Berufung zum vollzeitigen Dienst, Zeltdiakon bei der Deutschen Zeltmission
	1907/08: Theologische Ausbildung im Bruderhaus Vandsburg (abgebrochen)
	1908-1910: Theologische Ausbildung in St. Chrischona

1909: Berliner Erklärung und Spaltung der deutschen Gemeinschaftsbewegung	
1911: Erster Hauptbrüdertag des Mühlheimer Gemeinschaftsverbandes	1909/10: Gemeindedienst in Frankfurt
	1910-1912: Gemeindedienst in Ulm
	1912-1914: Gemeindedienst in Reval
	1913: Hochzeit mit Mathilde Paul
	1914: Öffentliche Abwendung von der „Pfingstbewegung" (Mülheimer Verband)
1914: Ausbruch des Ersten Weltkriegs	1914-1918: Soldat im Weltkrieg
1918: Niederlage Deutschlands im Krieg, Revolution	
1919-1933: Junge Republik gerät durch Versailler Friedensvertrag und extreme Parteien in dauerhafte Krisenstimmung	1919-1922: Prediger des Märkischen Brüderrats, Auslandsreisen nach Schweden, Schweiz u. a.
	1922: Gründung der „Zeltmission Berlin-Lichterfelde"
1923: Inflation auf dem Höhepunkt	
	1924/25: Trennung von der Ev. Allianz auf Betreiben F. Heitmüllers
	1924/25: Südamerikareise
1925: Hindenburg wird Reichspräsident	

	1926: Erste Gemeindegründungen nach unabhängigen Evangelisationen in Hamburg und Dresden
	1927: Zusammenarbeit mit Methodisten
	1928: Zielstrebiger Aufbau der freikirchlichen Elimbewegung
1930: Beginn der Präsidialkabinette, Aufstieg der NSDAP beginnt	
1930-32: NSDAP und KPD tragen politische Auseinandersetzung in massiver Weise auf die Straßen.	
1932: Sechs Millionen Arbeitslose	
1933: Hitler kommt an die Macht	
1933: Kirchenkampf beginnt	
	1934/35: USA-Reise
	1938: Elimgemeinden treten mit rund 4.500 Mitgliedern dem Bund der Baptisten bei, Vietheer wird Bundesevangelist
1939-45: Zweiter Weltkrieg	1942-44: Dienstsuspension wegen Scheidungsprozess
	1944/45: Versöhnung mit Mathilde
1949: Spaltung Deutschlands, Gründung der BRD und der DDR	1949: Leipziger Erklärung gegen Desintegration der Gemeinden im Westen
1950-1970: Deutsches Wirtschaftswunder	1950: Trennung von Elimgemeinden im Osten; Umzug nach Berlin

	1955-58: Verstärkte Kontakte zu Schweizer Gemeinden
	1960/61: Mathilde Vietheer stirbt
	1962: Veröffentlichung seiner Autobiographie: „Unter der guten Hand Gottes"
1963: Adenauer scheidet als Kanzler aus	
	1965/66: Umzug nach Hamburg und Hochzeit mit Johanna Saladauski
1966: Große Koalition wird gebildet	
	1968: Am 22.März stirbt Heinrich Vietheer und wird am 28. März beerdigt

Anmerkungen

Kapitel 1

1 Vietheer, Heinrich: Unter der guten Hand Gottes, Berlin 1962, S.25
2 Vietheer, Heinrich: Unter der guten Hand Gottes, S.18
3 Vietheer, Heinrich: Unter der guten Hand Gottes, S.21
4 Vietheer, Heinrich: Unter der guten Hand Gottes, S.24
5 Vietheer, Heinrich: Unter der guten Hand Gottes, S.28
6 Vietheer, Heinrich: Unter der guten Hand Gottes, S.28-29
7 Vietheer, Heinrich: Unter der guten Hand Gottes, S.31
8 Vietheer, Heinrich: Unter der guten Hand Gottes, S.32
9 Vietheer, Heinrich: Unter der guten Hand Gottes, S.149
10 Festschrift zum 90. Jubiläum der Christlichen Gemeinschaft Mülheim a. d. Ruhr, Mülheim 1995, S.47
11 Giese, Ernst: Und flicken die Netze, Metzingen, 3. Auflage 1988, S.42
12 Vietheer, Heinrich: Unter der guten Hand Gottes, S.149
13 Krust, Christian: 50 Jahre deutsche Pfingstbewegung Mülheimer Richtung, Altdorf 1958, S.20
14 Vietheer, Heinrich: Unter der guten Hand Gottes, S.34
15 Vietheer, Heinrich: Unter der guten Hand Gottes, S.37
16 Vietheer, Heinrich: Unter der guten Hand Gottes, S.37-38
17 Woyke, R.: Deutsche Zeltmission (dzm), in: Burkhard, Helmut u.a. (Hrsg.): Evangelisches Lexikon für Theologie und Gemeinde, Wuppertal 1992, S.424, Spalte 1
18 Hampel, Dieter: Die Anfänge der Elimbewegung, Teil 1 (Wort und Tat – Arbeitsmaterial für den Pastor Nr. 72), Bund Evangelisch-Freikirchlicher Gemeinden in der DDR, o. J., S.3 (Archiv des Bundes Freikirchlicher Pfingstgemeinden – BFP – Erzhausen)
19 Karl Heinz Voigt in: Biographisch-Bibliographisches Lexikon (Bautz), Band XXIV (2005), Spalten 1487-1492; www.bautz.de
20 Th. Wendel in: Evangelisches Lexikon für Theologie und Gemeinde, Band 1, Wuppertal 1992, S.424, Spalte 1
21 Karl Heinz Voigt in: Biographisch-Bibliographisches Lexikon, Band XXIV (2005), Spalten 1487-1492
22 Vietheer, Heinrich: Unter der guten Hand Gottes, S.43
23 Vietheer, Heinrich: Unter der guten Hand Gottes, S.43-45

Kapitel 2

24 Vietheer, Heinrich: Unter der guten Hand Gottes, S.50
25 Vietheer, Heinrich: Unter der guten Hand Gottes, S.50

26 Vietheer, Heinrich: Unter der guten Hand Gottes, S.50
27 Vietheer, Heinrich: Unter der guten Hand Gottes, S.51
28 Fleisch, Paul: Die Pfingstbewegung in Deutschland. Ihr Wesen und ihre Geschichte in fünfzig Jahren, Hannover, 1957, S.350, S.142
29 Fleisch, Paul: Die Pfingstbewegung in Deutschland, S.255
30 Filz, Herbert: Christengemeinden Elim und ihre Stellung im Rahmen der Pfingstbewegung. Unveröffentlichte Semesterarbeit, Universität Leipzig 1963, S.7
31 Vietheer, Heinrich: Unter der guten Hand Gottes, S.56-57
32 Giese, Ernst: Jonathan Paul, ein Knecht Jesu Christi, Altdorf² 1965, S.185
33 Fleisch, Paul: Die Pfingstbewegung in Deutschland, S.255
34 Giese, Ernst: Jonathan Paul, S.185
35 Vietheer, Heinrich: Unter der guten Hand Gottes, S.55
36 Giese, Ernst: Jonathan Paul, S.185
37 Giese, Ernst: Jonathan Paul, S.194
38 Vietheer, Heinrich: Unter der guten Hand Gottes, S.57-60

Kapitel 3
39 Vietheer, Heinrich: Unter der guten Hand Gottes, S.61
40 Vietheer, Heinrich: Unter der guten Hand Gottes, S.161
41 Vietheer, Heinrich: Unter der guten Hand Gottes, S.161
42 Auf der Warte, 11. Jg. 1914, Nr.21, S.12, zitiert bei: Filz, Herbert: Christengemeinden Elim, S.7
43 Vietheer, Heinrich: Unter der guten Hand Gottes, S.157
44 Vietheer, Heinrich: Unter der guten Hand Gottes, S.151
45 Fleisch, Paul: Die Pfingstbewegung in Deutschland, S.350-351
46 Der Glaubensweg, Heft Nr. 6/31, Lauter 1931, S.66
47 Vietheer, Heinrich: Unter der guten Hand Gottes, S.62
48 Vietheer, Heinrich: Unter der guten Hand Gottes, S.62
49 Der Glaubensweg 12/31, S.141
50 Dittert, Hermann, kreuz+quer spezial – Elim Chronik, Hamburg 2001, S.37, Spalte 1
51 Vietheer, Heinrich: Unter der guten Hand Gottes, S.75
52 Puhle, Richard, zitiert bei Vietheer, Heinrich: Unter der guten Hand Gottes, S.76
53 Handbuch Religiöse Gemeinschaften, 3. Auflage, Gütersloh 1985, S.153
54 Fleisch, Paul: Die Pfingstbewegung in Deutschland, S.200
55 Vietheer, Heinrich: Unter der guten Hand Gottes, S.79-81
56 Vietheer, Heinrich: Unter der guten Hand Gottes, S.93
57 Fleisch, Paul: Die Pfingstbewegung in Deutschland, S.284
58 Vietheer, Heinrich: Unter der guten Hand Gottes, S.93
59 Auf der Warte 1923, zitiert bei: „Der Glaubensweg", Heft 5/31, S.57
60 Auf der Warte 1923, zitiert bei: „Der Glaubensweg", Heft 5/31, S.57
61 Vietheer, Heinrich: Unter der guten Hand Gottes, S.93-94

Kapitel 4
62 Heitmüller, Friedrich: Aus vierzig Jahren Dienst am Evangelium, Witten 1950, S.67
63 Heitmüller, Friedrich: Aus vierzig Jahren, S.69
64 Heitmüller, Friedrich: Aus vierzig Jahren, S.48
65 Giese, Ernst: Und flicken die Netze, S.139
66 Rothenberg, S. in: Evangelisches Lexikon für Theologe und Gemeinde, Band 1, Wuppertal 1992, S.401, Spalte 2
67 In Jesu Dienst 10/1924 v. 15. Mai 1924, Hamburg 1924, S.195/196
68 In Jesu Dienst, 11+12/1924 v. 15. Juni 1924, S.204
69 Filz, Herbert: Christengemeinden Elim, S.8
70 In Jesu Dienst, 7/24 v. 1. April 1924, S.132

71   In Jesu Dienst, 9/24 v. 1. Mai 1924, S.177
72   In Jesu Dienst 10/24 v. 15. Mai 1924, S.194-196
73   In Jesu Dienst 11+12/24 v. 15. Juni 1924; S.204
74   Dittert, Hermann, kreuz+quer spezial, S.27, Spalte 2
75   Heitmüller, Friedrich: Aus vierzig Jahren, S.172-173, vgl. auch S.169
76   In Jesu Dienst Nr.10/24 v. 15. Mai 1924, S.194
77   In Jesu Dienst Nr.10/24 v. 15. Mai 1924, S.194
78   In Jesu Dienst Nr.10/24 v. 15. Mai 1924, S.194
79   In Jesu Dienst 11+12/24 v. 5. Juni 1924, S.211, vgl. auch Glaubensweg 5/31 S.57
80   Der Glaubensweg 5/31, S.57, Spalte 2+3
81   In Jesu Dienst 11+12/24, S.211
82   In Jesu Dienst 11+12/24, S.211
83   Heitmüller, Friedrich: Aus vierzig Jahren, S.111
84   Dittert, Hermann, kreuz+quer spezial, S.27, Spalte 2
85   Dittert, Rabe, Wilde: Irrlehre oder Apostellehre in der Elimbewegung? Ein Wort der
     Aufklärung an alle aufrichtigen Gotteskinder, zugleich Entgegnungen auf die An-
     griffe Heitmüllers, Lauter 1933, S.2, Spalte 3; Seite 3, Spalte 1 (Archiv des BFP)
86   Dittert, Rabe, Wilde: Irrlehre oder Apostellehre, S.2 Spalte 3, Seite 3, Spalte 1
87   In Jesu Dienst Nr.15/25 v. 1.8.1925, S.300 Rückblatt
88   In Jesu Dienst Nr.15/25 v. 1.8.1925, S.300 Rückblatt
89   Dittert, Hermann (Hrsg.): Wege und Wunder in der Entstehungsgeschichte der Zelt-
     mission Berlin-Lichterfelde e. V. und deren angeschlossenen Gemeinden, Lauter
     1936, S.26
90   Dittert, Hermann (Hrsg.): Wege und Wunder, S.27
91   In Jesu Dienst 11+12/24 v.15.6.1924, S.212
92   Dittert, Rabe, Wilde: Irrlehre oder Apostellehre, S.2
93   Glaubensweg, 5/31, S.57
94   Dittert, Hermann (Hrsg.): Wege und Wunder, S.26
95   Dittert, Rabe, Wilde: Irrlehre oder Apostellehre, S.3, Spalte 3
96   Heitmüller, Friedrich: Aus vierzig Jahren, S.169
97   Vietheer, Heinrich: Antwort an die Gegner der Geistesbewegung besonders an Pre-
     diger W. Meyer, Superintendent in der Bischöflichen Methodistenkirche, Lauter
     1931, S.2 (Archiv des BFP)
98   Dittert, Rabe, Wilde: Irrlehre oder Apostellehre, S.5, Spalte 3, Pkt. 3
99   Vietheer, Heinrich: Antwort an die Gegner, S.11-12
100 Vietheer, Heinrich: Unter der guten Hand Gottes, S.95

Kapitel 5
101 Dittert, Hermann (Hrsg.): Wege und Wunder, S.26
102 Dittert, Hermann (Hrsg.): Wege und Wunder, S.26
103 Vietheer, Heinrich: Antwort an die Gegner, S.3
104 Vietheer, Heinrich: Unter der guten Hand Gottes, S.91
105 Vietheer, Heinrich: Antwort an die Gegner, S.3
106 Vietheer, Heinrich: Unter der guten Hand Gottes, S.91
107 Vietheer, Heinrich: Antwort an die Gegner, S.4
108 Vietheer, Heinrich: Antwort an die Gegner, S.8
109 Vietheer, Heinrich: Antwort an die Gegner, S.5
110 Vietheer, Heinrich: Antwort an die Gegner, S.10-11
111 Vietheer, Heinrich: Antwort an die Gegner, S.9
112 Vietheer, Heinrich: Antwort an die Gegner, S.10
113 Vietheer, Heinrich: Antwort an die Gegner, S.10
114 Meyer, W.: Brief an Bischof Dr. J. L. Nuelsen/Zürich v. 27. Februar 1928, Chemnitz
     1928, S.2, Archiv der Evangelisch-methodistischen Kirche in Zürich/Schweiz

115 Interview mit Gotthard Falk, Ev.-meth. Kirche Aue/Erzgebirge, 19.8.2006, vgl. auch: Falk, Gotthard: Gemeindechronik der evangelisch-methodistischen Gemeinde Aue/Erzgebirge von der Entstehung um 1885 bis 1995, Privatdruck 2000, S.122 f. und 218

116 Interview mit Manfred und Mathilde Mattes, Dresden, 25. August 2006

117 Hampel, Dieter: Die Anfänge der Elimbewegung: Teil 2 (Wort und Tat – Arbeitsmaterial für den Pastor Nr.73), Bund Evangelisch-Freikirchlicher Gemeinden in der DDR, o. J., S.28 (Archiv des BFP)

118 Vietheer, Heinrich: Unter der guten Hand Gottes, S.92

119 Meyer, W.: Brief an Bischof Dr. J. L. Nuelsen, Zürich v. 27. Februar 1928, S.1

120 Meyer, W.: Brief an Bischof Dr. J. L. Nuelsen, Zürich v. 27. Februar 1928, S.1

121 Meyer, W.: Brief an Bischof Dr. J. L. Nuelsen, Zürich v. 27. Februar 1928, S.1

122 Interview mit Gotthard Falk, Ev.-meth. Kirche Aue/Erzbegirge, 19.8.2006, vgl. auch: Falk, Gotthard: Gemeindechronik der evangelisch-methodistischen Gemeinde Aue, S.122 f. und 218

123 Hampel, Dieter: Die Elimbewegung und ihre Stellung innerhalb des Bundes Evangelisch-Freikirchlicher Gemeinden in Deutschland K.d.ö.R., unveröffentlichte Seminarabschlussarbeit, Buckow /Märkische Schweiz, 1965, S.9 (Archiv des BFP)

124 Interview mit Gotthard Falk, Ev.-meth. Kirche Aue/Erzbegirge, 19.8.2006

125 Heitmüller, Friedrich: aus vierzig Jahren, S.169

126 Vietheer, Heinrich: Unter der guten Hand Gottes, S.91-92

127 Dittert, Hermann (Hrsg.): Wege und Wunder, S.89

Kapitel 6

128 Hampel, Dieter, „Die Anfänge der Elimbewegung: Teil 1", S.8

129 Dittert, Hermann, kreuz+quer spezial – Elim Chronik, S.2, Spalte 2

130 Dittert, Hermann, kreuz+quer spezial – Elim Chronik, S.2, Spalte 2

131 Dittert, Hermann (Hrsg.): Wege und Wunder, S.33

132 Dittert, Hermann, kreuz+quer spezial – Elim Chronik, S.4, Spalte 1

133 Dittert, Hermann, kreuz+quer spezial – Elim Chronik, S.4, Spalte 2

134 Hampel, Dieter, „Die Anfänge der Elimbewegung: Teil 2, S.1

135 Vietheer, Heinrich: Unter der guten Hand Gottes, S.40

136 Vietheer, Heinrich: Unter der guten Hand Gottes, S.41

137 Dittert, Hermann: kreuz+quer spezial – Elim Chronik, S.11, Spalte 2

138 Dittert, Hermann: kreuz+quer spezial – Elim Chronik, S.20, Spalte 1-2

139 Hampel, Dieter: Die Elimbewegung und ihre Stellung, S.10

140 Dittert, Hermann: Wege und Wunder, S.64

141 Heitmüller, Friedrich: Aus vierzig Jahren, S.169

142 Interview mit Bruno Hampel in Kirchheim, 27.9.2006

143 vgl. Vietheer, Heinrich: Antwort an die Gegner, S.3

144 Dittert, Hermann: kreuz+quer spezial – Elim Chronik, S.29, Spalte 1

145 Glaubensweg 1/31, S.10, Spalte 2

146 Glaubensweg 1/33, S.11, Spalte 1

147 Glaubensweg 9/31: Prüfet die Geister, S.104-105

148 Glaubensweg 11/31, S.124-125

149 Glaubensweg 12/31, S.141

150 Glaubensweg 7/31, S.76, Spalte 2

151 Glaubensweg 7/31, S.78, Spalte 1

152 Glaubensweg 11/31: „An die Verjagten Israels", S.132, Spalte 2

153 Glaubensweg 9/31: Prüfet die Geister, S.105, Spalte 1

154 Glaubensweg 1/33: Prüfet die Geister, S.8, Spalte 1

155 Glaubensweg 1/33: Prüfet die Geister, S.7, Spalte 3

156 Glaubensweg 1/33: Prüfet die Geister, S.8, Spalte 1

157 Glaubensweg 8/31, S.91
158 Glaubensweg 10/31, S.118, Spalte 2
159 Glaubensweg 7/31, S.82, Spalte2
160 Glaubensweg 1/31, S.7, Spalte2
161 Glaubensweg 1/31, S.7, Spalte2
162 Glaubensweg 1/31, S.8, Spalte 3
163 Glaubensweg 1/31, S.10, Spalte 3
164 Glaubensweg 5/31 S.58, Spalte 3
165 Meister, J.: Bericht über die Sitzung in Leipzig am 5. Dezember 1945, Berlin 1945, S.2 (Archiv des BFP)
166 Glaubensweg 5/31, S.58, Spalte 3
167 Vietheer, Heinrich: Unter der guten Hand Gottes, S.161
168 Dittert, Hermann: kreuz+quer spezial – Elim Chronik, S.27
169 Wort & Geist Nr. 4/1978, Erzhausen, 1978, zitiert bei: Hampel, Dieter: Die Anfänge der Elimbewegung: Teil 1, S.10
170 Hampel, Dieter: Die Anfänge der Elimbewegung: Teil 1, S.10
171 Reller, Horst (Hrsg.): Handbuch Religiöse Gemeinschaften, Freikirchen, Sondergemeinschaften, Sekten, Weltanschauungen, missionierende Religionen des Ostens, Neureligionen, Gütersloh 1985³ (Erstausgabe 1978), S.153
172 Dittert, Hermann: kreuz+quer spezial – Elim Chronik, S.2, Spalte 1
173 Dittert, Hermann: kreuz+quer spezial – Elim Chronik, S.37-38
174 Interview mit Hermann Dunst, Dezember 2001
175 Dittert, Hermann: kreuz+quer spezial – Elim Chronik, S.3, Spalte 1-3
176 Dittert, Hermann: kreuz+quer spezial – Elim Chronik, S.4, Spalte 3; S.5, Spalte 1
177 Dittert, Hermann: kreuz+quer spezial – Elim Chronik, S.8, Spalte 2-3
178 Dittert, Hermann (Hrsg.): Wege und Wunder, S.87
179 Dittert, Hermann: Wunderflucht? Wundersucht? Wunderglaube!, Erzhausen 1970, S.39-40
180 Vietheer, Heinrich: Unter der guten Hand Gottes, S.63
181 Dittert, Hermann (Hrsg.): Wege und Wunder, S.87-88
182 Dittert, Hermann (Hrsg.): Wege und Wunder, S.88
183 Alt-Elimer Hermann Dunst im Telefonat mit Kurt-Jürgen Gleichmann, Mai 2007
184 Hermann Dunst im Telefonat mit Kurt-Jürgen Gleichmann, Mai 2007
185 Interview mit Manfred und Mathilde Mattes, Dresden, 25. August 2006
186 Interview mit Karl-Heinz Neumann, Erzhausen, Februar 2005
187 Interview mit Alfred Koschorreck in Norddeich, Dezember 2005
188 Vietheer, Heinrich: Unter der guten Hand Gottes, S.177
189 Interview mit Karl-Heinz Neumann, Erzhausen, Februar 2005
190 Hampel, Dieter: Die Anfänge der Elimbewegung: Teil 1, S.3
191 Sommer, Gottfried: Anfänge freikirchlicher Pfingstgemeinden in Deutschland zwischen 1907 und 1945, unveröffentlichte Wissenschaftliche Hausarbeit an der Freien Theologischen Akademie (FTA) Gießen, Gießen 1998, S.64
192 Dittert, Hermann: kreuz+quer spezial – Elim Chronik, S.38, Spalte 2
193 Dittert, Hermann: kreuz+quer spezial – Elim Chronik, S.38, Spalte 2
194 Hampel, Dieter, „Die Anfänge der Elimbewegung: Teil 1, S.12-13
195 Interview mit Karl-Heinz Neumann, Erzhausen, Februar 2005
196 Interview mit Hermann Dunst Dezember 2001, vgl. auch: Hampel, Dieter: Die Anfänge der Elimbewegung: Teil 1, S.13. Der Satz: „Freund, wie bist du hereingekommen?" stammt aus der mündlichen Überlieferung Hermann Dunsts, wie er sie bei einem Telefonat mit Kurt-Jürgen Gleichmann im Mai 2007 wiedergegeben hat.
197 Interview mit Alfred Koschorreck in Norddeich, Dezember 2005
198 Interview mit Karl-Heinz Neumann, Erzhausen, Februar 2005
199 Interview mit Karl Schreiter, Berlin, August 2006

200 Interview mit Hermann Dunst, Dezember 2001
201 Hermann Dunst, nach einer Notiz von Kurt-Jürgen Gleichmann
202 Dittert, Hermann: kreuz+quer spezial – Elim Chronik, S.37, Spalte 3
203 Vietheer, Heinrich: Unter der guten Hand Gottes, S.172
204 Vietheer, Heinrich: Unter der guten Hand Gottes, S.172
205 Vietheer, Heinrich: Unter der guten Hand Gottes, S.172
206 Dittert, Hermann: Wundersucht? Wunderflucht? Wunderglaube!, S.29
207 Dittert; Hermann (Hrsg.): Wege und Wunder, S.59
208 Hampel, Dieter: Die Anfänge der Elimbewegung: Teil 1, S.12
209 Dittert, Hermann (Hrsg.): Wege und Wunder, S.108
210 Interview mit Karl Schreiter, Berlin, August 2006
211 Interview mit Hermann Dunst, Dezember 2001
212 Interview mit Karl-Heinz Neumann, Erzhausen, Februar 2005
213 Hampel, Dieter: Die Anfänge der Elimbewegung, Teil 1, S.13
214 Interview mit Karl-Heinz Neumann, Erzhausen, Februar 2005
215 Interview mit Manfred und Mathilde Mattes, Dresden, August 2006
216 Interview mit Manfred und Mathilde Mattes, Dresden, August 2006
217 Interview mit Hermann Dunst, Dezember 2001
218 Vietheer, Heinrich: Unter der guten Hand Gottes, S.106
219 Fleisch, Paul: Die Pfingstbewegung in Deutschland, S.350
220 Interview mit Karl-Heinz Neumann, Erzhausen, Februar 2005
221 Dittert, Hermann: kreuz+quer spezial – Elim Chronik, S.38, Spalte 2
222 Interview mit Karl-Heinz Neumann, Erzhausen, Februar 2005
223 Interview mit Karl-Heinz Neumann, Erzhausen, Februar 2005
224 Interview mit Karl-Heinz Neumann, Erzhausen, Februar 2005
225 Interview mit Karl Schreiter, Berlin, August 2006
226 Interview mit Manfred und Mathilde Mattes, Dresden, August 2006
227 Glaubensweg 9/31, S.106, Spalte 1
228 Interview mit Karl-Heinz Neumann, Erzhausen, Februar 2005
229 Interview mit Karl-Heinz Neumann, Erzhausen, Februar 2005
230 Interview mit Karl Schreiter, Berlin, August 2006
231 Hampel, Dieter: Die Anfänge der Elimbewegung: Teil 2, S.2
232 Hampel, Dieter: Die Anfänge der Elimbewegung: Teil 2, S.21
233 Otto Ries: Brief an Dieter Hampel vom 17.10.1964, S.1 (Archiv des BFP)
234 Paul Schmidt: Brief an Heinrich Vietheer vom 17.01.1946, S.1 (Archiv des BFP)
235 Sommer, Gottfried: Anfänge freikirchlicher Pfingstgemeinden in Deutschland, S.140
236 Vietheer, Heinrich: Unter der guten Hand Gottes, S.117-118
237 Dittert, Hermann: kreuz+quer spezial – Elim Chronik, S.18, Spalte 1
238 Vietheer, Heinrich: Unter der guten Hand Gottes, S.118
239 Sommer, Gottfried: Anfänge freikirchlicher Pfingstgemeinden in Deutschland, S.143
240 Dittert, Hermann: kreuz+quer spezial – Elim Chronik, S.10, Spalte 1
241 Dittert, Hermann: kreuz+quer spezial – Elim Chronik, S.10, Spalte 1
242 Dittert, Hermann: kreuz+quer spezial – Elim Chronik, S.10, Spalte 1
243 Dittert, Hermann: kreuz+quer spezial – Elim Chronik, S.10, Spalte 1-2
244 Vietheer, Heinrich: Unter der guten Hand Gottes, S.130
245 Vietheer, Heinrich: Unter der guten Hand Gottes, S.131
246 Vietheer, Heinrich: Unter der guten Hand Gottes, S.131
247 Vietheer, Heinrich: Unter der guten Hand Gottes, S.132
248 Vietheer, Heinrich: Unter der guten Hand Gottes, S.132
249 Dittert, Hermann: kreuz+quer spezial – Elim Chronik, S.23, Spalte 2
250 Vietheer, Heinrich: Unter der guten Hand Gottes, S.132-134
251 Vietheer, Heinrich: Unter der guten Hand Gottes, S.135
252 Vietheer, Heinrich: Unter der guten Hand Gottes, S.139

253 Vietheer, Heinrich: Unter der guten Hand Gottes, S.140
254 Vietheer, Heinrich: Unter der guten Hand Gottes, S.141
255 Glaubensweg 7/34, S.84
256 Glaubensweg 7/34, S.84
257 Dittert, Hermann: kreuz+quer spezial – Elim Chronik, S.33, Spalte 2
258 Glaubensweg 12/34, S.144, Spalte 2
259 RKM 23851, 16 zitiert bei: Karl Zehrer: Die Evangelischen Freikirchen und das Dritte Reich, Diss. [masch.], Leipzig 1978, S.432
260 RKM [Reichskirchenministerium] 23851, 59, zitiert bei: Karl Zehrer: Die Evangelischen Freikirchen und das Dritte Reich, Diss. [masch.], Leipzig 1978, S.432-433
261 RKM 23851, 31.31/R.32., zitiert bei: Karl Zehrer: Evangelische Freikirchen und das „Dritte Reich" (Arbeiten zur Geschichte des Kirchenkampfes, Ergänzungsreihe, Band 13), Göttingen 1986, S.99, Fußnote 231a, vgl. auch Zehrer, Karl: Die Evangelischen Freikirchen und das Dritte Reich, Diss. [masch.], Leipzig 1978, S.433
262 Zehrer, Karl: Die Evangelischen Freikirchen und das Dritte Reich, Diss. [masch.], Leipzig 1978, S.433
263 Eisenlöffel, Ludwig David: Freikirchliche Pfingstbewegung in Deutschland (Kirche-Konfession-Religion, Band 50), Göttingen 2006, S.41
264 RKM 23851, 36 zitiert bei: Karl Zehrer: Die Evangelischen Freikirchen und das Dritte Reich, Diss. [masch.], Leipzig 1978, S.434
265 Vietheer, Heinrich: Unter der guten Hand Gottes, S.75
266 Dittert, Hermann: kreuz+quer spezial – Elim Chronik, S.10, Spalte 3
267 Hampel, Dieter: Die Anfänge der Elimbewegung: Teil 1, S.9
268 Eisenlöffel, Ludwig David: Freikirchliche Pfingstbewegung in Deutschland, S.38
269 Glaubensweg 12/34, S.144, Spalte 1
270 Glaubensweg 12/34, S.144, Spalte 2
271 Glaubensweg 1/35, S.12, Spalte 1
272 Glaubensweg 2/35, S.23, Spalte 3
273 Glaubensweg 2/35, S.23, Spalte 3 und S.24, Spalte 1
274 Dittert, Hermann: kreuz+quer spezial – Elim Chronik, S.37, Spalte 2
275 Glaubensweg 2/35, S.23, Spalte 3 und S.24, Spalte 1
276 Glaubensweg 2/35, S.24, Spalte 1
277 Glaubensweg 2/35, S.24, Spalte 2
278 Glaubensweg 2/35, S.24, Spalte 1
279 Glaubensweg 3/35, S.34, Spalte 3
280 Glaubensweg 3/35, S.35, Spalte 1
281 Glaubensweg 3/35, S.35, Spalte 2
282 Glaubensweg 3/35, S.35, Spalte 1
283 Glaubensweg 3/35, S.35, Spalte 3
284 Glaubensweg 2/31, Briefkasten, S.23, Spalte 2
285 Dittert, Hermann: kreuz+quer spezial – Elim Chronik, S.37, Spalte 2
286 Dittert, Hermann: kreuz+quer spezial – Elim Chronik, S.37, Spalte 3
287 Vietheer, Heinrich: Unter der guten Hand Gottes, S.165-166
288 Glaubensweg 6/35, S.72, Spalte 2
289 Glaubensweg 6/35, S.72, Spalte 2
290 Glaubensweg 6/35, S.72, Spalte 3
291 Vietheer, Heinrich: Unter der guten Hand Gottes, S.168

Kapitel 7
292 Reller, Horst (Hrsg.): Handbuch Religiöse Gemeinschaften, S.153
293 Schmidgall, Paul: 90 Jahre Deutsche Pfingstbewegung, Erzhausen 1997, S.97
294 Materne, Ulrich: Der Bund Evangelisch-Freikirchlicher Gemeinden in der DDR, in: Sänger, Peter (Hrsg.): Freikirchen – Ein Handbuch, Ost-Berlin 1987, S.45

295 Hampel, Dieter: Die Elimbewegung und ihre Stellung, S.14
296 Materne, Ulrich: Der Bund Evangelisch Freikirchlicher Gemeinden in der DDR, in: Sänger, Peter (Hrsg.): Freikirchen – Ein Handbuch, Ost-Berlin 1987, S.45
297 Dittert, Hermann, kreuz+quer spezial – Elim Chronik, S.33, Spalte 1
298 Dittert, Hermann, kreuz+quer spezial – Elim Chronik, S.33, Spalte 1
299 Dittert, Hermann, kreuz+quer spezial – Elim Chronik, S.33, Spalte 2
300 Hampel, Dieter, Der Weg der Elimgemeinden. Unveröffentlichtes Manuskript [masch.] im Auftrag des Arbeitskreises „Geschichte" des „Bundes Evangelisch-Freikirchlicher Gemeinden" in Deutschland, Leipzig 1994, S.1 (Archiv des BFP)
301 RKM 23 851, 31.31/R.32, zitiert bei: Karl Zehrer: „Evangelische Freikirchen und das Dritte Reich", Göttingen 1986, S.99, Fußnote 231a; vgl. auch Zehrer, Karl: Evangelische Freikirchen und das Dritte Reich, Diss. [masch.], Leipzig 1978, S.433
302 Hampel, Dieter: Geschichte des Zusammenschlusses zwischen Baptisten- und Elimgemeinden, unveröffentlichte Denkschrift für den Bund Evangelisch-Freikirchlicher Gemeinden in der DDR, o. O., o. J., S.7 (Archiv des BFP)
303 Hampel, Dieter, Geschichte des Zusammenschlusses zwischen Baptisten- und Elimgemeinden, S.2
304 Hampel, Dieter, Geschichte des Zusammenschlusses zwischen Baptisten- und Elimgemeinden, S.2
305 Vietheer, Heinrich: Brief an Dieter Hampel vom 16.10.1964, zitiert bei: Hampel, Dieter, Welche Erwartungen hatten und haben die Elimgemeinden innerhalb unseres Bundes an den Bund? Unveröffentlichtes Referat auf der Theologischen Woche des BEFG in der DDR am 15.4.1983 in Schmiedeberg, S.6 (Archiv des BFP)
306 Hampel, Dieter, Welche Erwartungen hatten und haben die Elimgemeinden innerhalb unseres Bundes an den Bund?, S.7
307 Hampel, Dieter, Geschichte des Zusammenschlusses zwischen Baptisten- und Elimgemeinden, S.10
308 Ries, Otto: Brief an Dieter Hampel vom 17.10.1964, S.2 (Pkt.5); (Archiv des BFP)
309 Schmidt, Paul: „Entwicklung der Gespräche mit Prediger Vietheer und der Elimbewegung". Denkschrift für die 7. Sitzung der Bundesleitung [der Baptisten] am 24.-25.1.1938, S.9; zitiert bei: Hampel, Dieter: Geschichte des Zusammenschlusses zwischen Baptisten- und Elimgemeinden, S.10
310 Voigt, Karl Heinz in: Biographisch-Bibliographisches Kirchenlexikon (Bautz), Band IX, (1995), Spalten 473-476
311 Voigt, Karl Heinz in: Biographisch-Bibliographisches Kirchenlexikon (Bautz), Band IX, (1995), Spalten 473-476
312 Schmidt, Paul: Entwicklung der Gespräche mit Prediger Vietheer und der Elimbewegung. Denkschrift für die 7. Sitzung der Bundesleitung am 24. und 25.1.1938, S.11, zitiert bei: Hampel, Dieter: Geschichte des Zusammenschlusses zwischen Baptisten- und Elimgemeinden, S.8
313 Schmidt, Paul in: Entwicklung der Gespräche mit Prediger Vietheer und der Elimbewegung. Denkschrift für die 7. Sitzung der Bundesleitung am 24. und 25.1.1938, S.11, zitiert bei: Hampel, Dieter: Geschichte des Zusammenschlusses zwischen Baptisten- und Elimgemeinden, S.12
314 Hampel, Dieter: Geschichte des Zusammenschlusses zwischen Baptisten- und Elimgemeinden, S.7
315 Hampel, Dieter: Die Elimbewegung und ihre Stellung, S.14
316 Dittert, Hermann, kreuz+quer spezial – Elim Chronik, S.38, Spalte 3
317 Hampel, Dieter: Die Elimbewegung, in: Wort und Tat – Arbeitsmaterial für den Pastor [Nr.6], vom Juni 1966, Bund Evangelisch-Freikirchlicher Gemeinden in der DDR S.183f.
318 Filz, Herbert: Christengemeinden Elim, S.13

319 Dittert, Hermann: kreuz+quer spezial – Elim Chronik, S.38, Spalte 3
320 Interview mit Hermann Dunst, Dezember 2001
321 Vietheer, Heinrich: Unter der guten Hand Gottes, S.162
322 Interview mit Hermann Dunst, Dezember 2001
323 Dittert, Hermann: kreuz+quer spezial – Elim Chronik, S.38, Spalte 1
324 Interview mit Karl-Heinz Neumann, Erzhausen 2005
325 Ulonska, Reinhold: Brief an Bernhard Olpen vom 7.10.2006, S.1
326 Interview mit Manfred und Mathilde Mattes, Dresden, 25. August 2006
327 Berliner Erklärung vom 15. September 1909, Punkt 4 (letzter Satz), zitiert bei: Giese, Ernst: Und flicken die Netze, S.100
328 Vietheer, Heinrich: Unter der guten Hand Gottes, S.159
329 Interview mit Karl Schreiter, Berlin, August 2006: Karl Schreiter beruft sich hier auf eine Mitteilung, die ihm Bruder End gemacht hat, der ein Vertrauter Jonathan Pauls war.
330 Interview mit Adolf Rutz, Ebnat-Kappel/Schweiz, August 2006
331 Giese, Ernst: Jonathan Paul, ein Knecht Jesu Christi, S.185
332 Vietheer, Heinrich: Unter der guten Hand Gottes, S.58
333 Vietheer, Heinrich: Unter der guten Hand Gottes, S.60
334 Giese, Ernst: Jonathan Paul, ein Knecht Jesu Christi, S.288
335 Zitiert bei: Ulonska, Reinhold: Brief an Bernhard Olpen vom 7.10.2006, S.1-2
336 Giese, Ernst: Jonathan Paul, ein Knecht Jesu Christi, 1965, S.288
337 Ulonska, Reinhold: Brief an Bernhard Olpen vom 7.10.2006, S.2
338 Giese, Ernst: Jonathan Paul, ein Knecht Jesu Christi, 1965, S.185
339 Giese, Ernst: Jonathan Paul, ein Knecht Jesu Christi, 1965, S.186

Kapitel 8
340 Hampel, Dieter: Welche Erwartungen hatten und haben die Elimgemeinden innerhalb unseres Bundes an den Bund?, S.10
341 Vietheer, Heinrich: Brief an Dieter Hampel vom 16.10.1964, zitiert bei: Hampel, Dieter, Welche Erwartungen hatten und haben die Elimgemeinden innerhalb unseres Bundes an den Bund?, S.8
342 Schmidt, Paul: Brief an Heinrich Vietheer vom 17.1.1946, S.1, zitiert bei Hampel, Dieter: Welche Erwartungen hatten und haben die Elimgemeinden innerhalb unseres Bundes an den Bund?, S.8
343 Meister, J.: Bericht über die Sitzung in Leipzig am 5. Dez.1945, Berlin 1945, S.2 (Archiv des BFP)
344 Vietheer, Heinrich: Brief an Dieter Hampel vom 16.10.1964, S.1 (Archiv des BFP)
345 Fleisch, Paul: Die Pfingstbewegung in Deutschland, S.353
346 Vietheer, Heinrich: Brief „An alle meine alten Elim-Brüder" – streng vertraulich!", Berlin 4.2.1946, S.2 (Archiv des BFP)
347 Vietheer, Heinrich: Brief „An alle meine alten Elim-Brüder", S.1
348 Paul Schmidt: Brief an Dieter Hampel vom 14.11.1964, S.1 (Archiv des BFP)
349 Hampel, Dieter: Welche Erwartungen hatten und haben die Elimgemeinden innerhalb unseres Bundes an den Bund?, S.10-11
350 Hampel, Dieter: Die Elimbewegung und ihre Stellung, S.16
351 Eisenlöffel, Ludwig: Freikirchliche Pfingstbewegung in Deutschland, S.55
352 Hampel, Dieter: Die Elimbewegung und ihre Stellung, S.22
353 Schmidt, Paul: Briefwechsel Schmidt/Rabe vom 18.3.54 bzw. 19.6.54, zitiert bei: Hampel, Dieter: Welche Erwartungen hatten und haben die Elimgemeinden innerhalb unseres Bundes an den Bund?, S.11
354 Eisenlöffel, Ludwig David: Freikirchliche Pfingstbewegung in Deutschland, S.57
355 Vietheer, Heinrich: Unter der guten Hand Gottes, S.156
356 Eisenlöffel, Ludwig David: Freikirchliche Pfingstbewegung in Deutschland, S.59

357 Hampel, Dieter: Welche Erwartungen hatten und haben die Elimgemeinden innerhalb unseres Bundes an den Bund?, S.12
358 Eisenlöffel, Ludwig David: Freikirchliche Pfingstbewegung in Deutschland, S.59
359 Jubiläumsfestschrift: 60 Jahre Evangelische Gemeinde „Elim" 1932-1992, Leipzig (1992), S.20
360 Eisenlöffel, Ludwig David: Freikirchliche Pfingstbewegung in Deutschland, S.59-60
361 Fleisch, Paul: Die Pfingstbewegung in Deutschland, S.384
362 Interview mit Karl-Heinz Neumann, Erzhausen 2005
363 Interview mit Karl-Heinz Neumann, Erzhausen 2005
364 Vietheer, Heinrich: Brief an Dieter Hampel vom 16.10.1964, S.1
365 Vietheer, Heinrich: Unter der guten Hand Gottes, S.156-157
366 Interview mit Karl-Heinz Neumann, Erzhausen 2005
367 Ulonska, Reinhold: Brief an Bernhard Olpen vom 7.10.2006, S.1
368 Interview mit Karl-Heinz Neumann, Erzhausen 2005
369 Jubiläumsschrift: 1926-1996: 70 Jahre Elim-Gemeinde Dresden, Dresden 1996, S.7, Spalte 3
370 Interview mit Wolfgang Lorenz, Penig, August 2006: Seine Aussage stützt W. Lorenz auf einen Eintrag in der Gemeinde-chronik der Peniger Gemeinde
371 Vietheer, Heinrich: Unter der guten Hand Gottes, S.163
372 Interview mit Manfred und Mathilde Mattes, Dresden, 25. August 2006
373 Interview mit Karl-Heinz Neumann, Erzhausen 2005
374 Dittert, Hermann: kreuz+quer spezial – Elim Chronik, S.11, Spalte 1
375 Interview mit Manfred und Mathilde Mattes, Dresden, 25. August 2006
376 Interview mit Karl-Heinz Neumann, Erzhausen 2005
377 Interview mit Karl-Heinz Neumann, Erzhausen 2005
378 Hampel, Dieter: Die Elimbewegung und ihre Stellung, S.16
379 Vietheer, Heinrich: Unter der guten Hand Gottes, S.164
380 Interview mit Manfred und Mathilde Mattes, Dresden, 25. August 2006
381 Graham, Billy: So wie ich bin. Die Autobiographie, Gießen 2001[2], S.255
382 Interview mit Manfred und Mathilde Mattes, Dresden, 25. August 2006
383 Interview mit Hermann Dunst, Dezember 2001

Kapitel 9
384 Interview mit Manfred und Mathilde Mattes, Dresden, 25. August 2006
385 Vietheer, Heinrich: Unter der guten Hand Gottes, S.164
386 Vietheer, Heinrich: Unter der guten Hand Gottes, S.166
387 Vietheer, Heinrich: Unter der guten Hand Gottes, S.168
388 Interview mit Karl Schreiter, Berlin, August 2006
389 Interview mit Adolf Rutz, Ebnat-Kappel/Schweiz, August 2006
390 Interview mit Adolf Rutz, Ebnat-Kappel/Schweiz, August 2006
391 Interview mit Adolf Rutz, Ebnat-Kappel/Schweiz, August 2006
392 Interview mit Adolf Rutz, Ebnat-Kappel/Schweiz, August 2006
393 Interview mit Günther Stengel, August 2006
394 Interview mit Adolf Rutz, Ebnat-Kappel/Schweiz, August 2006
395 Interview mit Adolf Rutz, Ebnat-Kappel/Schweiz, August 2006
396 Interview mit Günther Stengel, August 2006
397 Vietheer, Heinrich: Unter der guten Hand Gottes, S.185-187
398 Interview mit Karl-Heinz Neumann, Erzhausen 2005
399 [Sic] Ulonska, Reinhold: Brief an Bernhard Olpen vom 7.10.2006, S.3
400 Dittert, Hermann: kreuz+quer spezial – Elim Chronik, S.38, Spalte 3
401 Vietheer, Heinrich: Unter der guten Hand Gottes, S.159
402 Interview mit Gertrud Wegert, 29.9.2006. Angaben vom „Gemeinde- und Missionswerk Arche" in Hamburg, Gemeindekartei

403 Vietheer, Heinrich: Brief an Dieter Hampel vom 16.10.1964, S.4
404 Interview mit Helga Klayziewski, 28.9.2006. Helga Klayziewski ist die Tochter von Oskar Lardon, also Vietheers Enkelin
405 Interview mit Gertrud Wegert, 29.09.2006
406 Interview mit Manfred und Mathilde Mattes, Dresden, 25.8.2006
407 Ulonska, Reinhold: Brief an Bernhard Olpen vom 7.10.2006, S.4
408 Ulonska, Reinhold: Brief an Bernhard Olpen vom 7.10.2006, S.4
409 Ulonska, Reinhold: Brief an Bernhard Olpen vom 7.10.2006, S.4-5
410 Ulonska, Reinhold: Brief an Bernhard Olpen vom 7.10.2006, S.5-6
411 Hampel, Dieter: Die Anfänge der Elimbewegung: Teil 1, S.7

Kapitel 10
412 Dittert, Hermann: kreuz+quer spezial – Elim Chronik, S.6, Spalte 1-2
413 Interview mit Adolf Rutz, Ebnat-Kappel/Schweiz, August 2006
414 Dittert, Hermann: kreuz+quer spezial – Elim Chronik, S.38, Spalte 3
415 Sommer, Gottfried: Anfänge freikirchlicher Pfingstgemeinden in Deutschland, S.86-87

Abbildungsverzeichnis

Abb. 1: Vietheer während seiner Frankfurter Zeit um 1910 24

Abb. 2: Vietheer auf Heimaturlaub während des Ersten Weltkrieges, hier mit seiner Frau, der ältesten Tochter und den Schwiegereltern Paul 29

Abb. 3: Das erste Zelt der Zeltmission, hier in Hamburg während eines Einsatzes in den 20er Jahren. 41

Abb. 4: Vietheer und Familie um 1924. 44

Abb. 5: Taufe im Hamburger Bartholomäusbad um 1930 85

Abb. 6: „Der Glaubensweg" erreichte um 1932/33 eine Höchstauflage von 37.500 Exemplaren und wurde für 20 Pfennig verkauft. 90

Abb. 7: Haus Elim in Lauter/Erzgebirge, seit 1930 Wohnhaus der Vietheers und zugleich Zentrale der Elimbewegung 102

Abb. 8: Brüdertagung Anfang der 30er Jahre 103

Abb. 9: Führende Brüder der Elimbewegung Anfang der 30er Jahre. In der ersten Reihe von links nach rechts die Vorstandsbrüder Hermann Dittert, Paul Rabe, Heinrich Vietheer; In der zweiten Reihe ganz links stehend: Waldemar Wilde. 104

Abb. 10 Der Vorstand von links nach rechts: Paul Rabe, Heinrich Vietheer, Hermann Dittert, Waldemar Wilde 105

Abb. 11: Kurt Rollin mit der Gemeinde unterwegs zu einer Freiversammlung, Leipzig 1934 112

Abb. 12: Die Holzlammellenhalle (auch Wanderhalle genannt) wird 1928 unter der Leitung von Reinhold Siebeneich auf dem neuerworbenen Grundstück an der Bachstrasse in Hamburg aufgebaut . 117

Abb. 13: Einer der Missionszöglinge, Oskar Lardon, heiratete Mitte der 30er Jahre die älteste Tochter Vietheers 120

Abb. 14: Rebekka Leubechers „Zu Hause" in Rastenburg 124

Abb. 15: Heinrich Vietheer und Hermann Dittert mit einigen „Glaubenswegschwestern" Anfang der 30er Jahre 125

Abb. 16: Die fertig aufgebaute Halle in der Bachstrasse um 1930. 138

Abb. 17: Gottesdienst mit 2 Chören (einer davon in weiß vorne rechts) in der aufgebauten Wanderhalle, Hamburg um 1930 . . . 139

Abb. 18: Vietheer und Dr. Sackett auf der Fahrt von New York nach Bremerhaven 1935. 152

Abb. 19: Familie Vietheer um 1933 171

Abb. 20: Heinrich und Mathilde Vietheer um 1933 172

Abb. 21: Vietheer Anfang der 60er Jahre. 202

Personenverzeichnis

Bergholz, Arthur . . . . 181f.
Bonnke, Hermann 101, 103
Bonnke, Reinhard. 101
Brück, G. . . . . 71, 88, 94f.
Dallmeyer, Heinrich 18, 47f., 52, 93, 95
Dallmeyer, August. 47f., 50, 57
Dittert, Hermann 58f., 60f., 70, 82, 86, 92, 95ff., 193
Dunst, Hermann. . . . . 101, 106, 118f., 166f.
Edel, Eugen 35
Eriksson, Ivar 84, 89, 100, 147
Fetler, Wilhelm . . . . 122f.
Fiedler, Kurt. 178, 181, 190
Fischer (Pastor, EmK). 78
Franke, Hilde. 124
Fries, Fritz 101, 114, 128, 143, 193
Forsgreen, Bertil. 61, 145
Girkon, Martin 16ff., 35
Giese, Ernst. 169, 172
Goetz, Albert. 51
Graf, Ludwig 47, 128
Graham, Billy 191
Hampel, Dieter 79, 156
Heitmüller, Friedrich. . . . . 42ff., 75, 77, 80, 86ff., 93ff., 160ff.
Hilpert, Johann. 79
Hinderer, Prof., NN. 158
Humburg, Emil 34ff., 198
Humburg, Paul 17, 184
Johannsson, Hilding. 147

Koschorreck, Alfred 114
Kohlmeyer, Veronika 82
Kowalski, Wilhelm . . . . 135f.
Knorp, Hermann . . . . 131f.
Krawielitzki, Theophil 20, 32
Krieg, Betty 204
Lardon, Oskar . . . . .101, 103, 120, 159, 178ff., 193, 196, 202ff.
Leubecher, Rebekka . . . . 124f.
Lorenz, Erwin . . . . 180ff., 193, 202ff.
Mattes, Waltraud 187
McPherson, Aimee Semple . . . . .150ff.
Meissner, Kurt 120f., 181
Meyer, Emil . . . . 55f.
Meister, J. 175, 185
Melle, Otto (Bischof, EmK) . . . . 161f.
Meyer, Wilhelm (Superintendent, EmK) 71ff., 88
Meyer, H. . . . . 74f.
Meyer, Dr. . . . . 74f.
Michelson, Dr. U.A. . . . . 194f.
Modersohn, Ernst 16ff., 31
Neumann, Karl-Heinz 115, 129f., 167, 184, 189, 200
Noseleit, NN 136
Nuelsen, John Louis (Bischof, EmK) 75, 78
Patrick, „Miss". 23, 194
Paul, Jonathan 16ff., 20f., 25ff., 51, 55, 59f., 86, 100ff.,
                                                    118, 123, 129, 135ff., 155ff.
Pethrus, Lewi . . . . 38, 61, 146f.
Puhle, Richard. . . . . 39f.
Popoff, Georg 177
Pückler, Graf Eduard von. 37, 69
Rabe, Paul 61, 86, 100ff., 118, 122, 129, 136f., 149f.,
                                                    150, 178ff., 198, 202ff.
Ries, Ernst 101, 159
Ries, Otto. . . . . 101, 126, 134, 167, 178, 181, 186, 190ff.
Rockschies, Friedrich 159, 175
Rollin, Kurt . . . . 101, 141f., 179ff., 189f.
Rothkirch und Panthen, Eberhard C. S. von 15
Rutz, Adolf. 115, 195ff., 205, 208
Sackett, Dr., NN 152f., 194
Saladauski, Johanna. 201

Siebeneich, Reinhold 101, 117f., 126, 137
Schmidt, Paul 135, 158ff., 173ff., 185
Schmutz, Fritz 197
Schober, Hermann 35
Schwenck, Eugen 181
Sjöberg, Tage. 100, 147
Stanger, Friedrich 47
Stengel, Günther. 169, 198
Stockmayer, Otto 32
Szerawa, Johannes. 40
Thomä, Hermann. 91
Tiele-Winkler, Eva von 50, 122, 167
Ulonska, Reinhold . . . . 185, 200, 203ff.
Unger, (Schwester) 129
Urban, M. 48
Vetter, Jakob 16ff., 31, 39
Viebahn, General von. 16
Vietheer, Mathilde. . . . . 26f., 166ff.
Voget, Carl Octavius. 35
Waldvogel, Hans. 185, 197
Wegert, Wolfgang . . . . 201f.
Wehler, Heinrich. 47, 136
Weigel, Adolf. 70
Weller, Herbert 181
Wiek, Walter 57
Wiegratz, Albert 181
Wilde, Eduard 101
Wilde, Max. 101
Wilde, Waldemar. 101ff., 127, 159
Wolf, NN (Pastor, EmK) . . . . 71f.

Quellen- und Literaturverzeichnis

Quellen, unveröffentlichte Quellenarbeiten

Dittert, Hermann: Brief an Dieter Hampel, 1979.

Hampel, Dieter: Brief an Bernhard Olpen vom 1.11.2006.

Hampel, Dieter: Der Weg der Elimgemeinden. Unveröffentlichtes Manuskript [masch.] im Auftrag des Arbeitskreises „Geschichte" des „Bundes Evangelisch-Freikirchlicher Gemeinden" in Deutschland, Leipzig 1994, S.1 (Bund Freikirchlicher Pfingstgemeinden – BFP – Erzhausen, Archiv).

Hampel, Dieter: Die Elimbewegung und ihre Stellung innerhalb des Bundes Evangelisch-Freikirchlicher Gemeinden in Deutschland K.d.ö.R., unveröffentlichte Seminarabschlussarbeit, Buckow/Märkische Schweiz, 1965, S.9 (Archiv des BFP).

Hampel, Dieter: Geschichte des Zusammenschlusses zwischen Baptisten- und Elimgemeinden, unveröffentlichte Denkschrift für den Bund Evangelisch-Freikirchlicher Gemeinden in der DDR, o. O., o. J., S.7 (Archiv des BFP).

Hampel, Dieter: Welche Erwartungen hatten und haben die Elimgemeinden innerhalb unseres Bundes an den Bund? Unveröffentlichtes Referat auf der Theologischen Woche des BEFG in der DDR am 15.4.1983 in Schmiedeberg, S.6 (Archiv des BFP).

Filz, Herbert: Christengemeinden Elim und ihre Stellung im Rahmen der Pfingstbewegung. Unveröffentlichte Semesterarbeit, Universität Leipzig 1963.

Meister, J.: Bericht über die Sitzung in Leipzig am 5. Dezember 1945, Berlin 1945, S.2 (BFP, Archiv).

Meyer, W.: Brief an Bischof Dr. J. L. Nuelsen/Zürich v. 27. Februar 1928, Chemnitz 1928, S.2, Archiv der Evangelisch-methodistischen Kirche in der Schweiz.

Ries, Otto: Brief an Dieter Hampel vom 17.10.1964 (Archiv des BFP).

Sommer, Gottfried: Anfänge freikirchlicher Pfingstgemeinden in Deutschland zwischen 1907 und 1945, unveröffentlichte Wissenschaftliche Hausarbeit an der Freien Theologischen Akademie (FTA) Gießen, Gießen 1998.

Schmidt, Paul: Brief an Heinrich Vietheer vom 17.01.1946 (Archiv des BFP).

Ulonska, Reinhold: Brief an Bernhard Olpen vom 7.10.2006.

Vietheer, Heinrich: Brief („An alle meine alten Elim-Brüder – streng vertraulich!"), Berlin 4.2.1946, S.2 (BFP, Archiv).

Zehrer, Karl: Die Evangelischen Freikirchen und das Dritte Reich, Diss. [masch.], Universität Leipzig 1978.

Gedruckte Quellen, Zeitschriften

Der Glaubensweg: Jahrgänge 1930-1938 (Archiv des BFP).

Dittert, Hermann, kreuz+quer spezial – Elim Chronik, Hamburg 2001 (Christengemeinde Elim Hamburg, Archiv).

Dittert, Rabe, Wilde: Irrlehre oder Apostellehre in der Elimbewegung? Ein Wort der Aufklärung an alle aufrichtigen Gotteskinder, zugleich Entgegnungen auf die Angriffe Heitmüllers, Lauter 1933 (Archiv des BFP).

Hampel, Dieter: Die Anfänge der Elimbewegung, Teil 1 (Wort und Tat – Arbeitsmaterial für den Pastor Nr.72), Bund Evangelisch-Freikirchlicher Gemeinden in der DDR, o. O., o. J. (Archiv des BFP).

Hampel, Dieter: Die Anfänge der Elimbewegung: Teil 2 (Wort und Tat – Arbeitsmaterial für den Pastor Nr.73), Bund Evangelisch-Freikirchlicher Gemeinden in der DDR, o. O., o. J. (Archiv des BFP).

In Jesu Dienst: alle Jahrgänge (Archiv der Freien Evangelischen Gemeinde am Holstenwall/Hamburg).

Vietheer, Heinrich: Antwort an die Gegner der Geistesbewegung, besonders an Prediger W. Meyer, Superintendent in der Bischöflichen Methodistenkirche, Lauter 1931, S.2 (Archiv des BFP).

Festschriften

Christengemeinde Elim Dresden: 1926-1996: 70 Jahre Elim-Gemeinde Dresden, Dresden 1996.

Christus Gemeinde Mülheim/Ruhr: Festschrift zum 90. Jubiläum der Christlichen Gemeinschaft Mülheim a. d. Ruhr, Mülheim 1995.

Evangelische Gemeinde Elim Leipzig: 60 Jahre Evangelische Gemeinde „Elim" 1932-1992, Leipzig 1992.

Literaturverzeichnis

Alexander Fürst zu Dohna-Schlobitten: Erinnerungen eines alten Ostpreußen, Rautenberg Verlag 2006.

Burkhard, Helmut u.a. (Hrsg.): Evangelisches Lexikon für Theologie und Gemeinde (Band 1-3), Wuppertal 1992.

Dittert, Hermann (Hrsg.): Wege und Wunder in der Entstehungsgeschichte der Zeltmission Berlin-Lichterfelde e. V. und deren angeschlossenen Gemeinden, Lauter 1936.

Dittert, Hermann: Wunderflucht? Wundersucht? Wunderglaube!, Erzhausen 1970.

Eisenlöffel, Ludwig David: Freikirchliche Pfingstbewegung in Deutschland (Kirche-Konfession-Religion Band 50), Göttingen 2006.

Enquist, Per Olov: Lewis Reise, München 2003.

Falk, Gotthard: Gemeindechronik der Evangelisch-methodistischen Gemeinde Aue/Erzgebirge von der Entstehung um 1885 bis 1995, Privatdruck 2000.

Fleisch, Paul: Die Pfingstbewegung in Deutschland. Ihr Wesen und ihre Geschichte in fünfzig Jahren, Hannover 1957.

Giese, Ernst: Jonathan Paul, ein Knecht Jesu Christi, Altdorf 1965.

Giese, Ernst: Und flicken die Netze, Metzingen, 3. Auflage 1988.

Graham, Billy: So wie ich bin. Die Autobiographie, Gießen 2001

Heitmüller, Friedrich: Aus vierzig Jahren Dienst am Evangelium, Witten 1950.

Krust, Christian: 50 Jahre deutsche Pfingstbewegung Mülheimer Richtung, Altdorf 1958.

Ohlemacher J., in: Evangelisches Lexikon für Theologe und Gemeinde, Bd.3, Wuppertal 1992.

Opitz, Günter: Der Christlich Soziale Volksdienst. Versuch einer protestantischen Partei in der Weimarer Republik, Düsseldorf 1969.

Reller, Horst (Hrsg.): Handbuch Religiöse Gemeinschaften, Freikirchen, Sondergemeinschaften, Sekten, Weltanschauungen, missionierende Religionen des Ostens, Neureligionen, Gütersloh 1985 (Erstausgabe 1978).

Rothenberg, S. in: Evangelisches Lexikon für Theologe und Gemeinde, Bd. 1, Wuppertal 1992.

Sänger, Peter (Hrsg.): Freikirchen – Ein Handbuch, Ost-Berlin 1987.

Schmidgall, Paul: 90 Jahre Deutsche Pfingstbewegung, Erzhausen 1997.

Vietheer, Heinrich: Unter der guten Hand Gottes, Berlin 1962.

Voigt, Karl Heinz: Freikirchen in Deutschland (19. und 20. Jahrhundert), Kirchengeschichte in Einzeldarstellungen III/6, Leipzig 2004.

Wendel, Th., in: Evangelisches Lexikon für Theologie und Gemeinde, Band 1, Wuppertal 1992.

Zehrer, Karl: Evangelische Freikirchen und das „Dritte Reich" (Arbeiten zur Geschichte des Kirchenkampfes, Ergänzungsreihe, Band 13), Göttingen 1986.